本书系江苏省教育科学"十三五"规划课题

"民族经典音乐在幼儿园韵律活动中应用的案例研究"

(课题编号：D/2020/02/404)研究成果

梦山书系

经典音乐在幼儿园
韵律活动中的应用60例

唐海燕　王桂云 ◎ 编著

海峡出版发行集团 | 福建教育出版社

图书在版编目（CIP）数据

经典音乐在幼儿园韵律活动中的应用60例/唐海燕，王桂云编著. —福州：福建教育出版社，2024.6
ISBN 978-7-5334-9934-1

Ⅰ.①经…　Ⅱ.①唐…　②王…　Ⅲ.①音乐课—学前教育—教学参考资料　Ⅳ.①G613.5

中国国家版本馆CIP数据核字（2024）第066102号

Jingdian Yinyue Zai You'eryuan Yunlü Huodong Zhong De Yingyong 60 Li
经典音乐在幼儿园韵律活动中的应用60例
唐海燕　王桂云　编著

出版发行	福建教育出版社
	（福州市梦山路27号　邮编：350025　网址：www.fep.com.cn
	编辑部电话：0591-83726971
	发行部电话：0591-83721876　87115073　010-62024258）
出 版 人	江金辉
印　　刷	福州万达印刷有限公司
	（福州市闽侯县荆溪镇徐家村166-1号厂房第三层　邮编：350101）
开　　本	710毫米×1000毫米　1/16
印　　张	22.25
字　　数	327千字
插　　页	1
版　　次	2024年6月第1版　2024年6月第1次印刷
书　　号	ISBN 978-7-5334-9934-1
定　　价	59.00元

如发现本书印装质量问题，请向本社出版科（电话：0591-83726019）调换。

自序

在幼小的心灵中种植美和经典的旋律

音乐是世界通用的心灵艺术，是艺术中的艺术，她以"大象无形""大方无隅"的方式熏陶感染、陶冶儿童的心灵。孔子说，"兴于诗，立于礼，成于乐"，在孔子看来，音乐具有"成全人的力量"，人的全面和谐发展，离不开音乐的浸润与熏陶。音乐通过"快乐的力量"来促进人的成长，促进心灵的成长，促进精神的成长。幼儿是天生的"音乐家"，浑身上下蕴藏着音乐的旋律与感受。音乐唤醒幼儿的爱与审美，促进幼儿自由全面发展与身心健康成长。

经典音乐意味着历久弥新，优美旋韵，深入人心，超越时空。通过经典音乐浸润与滋养，儿童获得心灵的丰富，情感的细腻，生命的敏感。国外实证研究表明，经常听经典音乐的学生比听流行音乐的学生在空间想象力、理解力、社会情感等方面发展得更好，更有助于其学业发展。经典因其庄重高雅，往往给人的感受是高不可攀、遥不可及的，而如东幼儿园的老师则是将经典日常化、生命化地理解与运用，进行"民族经典音乐在幼儿园韵律活动中应用的实践研究""旨在让幼儿从小浸润于经典音乐氛围中，培养审美趣味、积淀审美经验、形成审美能力，从而使得他们今后的精神世界更为丰富，日常生活更有情趣，并为他们一生的发展奠定明亮的底色"。让经典音乐的力量以润物无声、和风细雨的方式不断地培育重构儿童灵魂的内在系统，使之温润、明亮、澄澈、柔韧……

经典音乐以其或庄严或优美或激荡或平和或活泼或悠扬等多种旋律与风格激发幼儿舒放精神，舒展身心，舒张灵性。正如本书作者引用陈鹤琴先生所说的："音乐是儿童生活中的灵魂。我们要将音乐的生气和兴味，渗透到儿童的生活中去，使儿童无论在学习、游戏、劳动时都能有意志统一、行为合拍、精神愉快的表现。"

实践是教育创造的基础，案例是理论的原乡。任何构思上的周全美丽都要回归于实践的磨砺，否则就会无所附丽；任何理论上的体大精深都要运用于教育日常，否则就会沦为纸上谈兵；任何研究倘若没有扎根校园、扎根课堂、扎根师幼，那就会缺乏生命活力与勃勃生机。课题研究是一个"知行合一，思创一体"的践履的、修炼的历程，本书以前瞻性的理论为根，以课题为主干，以实践为滋养，以创造为花为果，将课题培植成根深叶茂、果硕花香的智慧树。如何使经典音乐在儿童的心灵间生根、萌芽、开花？课题组引领众多怀着热爱与创造之心的教师团队深耕实践，在不断阅读、不断实践、不断创生中获得切实可行又丰富生动的教育智慧：1. 形成"三经典"资源库；2. 建构韵律活动教学范式；3. 促使韵律教学走向可视化。尤其是形成了"三经典相融合"①的实践路径，"为一线教师提供了可模仿、可创造的范例，增强他们开展韵律活动的能力和信心"。

苏联著名教育家苏霍姆林斯基提出，"儿童时代错过了的东西，到了少年时期就无法弥补，到了成年时期就更加无望了。这一规律涉及孩子精神生活的各个领域，特别是美育"。民族经典音乐在幼儿园韵律活动中应用的实践让儿童真切体验到音乐的快乐、音乐的美感、音乐的趣味，只有这样，在今后的人生中，他们才能逐渐养成纯洁、高尚的情趣与审美自觉。

经典音乐在幼儿园韵律活动中运用是一种教育活动的审美化或是一种审美的教育活动常态化。将音乐之大美、大乐赋予儿童日常活动以情韵、美感及意味。这是一个种植音乐、生长音符的过程，这一过程就是心灵氤氲温暖、美好、诗意的成长旅程。这对于儿童而言是如此，对于参与其中的教师而言亦是如此。

在幼小的心灵中种植美和经典的旋律，是如东幼教人心中最动人的旋律，应该也会成为我们每一位精心呵护儿童成长的人心中最动人的旋律。

唐海燕
2024 年 3 月

---

① 即经典音乐、经典故事（儿歌、诗歌等）、经典游戏（体育游戏、音乐游戏等）的有机融合，就是用经典的故事帮助幼儿理解抽象的音乐，用经典的游戏表达幼儿对整个音乐的感受。

前言

经典濡染　以美育人
——经典音乐在幼儿园韵律活动中应用的实践探索

韵律活动是幼儿园艺术教育的重要组成部分，利用经典音乐尤其是中华民族经典音乐开展幼儿园韵律活动，不仅能发展幼儿的身体运动机能，提高他们对美的感受力、表现力与创造力，还能培养幼儿活泼开朗的性格与良好品德，陶冶幼儿情操，厚植幼儿爱家乡、爱祖国的情感。

童年的审美奠定一生的审美，没有审美的童年就可能没有审美的人生。自2014年9月起，以江苏省科研课题为载体，我们在如东范围内开展了"经典音乐在幼儿园韵律活动中应用的实践研究"，旨在让幼儿从小浸润经典音乐，培养审美趣味、积淀审美经验、形成审美能力，从而让他们今后的精神世界更为丰富，日常生活更有情趣，并为他们一生的发展抹上明亮的底色。

一、经典音乐在幼儿园韵律活动中运用的现状审视

1. 经典音乐使用少。幼儿园一日生活中不缺乏音乐，早操、游戏以及韵律教学等活动中，老师们都会使用各种不同的音乐。但调研发现，很多幼儿园使用音乐时随意性比较大，有的跟着流行走，社会上流行什么就用什么；有的跟着感觉走，教师喜欢什么就用什么等，经典音乐使用偏少，民族经典音乐使用更少。

2. 韵律活动组织不够多。自江苏省课程游戏化项目实施以来，部分幼儿园出现了重游戏轻集体活动研究，导致韵律等集体教育活动偏少甚至有幼儿园从不组织韵律活动，从而影响了幼儿身心的全面发展。

3. 教师音乐素养比较低。导致以上两种现状的原因很多，从如东幼儿园师资队伍构成情况来看，最为主要的原因是如东幼儿教师入职门槛较低，大量非学前教育专业毕业生进入学前领域，他们自身的音乐素养不一定高，对

经典音乐认识也有些模糊，因而使用经典音乐创生韵律活动的可能性就不大。

二、经典音乐在幼儿园韵律活动中运用的实践路径

1. 开展专题调研，了解教师对韵律活动的认知。领域教学知识（PCK）是幼儿教师个人教学经验、学科内容知识和教育学知识的有效整合，已有研究认为，教师的 PCK 水平是影响幼儿学习和发展的重要因素。为了有效开展韵律活动研究，课题组采用问卷星对全县近 700 名幼儿教师进行了问卷调查，题目涉及教师对韵律活动、经典音乐内涵的理解，韵律活动对幼儿发展的作用，平常使用哪些音乐组织韵律或其他活动等方面内容。通过分析问卷发现，起始学历为学前教育专业或音乐教育专业的老师对韵律活动的认知相对较高，组织韵律活动的概率也比较大；而其他专业毕业的教师对什么是韵律活动、对经典音乐的认识存在一定偏差。

2. 汇聚经典资源，丰富教师对经典音乐的体验。丰富多样的课程资源是教师创生课程的基础和前提。针对问卷调查中出现的教师对经典音乐认识不到位等问题，县教师发展中心组织县内音乐课题组骨干教师，并借助县音乐教研员的专业力量，共同搜集梳理中华民族经典音乐资源，如民歌、童谣、器乐、歌舞音乐、曲艺、戏曲等，并从中选择结构工整、风格各异的乐曲，代代相传的童谣、民歌，具有民族特色的器乐演奏等；同时，注重对如东地域范围内传统音乐文化资源的搜集和整理，如跳马夫、浒澪花鼓、渔民号子等，带领广大教师一起欣赏、体验、表达，努力开阔教师视野，在增强他们对民族经典音乐的认知和感受的同时，萌发教师传承与发扬中华民族文化的责任感和使命感。

3. 融合"三经典"，形成韵律活动的操作路径。如何把教师体验、感受到的经典音乐创生为幼儿可以理解、能够表达的活动，这对老师们来说仍具有较大挑战性。为此，我们从骨干教师示范开始，努力探索经典音乐运用于韵律活动中的方法，从而形成了"三经典相融合"的实践路径，为一线教师提供了可模仿、可创造的范例，增强他们开展韵律活动的能力和信心。何谓"三经典"？即经典音乐、经典故事（儿歌、诗歌等）、经典游戏（体育游戏、音乐游戏等）的有机融合，就是用经典的故事帮助幼儿理解抽象的音乐，用

经典的游戏表达幼儿对整个音乐的感受。如在大班韵律活动"稻草人和小鸟"中，教师采用了民间游戏"拍大麦"的音乐，把经典的"稻草人和小鸟"的故事、经典的"丢手绢"游戏等融入其中，从而使得孩子们在教师创设的多维情境中，不断体验经典音乐、经典游戏所带来的快乐。

三、经典音乐在幼儿园韵律活动中运用的成果初显

经典资源在韵律活动中运用的实践探索，既有显性成果，如幼儿身体发育良好、活泼开朗性格养成以及资源的建设、范式的形成、案例的发表等；也有隐性成果，如幼儿合作意识增强、学习品质提升以及教师教育理念更新、研究意识加强、思考能力提高等，隐性成果蕴含在显性成果中，并通过显性成果予以彰显，现聚焦以下方面进行阐述。

1. 形成"三经典"资源库。通过多年的研究和努力，集全县幼儿教师之智慧，共同搜集了经典音乐、经典故事、经典游戏若干，形成民歌、童谣、器乐、歌舞、戏曲五个系列音乐资源，小马过河、小老鼠上灯台等系列经典故事或童谣等，点兵点将、老狼老狼几点钟等系列经典游戏，并根据幼儿的学习特点和需要，对所选资源进行筛选、重组和匹配，进而汇编成册，上传到全县幼儿教师群，供老师们开展韵律活动时选择性使用。

2. 建构韵律活动教学范式。在形成"三经典相融合"操作路径基础上，在"经典濡染、以美育人"目标指导下，建构了"音事相融·具身体验·游戏表达"的韵律活动实践范式。"音事相融"中的"音"指经典音乐，"事"指经典故事，即用经典故事帮助幼儿理解抽象的音乐；"具身体验"，即幼儿用身体动作来认识与表现音乐；"游戏表达"，即通过经典游戏来感受与创造性表达音乐。

此范式中的三要素，既分又合，既是一次韵律活动的教学流程——"音事相融→具身体验→游戏表达"，又融合在每一个教学环节中；既是韵律活动的目标——培养热爱音乐、善于表达、乐于创造的儿童（以美育人），又是韵律活动的手段——发挥经典故事、音乐、游戏的功能，优化教学过程，提升教学效果（经典濡染）。如在大班韵律活动"猪八戒吃西瓜"中，采用剧目表演形式展开，而经典故事、音乐、动作与游戏表达不仅在每一场中体现（分

段表演），更贯穿于活动始终（完整表达）。

3. 促使韵律教学走向可视化。根据3－6岁幼儿以具体形象思维为主的特点，在韵律教学中巧妙运用思维导图突破教学重难点等，让抽象的音乐、故事、游戏可视化，并成为幼儿主动感知音乐、理解故事、表达动作的有效载体。如在大班韵律活动"编花篮"中，教师运用如下导图，让幼儿通过观察发现1个、2个以及12个人时的动作变化和队形变换情况。活动中，大部分幼儿都能在音乐渲染、导图引领下，和同伴一起完整演绎"编花篮"整个过程。其中，孩子们学习是主动积极的，体验是幸福、快乐的。

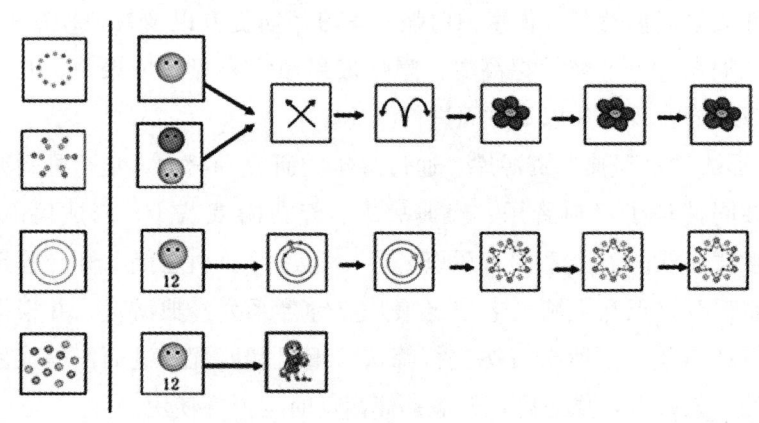

4. 汇集韵律活动实践案例。"三经典"资源库为老师们开展韵律活动提供了源头活水，老师们选择其中的音乐、故事、游戏，遵循"音事相融→具身体验→游戏表达"范式，通过大量丰富实践形成了小、中、大班韵律活动案例集以及教学视频，案例及视频包含了集体舞、歌唱表演、律动以及音乐故事表演等内容，真正实现了"资源库建设→资源的课程化→课程育人"的目的，并成为本地区新任教师培训以及各园园本研修的课程内容。

5. 拓宽韵律活动研究范畴。陈鹤琴先生说："音乐是儿童生活中的灵魂。我们要将音乐的生气和兴味，渗透到儿童的生活中去，使儿童无论在学习、游戏、劳动时都能有意志统一、行为合拍、精神愉快的表现。"在课题研究过程中，我们不断拓宽经典使用的范畴，从韵律教学活动延展到幼儿一日生活。如晨间锻炼时，选择活泼欢快的经典童谣儿童歌曲、唐诗吟唱等；区域游戏时有舒缓、优美的经典乐曲；用餐、午睡、起床等时播放温婉、柔和的歌曲和乐曲等，使得各项活动的过程，也是幼儿欣赏感受音乐的过程，真正发挥音乐润泽幼儿心灵，促进幼儿全面发展的作用。

如今，韵律活动实践与探索已成为促进如东区域内教师专业发展的一个鲜活载体。老师们的课程意识得以增强，他们逐步从课程执行者走向课程创生者，能追随幼儿兴趣和需要，把各种资源创生为促进幼儿发展的适宜性课程；老师们的研究和成果意识也进一步提升，他们撰写的近50篇与课题有关的案例论文发表在省级期刊，其中5篇被人大复印资料《幼儿教育导读》全文转载；最为难能可贵的是，老师们能主动去关心、去欣赏各种民族经典音乐，并树立了要把中华传统经典文化资源带给孩子们的意识和责任。相信通过大家的共同努力，民族经典文化之花定会盛开在每一个人的心田。

今天，将老师们研发的"经典音乐在幼儿园韵律活动中的运用"案例，汇集成《经典音乐在幼儿园韵律活动中的应用60例》出版。案例研发者基本都是江苏省教育科学规划课题"经典音乐在幼儿园韵律活动中应用的案例研究"课题组成员，不仅有江苏省特级教师、南通市学科带头人、南通市骨干教师，也有如东县骨干教师，以及年轻的老师们。本书分为经典童谣类、器乐乐曲类、歌舞音乐类等，以"课例＋反思"的方式进行呈现，并为老师们提供了韵律活动中使用的经典音乐，旨在让广大一线教师既可以模仿学习，也可以同音异构（即围绕同一支音乐，根据本班幼儿实际情况创生不同活动）；既知道怎么设计，还知道为何要这样设计，同时希望老师们在和孩子们欣赏、表达经典音乐的过程中感受经典的魅力，体验经典所带来的愉悦。

唐海燕
2024年3月

目 录

经典童谣类

小班韵律活动：小老鼠上灯台 …………………………………………… 3
小班韵律活动：斗虫儿飞 …………………………………………… 8
小班韵律活动：杨树叶儿哗啦啦 …………………………………………… 13
小班韵律活动：王老先生有块地 …………………………………………… 17
小班韵律活动：臭蚊子嗡嗡嗡 …………………………………………… 22
小班韵律活动：一个小人儿 …………………………………………… 26
小班韵律活动：小雨点按门铃 …………………………………………… 31
小班韵律活动：小燕子找春天 …………………………………………… 35
小班韵律活动：小花开了 …………………………………………… 40
小班韵律活动：鱼儿水里游 …………………………………………… 44
中班韵律活动：蒲公英 …………………………………………… 49
大班韵律活动：白鹅旅行记 …………………………………………… 53
大班韵律活动：小蝌蚪找妈妈 …………………………………………… 58

经典器乐曲类

小班韵律活动：亲亲茉莉花 …………………………………………… 65
小班韵律活动：含羞草之舞 …………………………………………… 70
小班韵律活动：小鸟啄虫 …………………………………………… 76
小班韵律活动：老鹰捉小鸡 …………………………………………… 81
小班韵律活动：小鲤鱼跳龙门 …………………………………………… 85
中班韵律活动：猴子学样 …………………………………………… 91

中班韵律活动：猫和老鼠 ………………………………………………… *99*

中班韵律活动：小猴摘桃 ………………………………………………… *105*

中班韵律活动：会飞的帽子 ……………………………………………… *110*

中班韵律活动：爱探险的小老鼠 ………………………………………… *116*

大班韵律活动：淘气猫历险记 …………………………………………… *122*

大班韵律活动：世界上力气最大的公鸡 ………………………………… *128*

大班韵律活动：小猴子掰玉米 …………………………………………… *133*

大班韵律活动：狐狸和乌龟 ……………………………………………… *139*

大班韵律活动：我的幸运一天 …………………………………………… *147*

大班韵律活动：小鸟和猎人 ……………………………………………… *152*

大班韵律活动：十二生肖来拜年 ………………………………………… *158*

大班韵律活动：数字的音乐旅行 ………………………………………… *163*

经典歌舞音乐类

中班韵律活动：太湖美 …………………………………………………… *171*

中班韵律活动：小马运粮 ………………………………………………… *175*

中班韵律活动：丰收的菜园 ……………………………………………… *182*

大班韵律活动：欢乐摆手舞 ……………………………………………… *187*

大班韵律活动：担鲜藕 …………………………………………………… *192*

大班韵律活动：编花篮 …………………………………………………… *198*

大班韵律活动：有趣的皮影舞 …………………………………………… *203*

大班韵律活动：小小花棍舞 ……………………………………………… *209*

大班韵律活动：新疆小果农 ……………………………………………… *215*

大班韵律活动：老狼老狼几点钟 ………………………………………… *220*

大班韵律活动：稻草人与小鸟 …………………………………………… *226*

大班韵律活动：金鸡冠的公鸡 …………………………………………… *232*

大班韵律活动：赛龙舟	238
大班律动活动：小小解放军	243
大班韵律活动：马蹄哒哒	248
大班韵律活动：茶壶和茶杯	255
大班韵律活动：我是小小兵	260
大班韵律活动：跳马伕	267
大班韵律活动：阿哩哩	271
大班集体舞：火把节	276

其他音乐类

小班韵律活动：小跳蚤历险记	285
小班韵律活动：蝴蝶找花	290
小班韵律活动：怎样叫醒胖小猪	295
中班韵律活动：跳跳糖	300
大班韵律活动：丛林舞会	306
大班韵律活动：智斗妖怪	312
大班韵律活动：燃烧我的卡路里	320
大班韵律活动：红舞帽恰恰恰	325
大班韵律活动：欢乐总动员	331

后记 因韵而动　向美而行
　　——经典音乐在幼儿园韵律活动中运用的实践反思 ········· 337

小班韵律活动：小老鼠上灯台

【设计意图】

《小老鼠上灯台》是一首经典儿歌，内容简单，节奏感强，极具童趣，深受小班幼儿的喜爱。"小老鼠走路轻又轻。""小老鼠吃油可是会舔舌头的。"……表演区里，幼儿因趣而演，快乐且投入。幼儿的这一举动，让我萌生了在音乐中玩一玩身体律动表演的想法。于是，我精心挑选并剪辑出 AB 段式乐曲，将之与小老鼠出门找油、偷油吃、躲避猫等情节相匹配，试图在故事猜想、动作创编、音乐游戏的层层设计中理解故事、感知音乐，调动小班幼儿参与游戏的积极性，激发其内在的创造潜力，自主创编，大胆表现，充分感受并体验音乐游戏化律动带来的乐趣。

【活动目标】

1. 自主创编小老鼠走、看、听、吃等动作，在故事情境中感知并熟悉乐曲旋律和结构，能随 A 段音乐大胆表现。

2. 迁移已有经验，探寻小老鼠在身体上躲藏的不同部位，能根据 B 段音乐中"猫叫"的信号迅速作出反应。

3. 积极参与活动，遵守规则，体验与同伴玩韵律游戏带来的快乐。

【活动准备】

物质准备：与儿歌《小老鼠上灯台》相关的 PPT（内含无声视频、图片等），剪辑而成的 AB 段式音乐，小猫头饰一个。

经验准备：玩过"躲猫猫"游戏，知道保护自己，注意安全。

【活动过程】
一、播放"小老鼠上灯台"无声视频，幼儿猜想故事

指导语 1：今天有位动物朋友来到了我们中间，看，它是谁？谁能用动作表现出来？（出示"小老鼠"图片）可爱的小老鼠开开心心地出门了，它干了一件事，我们一起来看看。

播放无声视频，引导幼儿观察画面，大胆表达自己的猜想。

指导语 2：小老鼠干什么了？发现了什么？油在哪里？（出示"灯台"图片）灯台里装满了油，香味飘到了小老鼠的家里，贪吃的小老鼠闻到了，悄悄地走出了家门，它看一看，听一听，还闻一闻，最后终于饱餐了一顿。

【评析】 无声视频带给幼儿无尽遐想，他们认真观看后及时捕捉到小老鼠出门、看一看、吃一吃等动态的画面，并乐于用简单的词语表达出来，大大拓宽了幼儿对已有儿歌的认知，丰富了故事情节，为进一步创编动作做准备。

二、利用身体趣玩手指游戏，熟悉 A 段音乐

1. 自由想象，创编小老鼠的动作。

指导语：小老鼠去找香油，它会怎么看？怎样听呢？加上手可以做什么动作？找到香油了，小老鼠心情怎样？它想吃吗？有可能怎么做呢？

教师结合故事情节引导幼儿创编小老鼠走路、看、听、吃等动作。

2. 手指游戏，动作匹配 A 段音乐。

指导语 1：变变变，变出一只手指小老鼠，一起看看它在干什么。

教师用自己的身体当"灯台"双手握拳在胸前快速变出手指小老鼠，随 A 段音乐用自主创编的动作表现小老鼠上灯台偷油吃的故事。

指导语 2：你听到了什么？手指小老鼠跟着音乐做了哪些动作？它走一走就会干嘛？刚才手指小老鼠在哪里走的？我的身体变成了什么？老师变一变，竟然用身体做出了灯台，用手指变出了小老鼠，你们想这样试着跟音乐玩一玩吗？

师幼集体变出"灯台"和"手指小老鼠"，随 A 段音乐集体游戏数遍。

【评析】 创编小老鼠的动作，教师智慧地采用追问策略，调动幼儿已有经验，轻松创编走、看、听等动作，并及时将简单、易于掌握的动作作为 A 段音乐的固定动作，幼儿主体性得以充分体现。

3. 变换灯台，幼儿巩固音乐游戏。

指导语 1：哇，你的手指小老鼠吃饱了吗？让我来摸摸小肚子，还是瘪瘪的。要不，我们带着手指小老鼠换到另一边的灯台上，再来玩一次吧，注意听清音乐。

指导语 2：变变变，看，我的灯台变高了（教师起立），你会变吗？这一次，我们从小脚上开始，在高高的灯台上再来玩一次。

教师尝试用肢体变化出不同的灯台引导幼儿理解音乐，巩固动作及游戏规则。

【评析】 小班幼儿年龄小，好模仿，情绪高，教师在本环节抓住这一年龄特点，通过肢体变化出不同灯台的方式，巧妙化解小班幼儿因动作练习枯燥而引起注意力分散等现象，促使幼儿始终保持高涨的情绪参与游戏，同时也让整个游戏更加有趣。

三、听 B 段音乐，猜想并丰富"躲猫猫"游戏

指导语 1：小老鼠，上灯台，偷油吃，真开心，可是，这是怎么了？

教师点击 PPT，出示"老鼠摔跤"图片，幼儿猜想后播放 B 段音乐。

指导语 2：是谁在叫？听了音乐你想到了什么？被猫吓到的小老鼠可能怎样掉下来呢？

幼儿随 B 段音乐创编小老鼠滚下来的动作，教师启发幼儿想象续编故事情节。

指导语 3：滚下来的小老鼠该怎么办？你的手指小老鼠可以躲在身上的哪里？

引导幼儿将小老鼠藏在口袋、腋窝等地方，教师强调音乐结束后才能躲藏。

【评析】 "躲猫猫"是小班幼儿最喜欢的嬉戏方式之一，教师紧抓故事线索，巧妙地将"猫叫"融入 B 段音乐，用音乐烘托出"猫抓老鼠"那紧张又刺激的故事氛围，从而引导幼儿轻松创编出小老鼠"掉"的动作以及躲藏

"地点"，这样既凸显了音乐游戏的趣味性和情境性，更为幼儿创造了想象和自由发挥的空间。

四、幼儿变成小老鼠，师幼随完整音乐散点玩游戏

指导语1：听着音乐，我们戴着手指小老鼠在身上完整地玩一玩吧！教师可以引导幼儿变换出不同的灯台，重复数遍游戏。

指导语2：手指小老鼠躲得真好，现在，我要把你们都变成小老鼠。教师边说"变变变"，边摸幼儿头部，摸中者站起做出"小老鼠走路"状。

指导语3：这一次，小老鼠要走出家门去找香油，可是你的家在哪里呢？如果猫来了，该怎么办？我们走动时需要注意什么？

教师提醒"小老鼠"遵守游戏规则，从灯台上滚下来后可就近找"家"。游戏中可根据需要引导幼儿将椅子当成"家"，也可添加胸饰，增强表演的趣味性。

【评析】 小班幼儿注意力调控能力弱，在此环节组织过程中，教师尝试让幼儿从坐着游戏过渡到站起来变成"小老鼠"走动游戏，既保证了组织形式的变化又为幼儿理解和实践游戏做好层次铺垫。散点队形没有方向要求，对小班幼儿来说，难度适宜，幼儿能在自由走动中逐渐学会积累、寻找到与他人共同活动的舒适空间。

五、想象躲藏地点，拓展延伸游戏

指导语：小老鼠上灯台的游戏好玩吗？这个游戏也可以在教室外面玩，如果猫再来抓你，你想躲在哪里呢？躲的时候注意安全哦！

【评析】 活动进行到此，幼儿情绪已被充分调动，开放性提问既是对幼儿兴趣的拓展，又体现了本次活动的延伸性，对幼儿来说将是一次新的尝试和体验，所以幼儿是带着期待在欢乐中结束活动的。

【活动反思】

怎样让经典儿歌融入音乐，让抽象的音乐变得形象有趣，被幼儿喜爱呢？我结合小班幼儿年龄特点、发展水平及其兴趣点，采用游戏化的教学方式设

计并组织了本次教学活动，主要做了以下尝试。

一、结合经典儿歌在导入环节下功夫

导入环节就像优美乐章的"序曲"，其价值在于唤醒幼儿已有经验，引发幼儿参与活动的兴趣。本次活动为了使小班幼儿从一开始就很快进入状态，我尝试将经典儿歌《小老鼠上灯台》的有声视频做无声处理，生动的画面和简单的情节让幼儿情不自禁地说着、唱着，他们的已有认知迅速被激发。此设计相比传统谈话导入合理而独到，不仅巧妙地衔接了新的内容，使幼儿即将表演的故事变得更形象有趣，而且成功营造出"唤醒"和"激励"的氛围，让韵律活动更富新颖性和启发性，使幼儿在最短的时间内调整至最佳的学习状态，亦有"无声胜有声"之效！

二、利用身体资源在活动材料上"花巧劲"

材料是课程的支架，是教与学的基础，是教师送给幼儿的礼物，因此，正确选择教学中的材料显得尤为重要。韵律活动是幼儿情感肢体动作最直接的表达，我结合小班幼儿年龄小、操作经验不够丰富的特点，寻找并选择了简单、实用的身体资源作为活动主要材料，引导幼儿用肢体动作表现小老鼠出门觅油，创编看、听、闻、吃等动作的同时，力求在不同的故事情节中"百变"肢体，趣玩律动。比如：A段音乐中尝试将幼儿的肢体变成"灯台"，启发小老鼠们根据音乐在自制的"立体灯台"上游戏；B段音乐中引导幼儿将自己的身体想象成小老鼠，为逃避猫抓捕寻找躲藏的"家"等等。本次活动有效地将身体变成活动材料，化抽象教学为直观教学，幼儿对自己的身体感到既"熟悉"又"新鲜"，始终以积极主动、开放的方式参与创编和表演，他们在关注中思考，在快乐中学习，在与身体的互动中感受音乐的熏陶，身心得到极大满足。

（案例提供：江苏省如东县鑫城幼儿园　石玲玲）

指导语：斗虫还在干什么？它是怎么飞的，你能学一学吗？跟我一起来飞一飞，飞到我的身边来。

4. 创编拉屎的动作。

指导语1：虫儿扭屁股是在干什么？哦，虫儿拉屎一大堆，闻起来什么味道？我们可以做一个什么动作？（引导幼儿创编拉屎的动作：蹲下、捂鼻等）

指导语2：你喜欢哪个动作？我们一起来试一试。（根据幼儿的动作选一个，可换）

【评析】 此环节是活动的重难点，在创编动作的过程中，生活中"拉屎"的动作创编符合幼儿的趣味；"小虫追大虫"的情境满足同伴间的互动，逐渐加深了幼儿对童谣的记忆和理解。

三、在游戏中学说童谣

1. 师幼共说童谣，玩追跑游戏。

指导语1：现在我是大虫，你们是小虫，我们一起跟着音乐做动作，试试能不能追上我。（跑回椅子）

指导语2：你们做了小虫，我也想来试一试，那你们就是大虫了。

2. 玩手指游戏，继续学说童谣。

指导语1：大斗虫还会在哪儿呢？（大拇指变成大虫）你们也把它变出来吧。再变一只小虫来。（小指变成小虫，速度放慢，锻炼幼儿手指协调）

指导语2：有没有追上啊？（一下子就追到了，手伸得远远地就追不上了）

【评析】 本环节抓住童谣中"小虫追大虫"的内容，设计了相应的互动游戏和手指游戏，将童谣融入幼儿熟悉和喜爱的追逐游戏中，让他们在欢乐、有趣的活动中随乐曲学说童谣，甚至能自由地哼唱出来。

四、玩"小虫抓大虫"的游戏

1. 两名教师合作游戏。

指导语1：斗虫们还可以怎样玩游戏呢？来看看老师们是怎么玩的。

指导语2：我有没有抓到？为什么？大虫把手藏到背后了，没被抓到。

2. 分配角色，师幼游戏。

指导语：你们是大虫，我是小虫，唱完歌之后我们一起玩这个游戏吧！（教师口令说幼儿的动作：飞飞……躲）

3. 交换角色，再次游戏。

指导语：你们躲得真快，我也想来试一试，我做大虫，你们做小虫，再来玩一次吧。

4. 幼儿分角色游戏。

指导语：老师这里还有发箍，戴上发箍你就是小虫，要去抓大虫。而大虫就要赶紧躲到草丛里去，保持不动，不能被小虫抓住哦！

（交换角色再来玩一次）

【评析】 此环节中加入了"捉迷藏"的游戏情境，由手臂的躲藏升级为身体的躲避，丰富的游戏内容满足了师幼互动、幼幼互动的需要，让每个幼儿都有强烈的参与感，收获有趣的游戏体验。

五、结束活动，玩"大公鸡捉虫"的游戏

指导语：喔喔喔，不好了，大公鸡来了，大虫小虫一起逃走吧！（老师扮演公鸡与幼儿共同游戏，结束活动）

【活动延伸】

在班级表演区，提供音乐、斗虫棒偶、头饰及斗蛐蛐的图片，鼓励幼儿听音乐大胆地进行表演和创编。

【活动反思】

儿童的思维是具体形象的，他们对鲜明、优美、有声有色、富有动态的

音乐、动作等最容易理解，充满浓厚的兴趣。为了让幼儿更好地感受音乐、享受音乐，本次活动主要采用以下三种方式激发幼儿参与的积极性。

一、以生动的教具吸引兴趣

活动伊始，精巧生动的两只斗虫棒偶很快吸引了幼儿的视线，它们跟着伴奏有节奏地随乐飞舞、扭动，还会飞到幼儿之间，落在肩膀上、头顶上，充分调动了幼儿的好奇心。同时飞来飞去的棒偶也激发了幼儿和它们一起互动的兴趣，在音乐声中，师幼情不自禁地围绕着两只斗虫翩翩起舞，让整个活动变得轻松、愉悦。在棒偶的舞动和教师的动作中，巧妙地融入童谣的内容，为接下来幼儿理解童谣、创编动作打下基础。

二、以形象的动作表现童谣

在学说童谣的过程中，引导幼儿根据歌词内容创编动作。结合已有经验，他们大胆地用不同的动作表现出"飞""拉屎""追跑"等情景，幼儿间积极地模仿，创编简单有趣的动作和情境，自然而然地将童谣通过动作形象地表现了出来，形成了有效的师幼互动、同伴互动。

三、以丰富的游戏快乐体验

在活动中，用不断升级的游戏形式，让幼儿理解童谣内容，感受音乐旋律。从个体的手指游戏——与同伴合作玩手指游戏——两两合作，移动位置的一对一游戏——分角色玩捉迷藏游戏，层层递进，游戏逐步升级，不断激发幼儿参与韵律活动的兴趣。

韵律活动《斗虫儿飞》通过和幼儿一起看童谣、玩童谣、说童谣，营造了有趣、欢乐的氛围，小班幼儿能够在和老师、同伴的游戏中，轻松、自然地将音乐和游戏融为一体，真正实现了"音事相融，以美育人"的教育目标。

（案例提供：江苏省如东县爱民路幼儿园　张艾宁）

小班韵律活动：杨树叶儿哗啦啦

【设计意图】

北京童谣《杨树叶儿哗啦啦》是一首摇篮曲，整首音乐旋律简单、明快易唱，音乐中的"小孩睡觉找妈妈"情节极其符合小朋友的生活经验，而最后一句的"麻猴子来了我打它"，引入满族的"怪兽"方言，充满趣味性，同时具有独特的故事性、生活性。我尝试以这首童谣为主线，以幼儿熟悉的"妈妈和宝宝"形象，带领小班幼儿在故事情境之中逐步感知音乐，并用自己的方式表达音乐、感受音乐。

【活动目标】

1. 初步熟悉童谣的旋律，能随音乐大胆地自由表演。
2. 迁移生活经验，自由创编动作，体验韵律活动的快乐。
3. 感受与同伴合作表演的乐趣，体验与"妈妈"亲密互动的美好情感。

【活动准备】

物质准备：音乐《杨树叶儿哗啦啦》剪辑版，课件，红、绿树叶标记各6个，红、绿海绵垫各6块。

经验准备：幼儿有合作游戏的经验。

【活动过程】

一、游戏导入，激发活动兴趣

1. 听音乐送小标记。

指导语：老师身上贴的是什么呀？（小树叶）请你们一起来听音乐，老师要把小树叶送给你们啦。（播放完整乐曲，老师跟随节奏送出片片小树叶）

2. 按标记匹配垫子。

指导语：红树叶和绿树叶都要找家咯！请找到和你的小树叶一样颜色的方形小屋。

（幼儿根据自己树叶的颜色，找到相应垫子，坐下来）

3. 听故事创编动作。

指导语1：在这首好听的音乐里还藏着一个故事。有一天晚上，风吹着杨树，杨树的叶子发出了"哗啦啦""哗啦啦"的声音，小宝宝听了，心里有一些害怕，她哭着要找自己的妈妈，妈妈来了，把宝宝轻轻地搂在怀里，抱一抱，说，不要怕，不要怕，如果有麻猴子来了，我会去打它。

指导语2：杨树叶"哗啦啦"落下来了，现在你们就是杨树叶，风来啦。（引导幼儿表现杨树叶"哗啦啦"掉下来的样子）麻猴子又是什么样子的，你能表演出来吗？

【评析】活动开始，教师通过在童谣伴奏中给幼儿贴上红、绿树叶标记，赋予幼儿角色扮演的意识，同时引入红、绿垫子，请幼儿找家，进一步进入情境，巧妙地以颜色标记贯穿。接下来以故事引入，引导幼儿在与音乐匹配的故事情境中进行经验迁移，帮助幼儿初步感知音乐，并尝试用动作表现音乐。

二、动作创编，感知音乐结构

1. 随乐完整做动作。

指导语1：刚刚我们做了这么多好看的动作。现在让我们跟着好听的音乐在垫子上玩一玩。（教师带领幼儿一起表演动作：双手转动——双手做奔跑

状——双手抱肩并轻拍——随节奏用手指前方并拍手一次）

指导语2：这次我们站起来，在垫子前听着音乐一起玩儿吧！

2."找妈妈"游戏。

指导语1：现在我来做妈妈，你们来做宝宝！注意听音乐哦！（引导幼儿随音乐自由做动作，进行完整的律动表演）

指导语2：（演示课件图片）瞧，现在谁是妈妈？绿色树叶是妈妈，红色树叶是宝宝。红树叶宝宝该找谁做妈妈呢？（鼓励"红树叶"宝宝在唱到"找妈妈"时，主动爬向绿色垫子，去找"绿树叶"妈妈）

指导语3：这次请找个和自己小标记不一样的好朋友，先换一换，再跟着音乐玩一玩吧！

【评析】 结合游戏情境，幼儿的表演由零散到整体；从坐在垫子上到站起来完整表演，逐步加入的音乐游戏符合小班幼儿的学习特点。结合课件出示图片，幼儿在直观形象的图片引导下进行角色识别，丰富游戏，由此在反复倾听与表演中，引导幼儿感知音乐结构的旋律美，感受随乐有节奏地运用身体活动的韵律美，并在角色互换中进一步提高表演欲望，感受亲情。

三、伴随音乐，完整进行表演

指导语1：听，是什么声音？麻猴子来了！妈妈快抱住宝宝，不能动哦！

指导语2：你们还想玩吗？那找一个垫子，我们再来玩一次。瞧，这次麻猴子没来！真是太开心了，我们再到外面去玩一玩吧！

【评析】 游戏升级，此环节巧妙加入"123木头人"传统游戏，引导幼儿躲避"麻猴子"的捣乱，进一步激发幼儿参与活动的兴趣。结尾时，通过

"麻猴子"回家去找妈妈的情节，再次升华亲情主题，让孩子们在韵律活动中收获满满温情。

【活动反思】

一、用心选择音乐素材

《杨树叶儿哗啦啦》这首音乐旋律比较简单，其"摇篮曲"的主题特别温馨，脍炙人口的民谣在这首音乐中表现得淋漓尽致。我选用这首音乐，再加入代表"麻猴子"的音效，设计具有故事情境的音乐游戏，符合小班幼儿的年龄特点。

二、创设趣味游戏情境

活动巧妙运用"妈妈"和"宝宝"的角色，引导幼儿调动原有经验，在音乐中扮演角色，进行表演。树叶标记有助于进一步帮助幼儿进行角色识别，同时顺利进入合作游戏。最后，"麻猴子"的引入，让游戏进入高潮，同时增添了游戏的趣味性。整个活动趣味性强，幼儿在情境中感知音乐，表达音乐，同时尝试创造性地表现音乐。

三、融入亲情体验关爱

活动中选取的音乐本身带有亲情味儿，也具备一定的趣味性。在预设活动时，考虑到小班孩子初入园，对"妈妈"有着强烈的依恋，于是落脚点在"亲情主题"。通过"妈妈"哄睡"宝宝"的角色体验，引导孩子感受亲情、爱父母、感恩父母，再结合课件引导，孩子们也可以自主交换标记，相互扮演"妈妈"和"宝宝"。整个活动中，孩子们主动思考、大胆创编、随乐律动、热情交往，他们的乐感、思维、想象、创造、社会性等能力都有了一定提升。

（案例提供：江苏省如东县实验幼儿园　张雯）

小班韵律活动：王老先生有块地

【设计意图】
陈鹤琴先生认为音乐是儿童生活的灵魂，应当与生活紧密联系起来，使音乐教育生活化。教师结合幼儿形象思维的特点，从兴趣出发，从生活出发，选择了幼儿熟悉的音乐作品《王老先生有块地》，分析其中的教育价值，结合歌词创设有趣的情境，利用地垫创编一物多玩的游戏，在边唱边玩中带给幼儿更好的音乐体验。

【活动目标】
1. 感知歌曲旋律，能够随音乐做小鸡吃虫、小羊抱抱、小鸭游泳的动作。
2. 尝试在游戏情境中，根据颜色找家、摆石头。
3. 积极参与活动，感受与同伴合作游戏带来的快乐。

【活动准备】
物质准备：希沃课件、剪辑音乐《王老先生有块地》。
经验准备：认识正方形、圆形。

【活动过程】
一、听歌曲，感知旋律
指导语1：宝宝们，你们好！今天给你们介绍一位新朋友，看看是谁？大家都叫他王老先生。我们跟他打个招呼吧。他喜欢一边打招呼，一边唱歌呢！

（咿呀咿呀呦）

指导语2：王老先生有块地，那里养了许多小动物，会有谁呢？

师幼共同听歌曲。

【评析】 教师根据幼儿形象思维的特点，选择幼儿熟悉的童谣，挖掘其中的教育价值，以问题为支架，激发幼儿专心倾听歌曲。通过互相问好，进入音乐情境，让音乐变得生动形象，同时加深对歌词的印象，帮助幼儿更好地理解音乐。

二、创编动作，熟悉音乐

1. 创编小鸡、小羊和小鸭的动作。

指导语1：王老先生养了哪些动物？你听到了谁的叫声？

指导语2：你能学学小鸡的样子吗？小鸡喜欢吃什么？

指导语3：我的小羊在哪里？小鸭子怎么游泳？

幼儿说一说、做一做。

2. 选择动作，匹配音乐。

指导语1：原来，王老先生的农场里养了小鸡、小羊和小鸭，我们再来听一听、玩一玩吧。

指导语2：刚才唱到咿呀咿呀呦，我们就打招呼，这次我们站起来，和朋友打打招呼吧。

【评析】 鼓励幼儿结合已有经验，将叫声和动物相匹配，边唱边做打招呼动作。在玩打招呼游戏过程中帮助幼儿进一步熟悉音乐，厘清歌曲中动物出场顺序，为下一环节的游戏做好铺垫。

三、增加道具，随乐游戏

1. 单人自主游戏。

指导语：小动物们在农场生活得可开心了，王老先生还给它们建了家。瞧，小鸡的家是什么样的？什么形状的？小鸡说，我的开门手环是蓝色的，那就住在蓝色的家。看看你的手环什么颜色？我们也来找找家吧。找到了就站得高高的，挥一挥手，这样妈妈就能看得见。

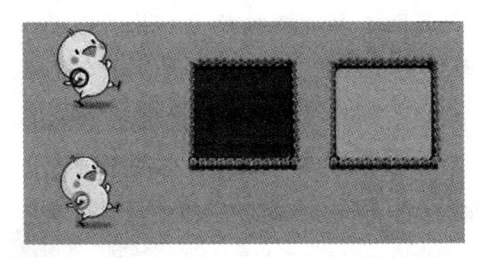

2. 两两互动游戏。

指导语1：小鸡有了自己的家特别开心，可是小羊说：我想跟好朋友住在一起，这个家太小了，怎么办？

鼓励幼儿积极想办法，尝试将两块颜色一样的垫子拼起来，两两合作游戏。

指导语2：你们帮小羊建了一个长方形的家，真能干。我们再和小鸡小羊一起打个招呼吧。

跟随一、二两段音乐玩游戏。

3. 集体合作游戏。

指导语1：小鸡和小羊有了自己的家特别开心，小鸭的家是什么样的呢？石头放在小草的哪里？

指导语2：我们也来建一个圆圆的池塘，找一棵小草，把石头放在小草的外面。

幼儿尝试一一对应摆放。

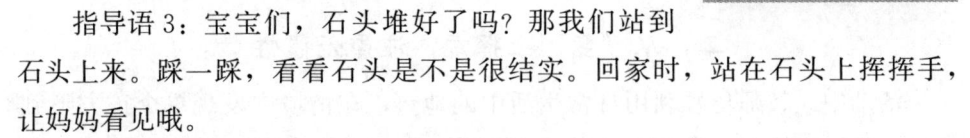

指导语3：宝宝们，石头堆好了吗？那我们站到石头上来。踩一踩，看看石头是不是很结实。回家时，站在石头上挥挥手，让妈妈看见哦。

【评析】 结合幼儿年龄特点，巧妙利用垫子，将数学核心经验与音乐游戏紧密结合。在这一环节中，垫子变身为小动物的家和池塘边的"石头"，两块方形垫子拼一拼变成长方形、相同颜色的垫子对应摆一摆，多变的垫子，让幼儿始终都融入游戏情境中。

四、跟随音乐，完整游戏

指导语1：在你们的帮助下，动物们都有了自己合适的家，小鸡的家是正方形的、小羊的家是长方形的、小鸭的家是一个大大的圆形。我们一起再来玩一玩吧。

听音乐，完整游戏两遍。

指导语2：和朋友一起玩游戏真开心，现在我们带上大石头，再去户外建一个更大的池塘吧。

【评析】 教师借助图示，将三个动物的家完整呈现，帮助幼儿有序、清晰地梳理音乐结构，学会听音乐完整游戏。整个游戏过程中，幼儿感受着歌曲的热情欢快，也感受着与同伴合作游戏的快乐。

【活动反思】

一、从"趣"上探究，注重情境性

整个活动以游戏和情境贯穿始终，引导幼儿感知音乐，随乐律动。教师将歌曲中"咿呀咿呀哟"提炼为王老先生打招呼的独特方式，导入环节通过和王老先生打招呼、同伴间打招呼的互动模式，让幼儿一下子就进入了游戏情境，并且轻松地记住了这句歌词。在随后的歌曲欣赏中，抓住音乐中"叽叽叽""咩咩咩"的声音引导幼儿获取动物的信息再创编动作。不断变化的故事情节，始终吸引幼儿的注意力，激发幼儿的探究欲望。

二、从"变"上探索，注重无痕性

活动中，教师巧妙利用日常生活中的地垫，在情境中发现单个正方形到尝试合作双拼成长方形再到点物匹配摆成圆形，逐一累加，层层递进，数学核心经验的渗透给幼儿提供了挑战的机会，体验到游戏的快乐，合作能力也得以提升。整个活动中，地垫不仅仅是小朋友的座位，还是小动物的家，是池塘边的一块石头，教师赋予地垫的每一个角色都与情境有机融合，增加了活动的游戏性与趣味性。

三、从"活"上探寻，注重互动性

教师始终立足于"儿童本位"，注重空间梯度，从上肢动作到下肢动作，从座位上做动作到移动游戏，逐渐叠加的学习模式轻松化解了小班幼儿注意力弱的难题。同时采用开放式的提问，如"小羊的家太小了怎么办""你想怎么做"等等唤醒幼儿探究意识，引导幼儿自主尝试。在给小鸭建池塘时，教师没有一味地说教，而是通过图示引导幼儿仔细观察"石头放在小草的哪里"，引导幼儿尝试操作。整个活动让幼儿在听一听、变一变、玩一玩的过程中理解了音乐所表达的内容，体验到与同伴共同游戏的快乐。

（案例提供：江苏省如东经济开发区中心幼儿园　缪小阳）

小班韵律活动：臭蚊子嗡嗡嗡

【设计意图】

《臭蚊子嗡嗡嗡》这首童谣的音乐曲风幽默风趣、节奏清晰明了，小班幼儿对蚊子的习性有一定的了解，因此，结合"夏天来啦"主题活动的开展，我预设了一个以蚊子飞、蚊子叮、打蚊子为情节的韵律活动，穿插活泼又动感的音乐游戏，运用多种教学手段引导幼儿和同伴随乐做肢体动作，在体验、探索、表达的过程中将日常生活中的逸闻趣事转化为独特的、富有创造性的艺术表现，充分领略音乐的有趣，体验游戏的快乐。

【活动目标】

1. 欣赏并感知音乐，理解音乐所表现的内容。
2. 能跟着音乐做蚊子飞、蚊子叮、打蚊子等动作，并尝试创造性地表现。
3. 乐意参与游戏，体验与同伴合作游戏的乐趣。

【活动准备】

物质准备：蚊子手偶，经典童谣《臭蚊子嗡嗡嗡》。
经验准备：了解蚊子的生活习性等。

【活动过程】

一、谜语导入，引出童谣

指导语：小朋友们，夏天到了，有一种害虫真讨厌，整天嗡嗡嗡地叫个不停，还老爱叮咬人，你们知道它是谁吗？

师有节奏地朗诵童谣：臭蚊子，嗡嗡嗡，又咬人又有传染病，我们要把蚊子打干净。

【评析】 谜语导入活动一下子吸引了幼儿的注意力，激发了幼儿参与活动的兴趣；随后，教师有节奏地朗诵童谣，让幼儿在认真倾听的过程中初步感受童谣的内容和韵律，自然而然地引发了师幼互动。

二、感知音乐，自主表现

1. 教师提问，引导幼儿初步感受音乐。

指导语：有一首好听的音乐，我们一起来听一听，音乐里蚊子在干什么？

2. 幼儿扮演小蚊子，跟着音乐学着小蚊子飞一飞。

3. 师幼共同创编蚊子叮、蚊子叮人的身体的不同部位的动作，跟着音乐玩游戏。

4. 完整听音乐、玩游戏。

【评析】 幼儿通过认真听音乐、观察教师动作，自己扮演角色，创编蚊子叮人的动作等一系列环节，多次感受与欣赏音乐，了解音乐所表现的具体内容，对蚊子何时飞、何时叮、何时打、何时溜有了初步的经验，"小蚊子指偶"的运用让幼儿饶有兴趣地伴随着音乐匹配相应的动作，体验到音乐游戏的快乐。

三、伴随音乐，合作游戏

1. 教师与所有幼儿进行角色互动游戏。

2. 邀请个别幼儿与教师合作游戏。

3. 幼儿和同伴合作游戏。

指导语：你们想不想跟旁边的好朋友玩一玩这个游戏？两个人商量一下，谁来当小蚊子，谁做打蚊子的人。待会儿要交换的哦！

【评析】 教师与全体幼儿、个别幼儿进行互动游戏，让幼儿在观察中学习，在模仿中丰富游戏情节和动作演绎经验。在此基础上，幼儿与同伴共同商量扮演角色分配，并多次互换角色玩游戏，用自己的方式去感受、表现和理解音乐和童谣的内容。活动过程中，教师用语言、动作等及时提醒幼儿认真听音乐，友好合作，体现了幼儿在前、教师在后的教学理念，既尊重幼儿、放手游戏，又引导幼儿不脱离音乐大胆地去表现和创造。

四、介绍童谣，完整表现

指导语：这首好听的童谣叫《臭蚊子嗡嗡嗡》，我们一起去外面把臭蚊子打干净吧！（完整欣赏与表现音乐）

【评析】活动在教师介绍童谣名称中自然结束，让幼儿潜移默化地了解和感受到中国经典童谣的魅力，同时为幼儿进一步迁移已有经验、巩固拓展认知提供了机会。最后完整欣赏与表现音乐时，幼儿非常投入，一边说唱童谣一边拍打蚊子，意犹未尽地走出活动室。

【活动反思】
一、内容选择上力求富有童趣

小班韵律活动《臭蚊子嗡嗡嗡》是"学习强国"中推介的一首童谣，内容浅显而简练，诙谐幽默，非常有感染力，幼儿容易身临其境地感受、了解与领略其中的情趣。本次活动基于小班幼儿打蚊子的已有生活经验，对原来的童谣进行了简单的剪辑，把说童谣放在了前面，把打蚊子的音乐音量提高，让幼儿更能听清音乐的节奏，使幼儿在积极愉快的气氛中潜移默化地感受音乐。

二、活动过程中力求环环相扣

小班幼儿情感外露、不稳定，带有很大的情绪性，他们更加喜欢直接用耳朵去听、用眼睛去看、用动作去表现感知。因此，我充分考虑到幼儿的年龄和心理特点，注意活动过程的游戏化、情境化，让幼儿化身蚊子及打蚊子的人，在愉快、轻松、自由的游戏中有收获、有发展，环环相扣地组织活动：谜语导入，引出游戏—音乐动作，激发兴趣—感受音乐，幼儿创编—同伴合作，游戏升级—童谣介绍，结束游戏，引导幼儿多次感受、自主表现音乐内容，使活动呈现趣味性、综合性、活动性，寓教育于生活、情境、游戏中。

三、互动游戏时力求专注投入

　　整个活动力求让幼儿在自由宽松的活动气氛中听听、做做、拍拍、打打，整合与提升他们的零散经验。活动一开始，教师为幼儿准备了一个小谜语，一下子引出今天游戏的主角——臭蚊子，并通过有节奏地吟诵童谣，激发了幼儿的兴趣，使幼儿主动参与到活动中。随后，引导幼儿感受音乐、根据音乐创编蚊子叮咬身体不同部位的动作，幼儿在音乐的伴随下利用小蚊子指偶，将蚊子飞、蚊子叮、打蚊子的故事情节夸张地演绎出来。接着，幼儿在观看老师与幼儿合作游戏的基础上，与好朋友自主进行角色互换，用自己的动作非常专注投入地表演，充分感受到游戏的乐趣。

　　　　　　（案例提供：江苏省如东县县级机关幼儿园　贾敏敏）

小班韵律活动：一个小人儿

【设计意图】

北京童谣《一个小人儿》讲述了一个小孩儿调皮捣蛋的故事，内容通俗易懂、诙谐幽默，老北京风格的背景音乐有辙有韵、有滋有味，符合小班幼儿的年龄特点与发展水平。

我们将此童谣投放到班级视听区，幼儿十分感兴趣，纷纷对"骑着小红马儿""专扎鼻子眼儿"的动作以及"小人儿""蓝布衫儿""红马儿""鼻子眼儿"等歌词中的儿化音感到好奇。由此，设计本次活动，让幼儿在创编模仿男孩动作及双人反应游戏等环节中，边听边玩边律动，近距离感受北京童谣的独特韵味和童真童趣。

【活动目标】

1. 根据视觉动画引导，感知理解童谣内容，熟悉童谣旋律，自由创编"穿蓝布衫儿""骑小红马儿""拿火柴杆儿"及"扎鼻子眼儿"等韵律动作。

2. 在内化童谣内容的基础上，进行"一出一防"或"一出一抓"的双人反应游戏。

3. 在趣玩童谣中充分感受、体验与同伴游戏的乐趣。

【活动准备】

物质准备：内含动画、童谣配乐的 PPT，红色纸质火柴头 30 个，小板凳 14 张，钢琴伴奏。

经验准备：对火柴、板凳等生活物品有一定的认知经验，"口令"反应游戏经验，双人面对面游戏经验。

【活动过程】
一、随乐入场，利用动画引导幼儿熟悉童谣内容及旋律

指导语1：小朋友们，春天到了，和我一起跟随音乐，骑着小马去玩一玩吧！

教师播放完整童谣，引导幼儿初步感知童谣内容与旋律。

指导语2：这个音乐里面有一个调皮的小男孩，他穿了什么衣服，又干了什么事儿呢？一起来听一听，看一看。

教师边播放视觉动画，随动画唱童谣。幼儿带着问题边听边看边感受，在多通道参与中理解童谣内容。

【评析】 导入环节简单直入，利用动画能够充分激发小班幼儿的活动兴趣，与此同时，幼儿也能够更容易理解童谣内容，对后续的创编韵律动作起到了辅助性作用。

二、观察童谣主人公，创编相应动作，跟随音乐律动

1. 观察人物特征，创编男孩动作。

教师引导幼儿根据童谣内容观察小男孩儿的具体形象、想象扎鼻子眼儿的动作，并尝试用自己的动作逐一表现出来。

如：小男孩儿穿着蓝布衫儿，骑着小红马儿，手上拿着火柴杆儿。

【评析】 幼儿通过观察，结合想象创编小男孩的动作，可以进一步带入童谣的趣味情境中，深入感受小男孩的调皮与有趣。该动作创编环节，教师需要及时捕捉幼儿动作，并加以优化，为小班幼儿律动建构动作模型。

2. 师幼随乐律动，提醒安全自护。

（1）师幼随童谣律动，教师提醒幼儿倾听童谣，注意童谣内容与节奏。

指导语1：原来童谣里有个这么调皮的小男孩呢，我们跟着童谣和他玩一玩吧！

指导语2：还记得小男孩拿着火柴杆儿干什么了吗？这样做安全吗？为什么？

（2）教师引导幼儿根据童谣内容创编自我保护动作，并能与童谣节奏相匹配。

指导语：童谣唱到哪一句的时候需要保护自己的鼻子呢？

【评析】 关注童谣本身，引导幼儿了解遇到"危险"要如何自护。与此同时，幼儿在倾听童谣时，能够随童谣节奏与内容快速反应做出自护动作，可以为后续的双人游戏做铺垫。

三、游戏难度进阶，变"单人游戏"为"双人游戏"，训练幼儿反应能力

1. 二人一组共玩"逗人"游戏。

指导语：现在请两个小朋友为一组，一个做逗人的小男孩，一个做捂鼻子的小朋友。你们想一想游戏可以怎么玩呢？

教师引导幼儿理解游戏规则。根据歌词提示分角色逗和捂，开启律动游戏。

2. 二人一组共玩"进攻"游戏。

指导语：除了可以把鼻子捂起来，还有其他的办法吗？

教师引导幼儿理解游戏规则。将幼儿分为两组，一组逗另一组抓住火柴杆指套，开启律动游戏。

【评析】 教师引导幼儿尝试使用不同的游戏方式玩双人反应游戏。该环节注重通过问题引导让幼儿自行发现、理解游戏规则，并在童谣的歌词与节奏创设的游戏氛围中，充分感受双人游戏的乐趣。

四、听童谣完整游戏，深入品味北京童谣的趣味性

师幼再次完整游戏，教师提醒幼儿倾听童谣旋律，注意内容、节奏及游戏规则。

指导语：小男孩既调皮又有趣，一起再把童谣完整地听一听，想一想我们跟着小男孩玩了哪些游戏吧！

【评析】 该环节引导幼儿在完整欣赏童谣的基础上完整开展游戏，可以促进幼儿对韵律活动建构整体认知。

【活动延伸】

尝试引导幼儿关注"儿化音",感知北京童谣的不同。

指导语1:你们发现这首童谣和我们平时听到的儿歌有什么不一样的地方吗?

指导语2:好玩的音乐游戏可以带到音乐区,分享给其他的小朋友再去玩一玩哦。

【评析】"小人儿""不大点儿""蓝布衫儿"……"儿化音"的反复出现更能吸引幼儿的活动兴趣,因此,给予幼儿认知、了解"儿化音"的环节也必不可少,可以进一步促进他们对北京童谣的感知与体验。

【活动反思】

本节活动是以北京童谣《一个小人儿》为载体的韵律活动,在设计及实施的过程中发现了诸多亮点与不足之处。

一、凸显童谣韵味,挖掘真趣

北京童谣《一个小人儿》内容富有童趣,诙谐幽默,整个活动过程紧扣童谣内容,突出了"小人儿"的人物形象与肢体动作,为幼儿创设了一个有趣的活动情境。活动利用动画帮助幼儿充分感知、理解童谣内容,并在此基础上,引导他们创编了相应动作,满足了幼儿模仿童谣主人公形象的欲望。

整个韵律活动过程,教师也注重引导幼儿感受了北京童谣的韵味,让他们在边唱边做边玩的同时,也关注到不常见的"儿化音",初步体验了北京童谣的独特性。

二、聚焦童谣内容,创设游戏

本次选择的童谣内容通俗易懂,符合小班幼儿的能力发展水平与兴趣特点。在前期揣摩童谣时,我就关注到了"扎小鼻子眼儿"这个"不安全"动作,但为了还原童谣本身,让幼儿更近距离地感受北京童谣,我仍然保留了内容。与此同时,我还重点引导幼儿就这个"不安全"因素开展了反应游戏,

指导语 3：我们跟着小鱼到鱼池里玩一玩吧！（跟着音乐"游一游，跳一跳"）

【评析】 契合主题的情境设置，很快把孩子带入游戏情境中，小鱼儿游一游，跳一跳，音乐声中，他们的快乐开始了。

二、寻找朋友，了解歌词

1. 门铃声引出小雨点。

指导语 1：小鱼游得好开心啊，我们坐下来歇一歇吧！（"叮咚叮咚"）

指导语 2：咦，什么声音？

指导语 3：是谁在按门铃？（幼：小鸟、小狗、大狗熊……）

指导语 4：到底是谁呢？（出示小雨点指偶）跟小雨点打个招呼吧！

【评析】 在日常游戏活动中，一般做客的都是小动物，"小雨点"的到来让幼儿有些出乎意料，他们对小雨点充满了好奇和期待。

2. 小雨点做客，欣赏歌曲。

指导语：你们知道小雨点来干什么吗？一起听一听。

提醒：小鱼儿到你家来做客了，你们高兴吗？那怎么迎接小客人呢？

（幼儿跳出水面把客人请。教师带领幼儿学小鱼跳一跳，做邀请动作）

【评析】 "跳出水面把客人请"比较抽象，幼儿不太容易理解掌握，此环节让幼儿有节奏地做动作是为了加强对歌词的理解和表达。

指导语 1：哎呀，小雨点滴到小鱼的哪儿了？（教师将小雨点自然地贴在某一幼儿手臂上）

指导语 2：小雨点找到了一个好朋友，它还会去谁家做客呢？哪只小鱼跳得高小雨点就会到你家去。（教师带领幼儿边唱边表演）哎呀！这次小雨点落到了小鱼的哪儿呀？（额头上、衣服上）

指导语 3：咦！又落下来了三滴小雨点，这次小鱼不光要跳得高，还要对小雨点大声地说一句话：来吧，客人请！

（幼儿欣赏两遍音乐，教师将小雨点分别落在小鱼的肩膀上、肚子上、小脚上）

【评析】 教师通过小雨点三三两两地分别落在小朋友身上，让他们在期待中学唱歌曲，同时不感到重复唱歌的枯燥。最后在欣赏歌曲的基础上渗透"来吧，客人请"的对白，使整个唱歌过程更流畅、更自然。此环节通过小雨点的到来巧妙地将幼儿分成两个角色，为后面的游戏做好铺垫。

三、互换角色，进入游戏

1. 跟着音乐边唱边玩。

指导语1：哪些小鱼身上落到了小雨点？那你们现在就变成小雨点了，小雨点到小鱼家做客要先干什么？（按门铃）

指导语2：小鱼家的门铃在哪儿？门铃的声音响不响呢？（按按幼儿的鼻子、耳朵、肩膀等，被按的幼儿同时发出"叮咚叮咚"的声音）

指导语3：每个小雨点去找一条小鱼，看看它们家的门铃在哪儿，轻轻地按一按。

2. 交换角色进行游戏。

【评析】 幼儿对"按门铃"和"叮咚叮咚"这个互动环节充满了兴趣，教师让幼儿自由选择伙伴对唱、游戏，满足了他们自由发挥的愿望。

四、教师扮演小鱼，结束游戏

指导语：（把另一半的幼儿身上贴上小雨点）现在你们都是小雨点，老师是小鱼，找找我的门铃在哪里？（教师与幼儿共同游戏）

你们看，那儿有许多大鱼呢，我们一起到大鱼家做客，好吗？

【评析】 教师角色的转换使游戏达到高潮，幼儿对教师的"门铃在哪里？身上哪个部位会发出'叮咚'的声音"提问充满了好奇，每个幼儿都争抢着往教师身上摸一摸、捏一捏、按一按，对教师的回应得到极大的满足。教师与幼儿一起玩游戏让幼儿很放松，使他们的歌唱和游戏更加轻松自如。

【活动反思】
一、空间、教具巧安排，满足了小班幼儿的游戏需要

教师将空间围成一个小池塘，小朋友化身可爱的小鱼；教师巧妙地运用简单的教具小雨点，到每一位小鱼家按门铃，小雨点掉落在小鱼身上的不同

部位；教师利用空间位移的方式，让每一名幼儿都参与游戏，让小班幼儿在轻松愉快的氛围中专注地倾听和欣赏歌曲。

二、游戏、角色巧变换，满足了幼儿交流表演的需要

整个过程由三个游戏组成：来到鱼池，激发兴趣→小雨点找朋友，逐个变换角色进行游戏→"按门铃"游戏，循序渐进地进行小雨点与小鱼之间的角色转换，幼儿在童谣中时而与同伴边唱边说，或惊奇，或兴奋，有期待、有成功；时而在故事和游戏中感知歌曲节奏与旋律，体验律动带来的快乐。

附歌曲：

小雨点按门铃

陈绍孟 词
李茹 曲

1=F 2/4

3 1 3 1 | 3 1 3 1 | 3 1 6 5 | 2 2 1 | 6 6 5 | 6 6 5 | 3 1 3 1 | 6 6 5 | 1 1 6 |
　　　　　　　　　　　　　　　　　　　　　　　小雨点，按门铃，叮咚叮咚 响不停。小鱼儿，

1 1 6 | 3 1 3 1 1 | 2 2 1 | X X · | X X X ‖
真高兴，跳出水 面把 客人请。来吧， 客人请！

（案例提供：江苏省如东县海韵幼儿园 蔡蓉蓉）

小班韵律活动：小燕子找春天

【设计意图】

春天的主题活动中，孩子们在参观、春游中寻找春天，在画作中勾勒春天，在音乐中倾听春天。春天来了，万物复苏，风是暖的，花是香的，连空气也是甜的，正如《小燕子》中唱的"这里的春天最美丽"。那春天到底有哪些美丽的景色呢？教师通过找、贴、说春天，带幼儿领略春天的美；通过随乐表演、动作创编，让幼儿感知春天的妙；通过抢窝游戏，让幼儿感受春天的趣。

【活动目标】

1. 感知春天的美丽景色，能随乐合拍做燕子飞、回窝的动作。
2. 创编花、树、草的造型动作，尝试玩抢窝的游戏。
3. 喜欢玩音乐游戏，能遵守游戏规则。

【活动准备】

物质准备：《小燕子》音乐，5张春天的图片（桃花、玉兰花、柳树、小草、蒲公英），思维导图，杜鹃头饰。

经验准备：初步了解小燕子的生活习性。

【活动过程】

一、情境游戏，寻找春天

1. 随乐找春天。

指导语：小燕子们，春天来了，我们一起听着音乐去找一找美丽的春天吧。

2. 看标记送图片。

指导语1：谁把刚才我们找到的春天送到这儿来？（贴有花、草、树标记的春天气泡图）

指导语2：你们都找到了什么？

小结：原来有花、有草、有树的春天最美丽。

【评析】 教师选择了5张春天最具代表性的花、草、树的图片，也是幼儿生活中最常见的春天的景物，通过找、贴、说春天，帮助幼儿将零散的经验进行梳理归纳，美丽的春天在脑海中变得清晰起来。同时，熟悉的音乐、熟悉的景色带给幼儿享受和惊喜，也为接下来的动作创编做铺垫。

二、感知音乐，表演春天

1. 教师示范。

指导语1：你最喜欢春天的什么景色？

指导语2：我想把春天的景色变出来，猜猜看我会变出什么？

（教师随乐完整做动作）

指导语3：刚刚我变出了什么？我变出了大大的玉兰花。我是在歌曲唱到什么的时候变出了大大的玉兰花？请你再来仔细听一听。

（教师邀请幼儿唱歌曲的第一段，教师随乐做动作）

指导语4：你听清楚、看明白了吗？我们在"燕子说"的时候就要做好"变"的准备，在唱到"这里的春天最美丽"就把玉兰花变出来。

【评析】 本次活动的重点是幼儿能在歌谣唱到"这里的春天最美丽"时创编出花、草、树的动作。教师第一次示范帮助幼儿整体感知音乐的结构，第二次示范帮助幼儿明确动作创编的要求。在第二次示范时，教师邀请幼儿清唱歌曲第一段，意在调动幼儿参与活动的积极性，加深对音乐的理解，为支持幼儿后续自主创编匹配音乐做铺垫。

2. 随乐动作。

指导语：你们会变出大大的玉兰花吗？我们一起听着音乐来变一变。

（幼儿随乐完整做动作）

3. 创编音乐第一段。

指导语1：除了玉兰花，你想变什么花？它是大大的还是小小的？它是朝什么方向开花的？

指导语2：原来桃花是朝各个方向开放的，我说"变变变"你们就变出不同方向的桃花，好吗？

指导语3：你们能听着音乐变桃花吗？除了花，你们还想变什么？蒲公英是什么样子的？用动作怎么表示？我们听着音乐来变蒲公英吧。

指导语4：你们还想变什么？柳树的树枝是什么样的？用动作怎么变？小草是什么样的，怎么变？

【评析】 教师在花、草、树图片的选择上力求形态独特，能让幼儿迅速抓住事物的特点，进行动作创编。在教师有针对性地引导下，幼儿通过观察比较，发现玉兰花和桃花大小、开花的方向不同，柳树的树枝很独特，蒲公英像个球，小草是细细的尖尖的，在充分感知事物的特征后，幼儿更乐于大胆表达和创造了。

4. 春天和我捉迷藏。

指导语：你们都把春天的景色变出来了，你们真能干！春天想跟我们玩捉迷藏的游戏，待会儿会有一个春天的景色被藏起来了，你要仔细看，然后听着音乐用动作把它变出来好吗？

【评析】 小班幼儿最喜欢玩捉迷藏的游戏，教师通过藏图，制造神秘的气氛，激发幼儿参与游戏的兴趣。本次的藏图需要幼儿运用逆向思维，什么不见了就要变什么，而且需要幼儿仔细辨听音乐快速做出反应，对于记忆力、注意力相对薄弱的小班幼儿来说有一定的难度，因此教师先通过"什么不见了，我们要变什么"引导幼儿说一说、做一做，逐渐适应游戏玩法；最后，教师通过"什么不见了，嘘，把答案放在心里，让我看看你猜得对不对"的提问引导幼儿独立思考。教师通过为幼儿搭建支架，再逐步撤走支架，循序渐进地助力幼儿提升能力。

三、找窝筑巢，完整游戏

1. 燕子找窝。

指导语：小燕子们，这里的春天这么美，你们想住在这里吗？那现在我们就听着音乐去找一座自己喜欢的房子在屋檐下做窝，音乐中鸟叫的声音就是回家的信号，我们就要赶快找到一间房子住下来。

2. 杜鹃抢窝。

指导语：发生了什么事？原来杜鹃不爱劳动，专门抢别的小鸟的窝，所以我们只要听到鸟叫的信号就要赶快飞回来，可千万不要被杜鹃抢走窝。

（幼儿完整游戏2—3次）

【评析】教师在歌曲第二段"欢迎你"处加了音效，幼儿玩听信号回家的游戏，在回家时由一位教师扮演杜鹃抢窝，游戏情节不仅增加了活动的趣味性，还进一步让幼儿学会辨听音乐做动作。

四、结束活动

指导语1：我们的窝终于做好了，这下我们就可以长期住在这里了。你们知道春天除了花、树、草以外，还有哪些美好的事物吗？（出示动物图片）

指导语2：暖和的春天来了，小动物们也出来玩了，有小动物的春天就更加有趣了，我们赶紧去找一找春天还有哪些小动物吧。

【评析】最后教师将春天的气泡图补充完整，拓展幼儿的思维，整体感知春天，同时也鼓励幼儿可以将更多春天的景物创编到音乐表演中。

【活动延伸】

带幼儿寻找更多春天的景色，将春天的气泡图投放到班级音乐区，提供音乐、打击乐器等图片，鼓励幼儿听音乐创编出更多有趣的动作；投放到益智区、科学区，供幼儿进行分类等游戏。

【活动反思】

一、充分感受，表达创造

《3—6岁儿童学习与发展指南》指出：幼儿艺术领域的学习关键在于充分创造条件和机会，在大自然和社会文化中萌发幼儿对美的感受和体验。小班幼儿年龄小，缺乏经验，为了支持幼儿在音乐中大胆用动作表现春天的各种景物，教师从幼儿生活中常见的景物入手，在找找、贴贴、说说中感知春天的美。为进一步发挥幼儿的自主性，激发幼儿的想象力和创造力，教师精心挑选了能表现春天景物的特征特写，幼儿通过观察比较，充分感知了各种景物的独特之处，纷纷大胆用动作表现自己的想法和理解，因此课堂气氛活跃，幼儿参与度高。

二、领域融合，整体感知

幼儿的发展是一个整体，应注重领域、目标之间的融合。本次活动将音乐和科学相融合，在小燕子找春天的情境中，幼儿通过找春天，将春天的景物进行分类，观察比较景物的不同，用动作表演各种景物，在抢窝环节了解杜鹃鸟的习性，最后寻找更多春天的美景，科学的探究任务贯穿活动始末。虽然活动的科学味很浓，但并不会喧宾夺主，因为充分感受和体验春天的美能激发幼儿更大胆自信地在音乐中尽情表现和创造，各种景物的动作创编诠释了幼儿对春天的理解，也给幼儿用音乐来表现春天的美创造了机会。

（案例提供：江苏省如东县实验幼儿园　吴燕）

小班韵律活动：小花开了

【设计思路】

《小花开了》这首乐曲歌词共四句，简单重复且充满童趣，旋律轻快活泼，深受孩子们的喜爱。本次活动设计从"魔术蛋"游戏导入，用孩子们喜欢的动物玩不同造型游戏，自然引发活动；在"点兵点将""抱一抱"游戏中，孩子们自由表现"笑一笑、抱一抱、浇浇水、花开了"等动作；让幼儿创编在不同方位开花儿不仅能调动身体的各种感官认知，更能激发幼儿无限的想象与创意；最后"逛花园"游戏将音乐活动中的节奏、动作、快慢、互动等音乐要素添加，在有趣好玩的游戏中感受音乐旋律，获得对音乐愉悦的情感体验。

【活动目标】

1. 倾听歌曲，理解歌词匹配的动作。
2. 随乐合拍做动作，尝试在不同方位开花。
3. 在音乐游戏中体验逛花园的快乐。

【活动准备】

物质准备：剪辑的童谣《小花开了》音乐、红黄蓝圈。

经验准备：玩过"魔术蛋"游戏。

【活动过程】

一、游戏"魔术蛋"，导入活动

指导语：魔术蛋，魔术蛋，变成什么最好玩？请幼儿表现不同的动物造型。

【评析】 魔术蛋，变成什么最好玩？变成兔子最好玩！魔术蛋，魔术蛋，变成什么最好玩？变成小猫最好玩！用孩子们最喜欢最熟悉的小动物进行造型游戏，激发幼儿参与活动的兴趣。

二、游戏"点兵点将"，匹配动作

指导语1：看，我是谁？（太阳公公）你们就是一朵朵小花，什么时候开花呢，仔细听哦！（啵啵啵啵，花开啦！）

指导语2：花开的时候是怎样笑的？太阳公公要干嘛？还听到什么了？谁会给花浇水的？（幼儿逐一匹配动作）

指导语3：小花们一起做这个开花的游戏吧。

【评析】 教师做太阳公公，幼儿做小花，教师一边点兵点将一边清唱，最后点到的幼儿要回答："听到什么声音的时候开花？"如果没有听清楚，游戏重复，幼儿在反复听的情况下熟悉了歌词，在教师的提问下顺利地为歌词匹配动作。

三、游戏"抱一抱"，练习动作

指导语1：小花们开得美极啦，太阳公公要抱一抱最好看的小花呢！

指导语2：这一次太阳公公看哪朵花的动作最漂亮！

【评析】 教师用"抱一抱"的游戏，设计在音乐的最后抱完所有的幼儿，第一遍抱一两个幼儿，第二遍抱部分幼儿，第三遍抱全部幼儿，在不断的重复游戏中，幼儿练习了动作，并且熟悉了动作的先后顺序。

四、游戏"开花了"，创编动作

指导语1：小花们还可以开在哪里？那就在不同的地方开花吧！

指导语2：这次我们在不同的地方开花，我们商量一下：花先开在哪里，再开在哪里，最后开在哪里？

【评析】 师幼一起创编在身体不同的地方做花开的造型。幼儿自由做造型，相互欣赏，相互模仿后，一起商量花开在不同方位的顺序，教师把音乐串联三遍，便于幼儿整体做出创编的动作。

五、游戏"进花园"，集体表演

指导语1：花园里还有几个不同颜色的小花园呢？（红、黄、蓝三个颜色的圈表示三种颜色的花园）看看这是什么颜色的花园？你们喜欢去什么颜色的花园开花？什么时候进花园开花？

幼儿听到"啵啵啵啵"的时候，就进花园开花啦！

指导语2：先请部分小朋友试一试，再集体进花园玩一玩。

指导语3：小花们分三次进花园开不同方向的花吧。

指导语4：小花们，这个游戏好玩吗？还想玩吗？那我们换个颜色进花园开花吧！

幼儿们先围在圈外做动作，听到"啵啵啵啵"的时候，就进花园开花，间奏时幼儿圈外行进着做动作，第二遍听到"啵啵啵啵"的时候，就换种颜色的圈进去做开花的动作。

【评析】教师用红、黄、蓝三个圈代替三种颜色的花园，幼儿认清颜色后自选喜欢的花园进去开花，什么时候在花园外面逛？什么时候进去开花？幼儿熟悉游戏玩法、遵守游戏规则后，游戏升级，三次进花园开不同方位的花。最后游戏再次升级，幼儿换颜色进花园开不同方位的花。

【活动反思】

《小花开了》是一节小班音乐律动活动，结合小班幼儿年龄特点，我设计的这节活动具有以下几个特点。

一、感受童谣乐曲的自然有趣

感受与理解乐曲是韵律活动的重点。结合小班幼儿的学习特点及《小花开了》歌曲本身的特点，教师有意识地设计了"太阳公公"和"小花"这两个形象，帮助幼儿更轻松、更清晰地理解乐句，如"花开的时候是怎样笑的""太阳公公要抱一抱谁""谁会给花浇水""啵啵啵啵，花怎样了"，"太阳公公"与"小花"在做一做、学一学中自然地感受并理解了四个乐句，能随乐做动作，理解、领会起来轻松无负担。

二、注重创编动作的自主表现

在创编不同方位开花的环节中抛出问题："小花除了在胸前开，还可以在身体的哪里开呢？"从活动现场来看，幼儿创编的动作非常丰富，如花开在肩膀上、膝盖上、后背上、嘴巴上……教师充分给予幼儿创编动作的机会，幼儿相互欣赏、模仿与自主创编动作后，一起商量："花先开在哪里，再开在哪里，最后开在哪里？"教师根据这些动作顺序把音乐串联在一起表演，反复三次后，幼儿学习的自信心大增。

三、体现设计环节的层次上升

活动所呈现的游戏由浅入深，层层递进。幼儿在"匹配动作—创编动作—整体表演"的游戏中理解旋律。在具体实施过程中，教师根据幼儿在游戏中的表现，灵活调整每个环节游戏的次数。如：当幼儿对"听到什么声音的时候开花"有困难时，可以适当增加游戏的次数，也为后面集体逛花园的游戏规则做好铺垫，最后孩子们在玩逛花园的游戏中熟悉旋律，自然合拍做动作，体验音乐活动带来的愉悦。

附歌词：
小小花儿微微笑，太阳公公抱一抱，
浇浇水呀浇浇水，啵啵啵啵，花开啦。

（案例提供：江苏省如东县鑫城幼儿园　徐海娟）

小班韵律活动：鱼儿水里游

【设计意图】

《三条鱼》是一首节奏轻松愉快、旋律优美稳定、段落有规可循的儿歌，幼儿听后会不由自主地跟唱，符合小班幼儿欣赏的兴味。

在动作的表达、表现上，我没有拘囿于儿歌的歌词内容，而是聚焦唱词部分与间奏部分的听辨，通过"游出去、游回来""鱼儿游泳、鱼儿躲藏""游一游、停一停"等一系列游戏的升级，引导幼儿根据音乐的变化，作出嬉戏反应，体验游戏的快乐。

【活动目标】

1. 尝试用小手和身体动作随音乐表现鱼儿在水里游泳的不同姿态。
2. 能听辨儿歌的唱词和间奏部分，作出对应的嬉戏动作反应。
3. 体验在欢快的乐曲中与同伴玩快反信号游戏的愉悦与刺激。

【活动准备】

物质准备：儿童歌曲《三条鱼》，红、黄、绿三色大小不同的水草装饰椅背，捕鱼草帽。

经验准备：了解小鱼的习性。

【活动过程】

一、小鱼随音乐游一游，情境导入活动

指导语：宝宝们，河里真热闹呀，小鱼都出来游泳了。你们能用小手变出小鱼吗？她是两只手掌贴在一起变的小鱼；他一只手在前一只手在后学小鱼摇摇摆摆地游……那就让我们跟着音乐绕着池塘游起来吧！

【评析】 座位由水草装饰的椅子摆成圆形，变出一个"池塘"，师幼跟随《三条鱼》音乐学小鱼绕"池塘"游泳，一边游一边观察"池塘"里水草的特点。这一环节旨在带领幼儿入情入境，并对音乐的整体风格有初步的感知。

二、小手鱼坐姿玩游戏，初步感知音乐

1. 小手鱼感知音乐。

指导语1：小手鱼游泳不但动作灵活，而且还很聪明呢，能听着音乐游出去再游回家。请你仔细看一看、听一听，我这条大手鱼在听到什么音乐时游出来，听到什么音乐时游回家的？一开始它又在哪里？

指导语2：请小手鱼都来玩一玩，看谁能听着音乐游出去再游回来！

指导语3：你们的耳朵真灵，大手鱼太喜欢你们啦！我们来碰碰头、亲一亲、抱一抱……

2. 小手鱼捉迷藏。

指导语1：瞧！我的大手鱼藏起来啦，藏到哪儿啦？还可以藏在身体的哪些地方？（屁股后面/背后/腿下面……）

指导语2：让我们听着音乐游一游、躲一躲！

【评析】 此环节通过"游出去—游回来""鱼儿游泳—鱼儿躲藏"的游戏，引导幼儿初步感知音乐唱词与旋律有规律重复的ABABAB句式结构。从教师示范、幼儿观察倾听到幼儿独自听音乐表达表现，幼儿经历了音乐与动作相匹配的思维过程。此环节使幼儿坐姿随乐而动，重点关注幼儿对音乐乐句句式的把握，为后面队形游戏奠定基础。

三、小鱼队形中游停停，把握音乐结构

指导语1：小鱼除了可以藏在我们身体的某个地方，看看小鱼生活的周围，还有哪里可以躲？

指导语2：那这次我们怎么游呢？（呈现路线图1：绕圆）是在水草里面

游还是外面？往哪个方向？你是怎么知道的？小鱼们，一起来试一试！

幼儿随乐绕水草外一圈游游停停。

指导语3：还可以怎么游？（呈现路线图2：绕S弯）

【评析】 这个环节是幼儿在队形中玩"游一游、停一停"的升级游戏，队形难度选择根据幼儿对音乐的掌握情况灵活调整。由于小班幼儿注意力分配比较弱，在教学活动中，幼儿发生位移后，注意力就会在"移动"上，而对"停一停、躲一躲"或者动作的韵律和美感感知方面就容易忽略。针对这样的问题，教师需要根据课堂观察进行有效介入和指导。如：我发现，有几条小鱼很快就找到了水草，有的小鱼跑了一圈都没找到，为什么？要找近处的水草还是远处的？所以，不仅耳朵要听音乐，眼睛还要观察；又如：我发现有的小鱼是这样摇摇摆摆地游的，有的小鱼在奔跑，哪个动作好看？……从而引导幼儿更好地把握音乐。

四、玩捕鱼角色游戏，融入信号反应

1. 引入"捕鱼人"角色。

指导语：听！怎么啦？（音效：捕鱼啦）听到捕鱼，小鱼还能继续游吗？要怎么办？（幼儿：赶快躲到水草后面去）

2. 听信号快速反应。

指导语：现在我就是捕鱼人，捕鱼人什么时候才能捕鱼呢？

3. 分角色听音乐玩快反信号游戏。

捕鱼人：河里一条鱼也看不到，看来我得想个办法啦！让我来找找红色水草后面有没有鱼！

指导语：捕鱼人说什么了？怎么办？红色水草后面能不能躲？那什么颜色的水草后面是安全的？

继续游戏2—3遍，可从不同维度变化/变换游戏信号。

4. 交换角色再次游戏。

指导语：这次谁愿意跟我一起来当捕鱼人？捕鱼人一开始在干嘛？什么时候去捕鱼？仔细看看水草的特点！想想一会儿可以去哪里找小鱼？

【评析】 "捕鱼人"与"小鱼"之间的互动让游戏不断升级，同时，信

号快反又融入了关于颜色、大小不同维度的数学核心经验，幼儿思维被调动的同时情绪特别积极、高昂，将活动推向高潮。不断变化的信号维度不同，给幼儿新鲜刺激，幼儿乐此不疲，体验到刺激与愉悦。

五、自然结束活动

指导语：捕鱼人越来越聪明啦，这片池塘已经不安全啦！小鱼们，快游到远处去吧！

【活动反思】

一、音乐选择把握年龄特点

本次活动选择了易为小班幼儿感受、表达的儿歌式乐曲，并剪辑成ABABAB式结构，也就是间奏部分与唱词部分有规律重复。旨在引导幼儿通过听辨间奏与唱词，以"游出来、游回家"为一组动作，从而发现动作与音乐之间的关联，理解音乐，把握音乐的整体结构。

活动中，教师遵循小班幼儿从自然动作—模仿动作—表现动作的学习规律，不追求动作的整齐划一，而是充分感受音乐、享受音乐，以此达成身心与音乐的和谐相融。

二、情境创设蕴含多元学习

韵律活动中，教具的出现、场景的创设，应能增强活动的趣味性、情境性，引发幼儿的愉快情绪，有助于幼儿的想象、联想和角色投入。

活动中教师选择了使用大小各色水草围绕，营造了较为真实、形象的池塘情境，为小班幼儿创设了去小池塘游泳的情境；同时融入了大小与颜色的数学元素，为幼儿玩快反游戏、融入多元思维挑战埋下伏笔。情境的创设，达成了氛围的营造与为幼儿学习服务的目标。

三、游戏升级遵循拾级而上

兴趣短暂、注意力易转移是小班幼儿的年龄特点。如何在活动中激发幼儿的兴趣，保持幼儿活动的积极性、主动性，促进其不断在与音乐互动中获得愉快的情绪体验和进阶发展呢？游戏的升级是关键。

整个活动创设了系列游戏：幼儿变变变，变身不同姿态的小鱼自由游一游；变身小手鱼，随乐句变化做反应动作感受音乐结构；变坐姿为位移，与实物场景互动；变换角色，随信号玩捕鱼快反游戏……既突出一个变字，又拾级而上、层层递进。

（四）经验提升应对关键提问

当幼儿从坐姿进阶到站位以及位移时，年龄越小的幼儿兴奋点越是更多地聚焦在跑的动作上，而不会主动跟随音乐乐句变化做出"按路线游"和"停下躲藏"的对应动作，对"鱼儿游"的动作美感表现也完全忽略。教师在集体活动中需要把目标装在心中，落实在各个环节，不能对儿童出现的问题视而不见，而是要通过观察幼儿在活动中的表现，思考目标有没有调整？如果没有达成，怎么达成？达成的困难在哪里？从而用关键提问引发幼儿的有意注意和主动思维，最终到达儿童的最近发展区，提升经验。

（案例提供：江苏省如东县青少年宫附属幼儿园　徐朗煜）

中班韵律活动：蒲公英

【设计意图】

蒲公英充满生机，生命力强，默默无闻，虽不起眼，但总是不忘带着美好的理想在天空中自由飞翔。它是我园师幼推选出来的代表幼儿园的吉祥物，蕴含着健康、快乐、自由、尊重等意义，与我园倡导的"生态教育"理念高度契合，充满着放飞希望的遐想。幼儿对蒲公英的形态及其变化比较熟悉，本节活动选取韵律优美、充满童趣的闽南语儿歌《蒲公英》，音乐的选择符合蒲公英的生长规律和特性，孩子们非常喜欢，适合中班幼儿欣赏与表现。

【活动目标】

1. 能跟着音乐旋律，创编蒲公英飞翔的动作。
2. 能根据音乐进行换位置的游戏。
3. 感受歌曲优美、舒缓的风格，体验和同伴共同游戏的快乐。

【活动准备】

物质准备：蒲公英手环，闽南语儿歌《蒲公英》。
经验准备：有玩换椅子的游戏经验。

【活动过程】

一、猜谜导入，激发兴趣

出示谜语：小小花，小小花，风来了，轻轻飞，飞呀飞，飞呀飞，飞到这里，这里就是我的家。

指导语：猜一猜，这是什么花？

【评析】 教师声情并茂地讲述蒲公英谜语，辅以优美、舒缓的背景音乐，顺利地导入活动，引导幼儿在认真倾听的过程中初步感受音乐的节奏，理解音乐所表现的内容，激发了幼儿参与活动的兴趣。

二、感受音乐，自主表现

1. 观看视频（小朋友在吹蒲公英）。

指导语：你看到了什么？蒲公英在干什么？

2. 变身游戏：幼儿变成蒲公英宝宝，跟着音乐摇一摇。

指导语：现在我们变成蒲公英宝宝，风儿在轻轻地吹，蒲公英宝宝可以怎么摇呢？（提醒幼儿听音乐自由表演）

【评析】 本环节通过观看"小朋友吹蒲公英"的视频和变身"蒲公英宝宝"的角色游戏，引导幼儿从蒲公英的生长特性出发来自主表现律动，有利于幼儿对音乐的理解，让幼儿亲身体验蒲公英毛茸茸的、随风摇摆的样子和自由飞翔的感觉，了解闽南语儿歌的原始风格，提升幼儿的相关经验，激发幼儿的想象力和创造力。

三、情境游戏，创编动作

1. 游戏：蒲公英和风儿。

（引导幼儿自主讨论，跟着音乐创编蒲公英随着风儿的大小变化而变换相应的动作）

指导语：风大了，蒲公英宝宝被吹起来了，它们会怎么飞呢？风小了，蒲公英又会怎么飞呢？

2. 游戏：蒲公英找"家"。

指导语：风停了，蒲公英宝宝快点找个家。

师幼一起朗诵儿歌：飞呀飞，飞呀飞，飞到这里，这里就是我的家。

（引导幼儿跟着音乐和儿歌飞一飞，当音乐停下来的时候，就找到自己的小椅子当成自己的"家"坐下来）

3. 游戏：蒲公英绕椅子飞。

指导语1：我们一起来看看，这只小蒲公英是怎么飞的吧。（绕着自己的小椅子飞）

指导语2：蒲公英在音乐的什么时候开始绕着自己的"家"飞的？你们愿意一起来试一试吗？

【评析】 幼儿在音乐的伴随下与同伴一起创编蒲公英随风自由飞翔的动作，再次感受音乐所表现的内容；在最后一个乐句"飞呀飞，飞呀飞，飞到这里，这里就是我的家"处增加了"蒲公英找家"的游戏，引导幼儿把小椅子当成蒲公英的家，在自由找家、绕椅子找家的情境游戏中大胆演绎蒲公英的可爱与神奇，充分感受音乐的节奏和旋律。

四、听音乐，换个新家

1. 讨论：帮助蒲公英换新家。

指导语：风停了，小蒲公英就找到家了。现在小蒲公英要换一个新家，怎么换呢？

小结：我们戴上蒲公英的手环，大家都朝小蒲公英的方向换一换。

（幼儿一边念儿歌"飞呀飞，飞呀飞，这里就是我的家"，一边跟着音乐玩一玩）

2. 讨论：蒲公英在什么时候换新家的？（提炼方法）

【评析】 幼儿借助蒲公英手环，练习在乐句最后一句"飞呀飞，飞呀飞，飞到这里，这里就是我的家"进行蒲公英换新家即依次换一张椅子的游戏，顺着小蒲公英的方向换一换，每一个幼儿都能专注地听音乐、做动作、换新家，层层深入，小步递进，增强了韵律活动的趣味性和挑战性。

五、互相合作，完整表现

指导语：小蒲公英一个人被风吹着朝前飞、朝后飞，好孤单啊，它遇到了好朋友会怎么飞呢？又会怎么找家？我们跟着音乐来试一试吧。

【评析】 幼儿通过与同伴合作进行互动游戏，在合作中拓展对音乐的表现与创编能力；活动在幼儿完整欣赏与表现音乐中自然结束，幼儿充分了解和感受到闽南语儿歌《蒲公英》的魅力。

戴小红帽，身穿大白袍，走路摇摇摆，游泳稳又快。

指导语2：你们猜得对吗？我们一起来看一看。（出示白鹅游泳、走路、展翅等图片、视频）

小结：原来是大白鹅，它的脖子长长的，头上有一个红色的肉瘤，走起路来可神气了。

指导语3：现在我数一、二、三，请你们变一只小白鹅好吗？

【评析】 虽然幼儿从小就受古诗的熏陶，对白鹅的形象也略知一二，但容易和鸭、天鹅、企鹅混淆，因此通过图片、视频让幼儿更直观感知白鹅长脖红冠的形象，为动作表征白鹅做铺垫。

二、感知节奏，变换造型

1. 教师示范，引导幼儿感知A、B段音乐节奏。

指导语1：现在我们都是小白鹅了，哎呀，待在家里好无聊，不如我们出去旅游吧。（教师随乐示范小白鹅走路的样子）

指导语2：看，前面是什么？那我们一起来走走石头小路吧。（师幼随乐做动作）

2. 师幼在音乐B段玩变动物造型游戏。

指导语1：看，我们又来到了哪里？在小河里或小河边我们有可能会遇到哪些动物朋友？

指导语2：谁能用动作把小鱼、小虾表演出来？那现在我们就听着音乐去找找小鱼、小虾玩吧！

乐句：鹅鹅鹅（小鱼造型），曲项向天歌（小虾造型），白毛浮绿水（小鱼造型），红掌拨清波（小虾造型）。

指导语3：小河里还会住着谁？那这次我们可以去找找谁和谁玩一玩？

3. 幼儿尝试在音乐B段逐句换动物造型。

指导语1：第一次我们找哪两只动物玩？第二次呢？这次我们一下把这四种小动物都找出来玩一玩，好吗？那我们先找谁，再找谁，接着找谁，最后找谁？（先找小鱼，再找小虾，接着找乌龟，最后找螃蟹）

指导语2：我们听着音乐来试一试。

乐句：鹅鹅鹅（小鱼造型），曲项向天歌（小虾造型），白毛浮绿水（乌龟造型），红掌拨清波（螃蟹造型）。

4. 幼儿完整玩游戏。

指导语：现在我们排着队沿着石头小路去找这四种小动物玩一玩吧。（A段集体走大圆圈，B段摆动物造型）

【评析】 幼儿扮演白鹅走路、展翅的动作随音乐表演，教师在音乐的结尾增加旅途景点图片，营造旅游氛围给幼儿惊喜，更激发了幼儿游戏的兴趣。此外，以游戏的口吻引导幼儿进行合理想象，创编动物造型，自然而然地将两个动物造型交替匹配了四句古诗的要求。在随乐玩造型游戏环节，提出逐句更换不同动物造型的要求，帮助幼儿用动作感知音乐，避免后续队形、新游戏、创编加入后造成音乐与动作衔接的困难。本次活动为幼儿习得用任意动作造型匹配乐句的游戏经验。

三、看数结伴，变换队形

指导语1：刚才我们这么多小白鹅去小动物家有点拥挤，小动物建议我们分组去玩。几只小鹅一组呢？

指导语2：我们先排着队走一走，当听到音乐中有"哐"的声音时，大屏幕上就会有数字出现，我们就要赶紧找到相应数量的朋友围成圆圈找小动物玩一玩。

【评析】 游戏中数字的随机性给幼儿带来了紧张感，而队形由大圆变成小圆，看似无意实则是老师的有意安排，一来是为后面环节分组游戏积累经验、熟悉规则，二来是把队形变化融入游戏中，让幼儿在游戏中体验队形变化的规则和要求。

四、分组创编，合作表演

1. 观察旅游景点，交代合作规则。

指导语1：听说我们邻近的小镇开发了很多旅游景点，我们来看看旅游广告上都有哪些地方？你们想去哪里玩？

指导语2：看来每个人的想法都不一样，那我们四个人一组，选一个你们喜欢的地方，想一想在这些地方会遇到哪四种小动物，把它们画出来，再边念古诗边按照顺序做出四种动物的造型。

2. 幼儿分组绘画、表演。

3. 观看队形动画，讨论完整表演要求。

指导语：现在我们就要听着音乐分别去花园、森林、草原、大海玩一玩了，在出发之前我们来看看去玩的时候需要注意什么！

出示PPT中的图示，A段音乐：队形——大圆，动作——学白鹅走路展翅，出发；间奏音乐：队形——小圆；B段音乐：队形——小圆，动作——分组做造型；A段音乐：队形——大圆，动作——学白鹅走路展翅，回家。

4. 幼儿完整随音乐表演2—3遍。

【评析】 教师提供可选择的图片，幼儿合作进行想象，这样做不仅发挥了幼儿的主观能动性，也增强了幼儿协商合作交往的能力。PPT图片帮助幼儿回忆表演流程，梳理音乐结构，明晰队形变化，为完整表演做准备。

【活动延伸】

提供儿歌古诗乐曲、卡片、笔等，鼓励幼儿根据儿歌内容，或自己喜欢的绘本故事角色、情节创编动作，画成图谱装订成书，供幼儿游戏表演。组织幼儿收集旅行中的照片、特色物品，讨论旅行中的发现，根据旅行中见闻生成运动、植物、动物、建筑物、游乐等的韵律游戏、棋类游戏等。

【活动反思】
一、情境贯穿，趣享乐学

活动以旅游情境贯穿始终，教师创设小路、小河情境，激发幼儿兴趣，共同创编故事情节，通过逐步累加动物造型进行故事表演，感知音乐的韵律和节奏。待幼儿熟悉音乐结构，明确逐句换造型的规则后，教师出示森林、草原、花园、沙漠的旅游景点，鼓励幼儿合理猜想，创编动作，合作表演。幼儿始终沉浸在游戏情境中，大胆想象，积极互动。

二、古诗吟唱，节奏明朗

活动选用古诗歌曲《咏鹅》，熟悉的内容清晰的曲风，不仅能引起幼儿的共鸣，还能起到传唱经典趣味吟诵的目的，更为逐句变换动物造型降低难度。在 B 段的诗词念白中，幼儿既要按照顺序分别做出所遇到的四只小动物的造型，又要随乐合拍是有一定难度的，因此耳熟能详的古诗能让幼儿快速清晰地分辨韵律节奏，无形中减轻了学习的压力。

三、队形变换，轻松达标

在活动中，教师暗藏队形变换的要求，通过"看数结伴"，幼儿在游戏中自然而轻松地进行大圆变小圆的队形变换，而"小鹅回家"的情节又自然完成了小圆变大圆的过渡。教师根据幼儿的年龄特点及学习方式，通过情境法、图片视频观察法、游戏法帮助幼儿轻松达成目标，整个过程没有说教，幼儿在玩中学、玩中收获经验。

（案例提供：江苏省如东县实验幼儿园　吴燕）

大班韵律活动：小蝌蚪找妈妈

【设计意图】

《乡间的小路上》是我国台湾乡村民谣，被称为"乡村田园歌谣始祖"。这首曲子意境优美，配以活泼、轻快的旋律，特别在曲子开始时的小青蛙叫声，让人不禁想起小蝌蚪找妈妈的经典故事。本次韵律活动中利用幼儿熟知的故事情节，创设游戏化的情境，挖掘经典音乐资源，让幼儿在认真倾听、大胆表现、快乐游戏中尽情体验音乐带来的独特魅力，与同伴一起创编动作、学习变化队形进行舞蹈，体现"自由、自主、愉悦、创造"的游戏精神。

【活动目标】

1. 理解音乐的旋律，能和同伴互动表演故事。
2. 尝试自由创编动作，学会在双圈队形中交换朋友玩游戏。
3. 喜欢玩集体游戏，感受合作的快乐。

【活动准备】

物质准备：PPT、《乡间的小路上》剪辑音乐。

经验准备：玩过钻山洞的游戏。

【活动过程】

一、听声音，初步感知音乐

指导语1：听录音：这是谁？（小青蛙！）我们都变成小青蛙跳一跳吧。小青蛙有什么本领呢？

指导语2：记得我们抓到了几只虫子？产下了许许多多的卵变成了什么？小蝌蚪是怎么游的呢？

【评析】《3—6岁儿童学习与发展指南》指出："能用律动或简单的舞蹈动作表现自己的情绪或自然界的情景。"本次音乐活动中的动作全部来源于幼儿。通过"你会做青蛙捉虫的样子吗""青蛙怎样产卵的"等问题引导幼儿大胆表现，有助于幼儿主动参与动作的表演，能帮助幼儿理解故事、走近音乐。孩子们围坐成半圆形，便于每个幼儿都看到教师与同伴的动作，先坐着做上肢动作，再站在座位前做动作，逐步搭好台阶让幼儿表现。

二、猜动物，尝试创编动作

1. 教师扮演鹅妈妈示范。

指导语1：游呀游，遇到了谁？（鹅妈妈）它是什么样子？（高高的脖子）它是我们的妈妈吗？听听它怎么说？（不是我不是，快到前面去找吧）

指导语2：接下来会遇到谁呢？你能做出它们的样子吗？让我来猜猜你是谁。

2. 幼儿分别扮演乌龟妈妈和螃蟹妈妈。

3. 玩点兵点将的游戏，点到谁，谁就是动物妈妈，回忆一下顺序，第一次点到的就是鹅妈妈，第二次是……第三次呢？

全体幼儿表演B段音乐。

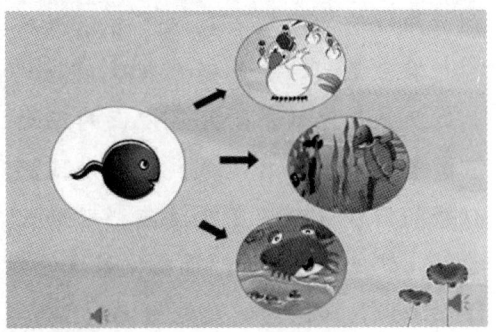

【评析】《3—6岁儿童学习与发展指南》指出：幼儿艺术领域学习的关键在于充分创造条件和机会，在大自然和社会文化生活中萌发幼儿对美的感受和体验，丰富其想象力和创造力。而这一环节就给孩子们提供了这样一个条件和机会，在游戏中引导幼儿用自己的方式去表现小蝌蚪、鹅、乌龟和螃蟹的动作，又比如小蝌蚪先长出后腿用什么动作来表示，尾巴退化了用什么动作来表示等等，丰富了孩子们的想象力和创造力。

三、分角色，合作表演游戏

1. 双圈两两合作游戏。
2. 双圈交换朋友游戏。

指导语：小蝌蚪想换个朋友可以怎么玩呢？我们外圈还是里圈先不动呢？好，外圈什么时候换朋友呢？

【评析】《3—6岁儿童学习与发展指南》指出5—6岁幼儿在艺术活动中能与他人相互配合，也能独立表现。活动中，前半段孩子们跟着音乐进行自己独立表现，后面遇到各种动物妈妈时玩双圈游戏，幼儿可以面对面站在椅子荷叶上合作游戏。对内外圈换伙伴的游戏，教师在活动前帮助幼儿尝试，这也就保证了后面集体游戏的顺利进行。

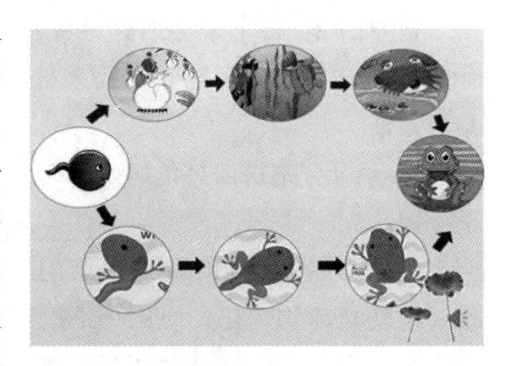

四、找妈妈，完整互动游戏

1. 青蛙生长过程，呈现思维导图。
2. 玩跳荷叶的游戏，找到妈妈。

3. 完整互动游戏。
4. 延伸水墨画动画片画面，结束活动。

【评析】 巧妙地将小蝌蚪进化成青蛙的过程变成思维导图加入活动，渗透了科学教育。动作创编的形式多样，有自由创编、个别示范、点兵点将、换朋友游戏，在分段表演完动作后，老师引领孩子回忆每个环节的动作，进而完整表演，再次表演时提高游戏难度，结合小青蛙生长顺序，创编伸后腿、伸前腿、尾巴退化的动作，最后在走椅子的游戏中找到青蛙妈妈。整节活动以游戏贯穿始终，充满乐趣，同时注重了领域的整合，孩子们不仅体验了音乐游戏的乐趣，还发展了身体平衡和协调能力。整个活动具有情境性、趣味性、整合性。

【活动反思】

一、扮演故事角色，具有形象性

《小蝌蚪找妈妈》这个故事幼儿非常熟悉，所以本次音乐活动中的动作全部来源于幼儿。通过"小青蛙是怎样捉虫的""青蛙是怎样产卵的"等问题引导幼儿大胆表现，真正把自己当作是故事中的角色，主动参与角色的创编和表演，让音乐的旋律变得"看得见，摸得着"。

二、设计思维导图，具有创造性

有趣的活动才能调动孩子们的积极性。纵观整个活动，不难发现孩子们的积极性一直都很高。因为教师把活动的主动权完全交给了孩子，真正做到了幼儿在前，教师在后。在游戏中引导幼儿用自己的方式去表现小蝌蚪、鹅、乌龟和螃蟹的动作，巧妙地将小蝌蚪长成青蛙的过程变成思维导图加入活动。动作创编的形式也多样，有自由创编、个别示范、点兵点将、换朋友游戏，在分段表演后，教师引领孩子回想每个环节的动作，进而完整表演，再次表演时提高游戏难度，结合小青蛙生长顺序，创编伸后腿、伸前腿、尾巴退化的动作，丰富了孩子们的想象力和创造力。

三、挑战游戏高潮，具有趣味性

整节活动以游戏贯穿始终，充满乐趣。如：音乐快结束时跳到一排椅子上一个接着一个走，音乐结束时谁从椅子上跳下来谁就是"青蛙妈妈"，孩子们一次次地挑战到最后，不仅体验了小蝌蚪找到妈妈的乐趣，还发展了身体平衡和协调能力，集趣味性、游戏性、挑战性于一体，幼儿的想象力、创造力、语言表达能力以及艺术创造能力均得到了充分的发展。

（案例提供：江苏省如东县鑫城幼儿园　徐海娟）

经典器乐曲类

小班韵律活动：亲亲茉莉花

【设计意图】

《茉莉花》是一首具有世界影响力的中国民歌，其旋律优美、清新委婉、波动流畅、情感细腻。歌曲虽只有简洁朴实的六句歌词，却描绘出了茉莉花开时节满园飘香的景象，更表达了人们爱花、惜花、怜花欲采又舍不得采的美好情愫。歌曲代代相传至今，仍深受人们的喜爱。这首具有鲜明民族音乐属性的小调从乡村田间地头的随性演唱到维也纳金色大厅的惊艳演绎，从港澳回归盛典的背景音乐到奥运盛会上的动情传唱，以独特的艺术魅力征服听者的心灵，屡屡飘香，成为中华民族艺术的代表之一。

【活动目标】

1. 体验茉莉花的芳香，感受乐曲优美的旋律。
2. 随乐曲连贯做动作，在游戏情境中逐步创编动作。
3. 体验师幼、同伴合作的快乐。

【活动准备】

物质准备：茉莉花，《茉莉花》乐曲，自制花朵教具（花瓣可打开、花心为茉莉花）。

经验准备：幼儿认识茉莉花。

【活动过程】

一、游戏导入：寻找小礼物

1. 在《茉莉花》的优美旋律中做行进动作。

指导语：小朋友们，春天来了！老师带你们去音乐小屋里玩一玩。（播放乐曲带领幼儿随乐飞行、在乐句最后一小节做造型）

2. 体验茉莉花的芳香。

指导语：原来是一朵漂亮的花，花里藏着什么秘密呢？让我们按下按钮（可以在自己的鼻子上），会发生神奇的事情吗？（播放音乐，根据节奏老师缓缓打开花朵）我们一起把它拿出来看看里面是什么？

3. 师幼一起闻一闻、看一看、摸一摸、说一说茉莉花。（播放音乐）

【评析】 幼儿通过听音乐、观赏花儿开放以及看看、闻闻、摸摸茉莉花，激发了参与活动的兴趣，积极参与到互动活动中来。

二、学习律动：会跳舞的小茉莉

1. 讲茉莉花的故事。（播放音乐）

指导语：这个花朵里面还藏着一个茉莉花的故事呢！春天来了，天气暖和了，小小的茉莉花静悄悄地开了。一朵、两朵、三朵、四朵……香香的气味把谁吸引过来了呢？小蝴蝶闻到香味也飞来了，小茉莉躲呀躲呀，躲到叶子下面，和小蝴蝶玩起了捉迷藏。"我在这儿，我在这儿，我在这儿。"

2. 创编茉莉花的动作。

指导语：小小的茉莉花想和你做朋友，你们能不能用你的小手变出一朵茉莉花来？

3. 跟随歌曲师幼一起做简单的动作。

指导语：让我们听音乐把故事表演出来吧！

【评析】 通过讲述故事，幼儿能在脑海中形成直观可感的形象，并能在动作表演中理解音乐的旋律和结构。

三、游戏活动：调皮的小茉莉

指导语：一阵风吹来了，茉莉花一会儿落在你的头上，一会儿落在他的头上……

1. 听音乐，在每一个乐句的最后一小节教师轮流在幼儿的身体上做开花的动作。
2. 幼儿根据音乐在自己的身体上自由创编茉莉花飘落的位置。

【评析】 小班幼儿的注意力易分散，多次简单重复的游戏容易让幼儿不感兴趣，因此，通过变化游戏，将幼儿的动作表演落在每句的最后一小节上，降低了幼儿学习的难度。

四、游戏活动：亲亲茉莉花

1. 在音乐中教师做茉莉花，让幼儿在最后一小节开花时作亲嘴状。

指导语：小茉莉花说小朋友们那么喜欢我，等我开花的时候，就用小嘴亲亲我吧！看，我的茉莉花到谁的面前开放，你就亲亲它，好吗？

2. 幼儿听音乐尝试完整做动作，教师配合做出亲亲动作。

指导语：我也想亲亲你们的茉莉花，看谁的茉莉花最漂亮。

【评析】 师幼间亲密的互动，让茉莉花在孩子的心目中变成了玩伴和朋友，充满了友爱温馨。

五、游戏活动：捉迷藏

1. 幼儿跟随教师做躲藏的游戏。

指导语：这一次，当听到小蝴蝶飞来了，我们就躲到椅子后面。

2. 在最后两个乐句处做"点兵点将"游戏。

指导语：被点到的"将"和"蝴蝶"一起去旅行。

六、结束延伸游戏：小茉莉躲进大花篮

指导语1：小茉莉们玩累了，快躲进我的大花篮里休息一会儿吧！（老师用手臂动作模仿花篮，幼儿用自己的方式进入花篮）

指导语2：现在我们跟随小蝴蝶去大自然里寻找春天。（幼儿听音乐慢慢离开，游戏结束）

【活动反思】

对幼儿来讲，音乐活动就是一件有趣的事。本次活动主要采用了三种"趣味"激发幼儿参与活动的积极性。

一、道具之趣

手工"茉莉花"拉开了韵律活动的序幕，将幼儿们吸引到音乐的魅力空间。老师仿若神奇的魔术师让一片片花瓣在优美的音乐声中缓缓开放。教师手工制作的教具有哪些独特的优势呢？首先，电脑制作虽然精美，却永远只是一个看得见却摸不着的影像。其次，电脑对音乐及动作的设置机械化、程序化，而老师的手部肢体随音乐柔软而富有节奏地操作，充满感情与温度，这是电脑所无法替代的。

二、故事之趣

苏联学者苏菲认为：儿童着迷于音乐的奥秘在于他们着迷于音乐中的某些故事。也就是说，幼儿对音乐的理解是具有故事性的，更喜欢能将他们带入某种情境的音乐作品。那么，如果教师能把对音乐作品的解释融入幼儿比较熟悉的故事情境中去，是不是更容易帮助幼儿加深对音乐作品的理解？在本次活动中，幼儿由茉莉花的芳香自然联想到蝴蝶，并将两者联系在一起，创生出了具有不同角色的简短故事。故事的每一句都和音乐旋律相契合，这种方式有利于加深幼儿对音乐的理解，同时又能为幼儿进行动作表现提供情境线索。

三、动作之趣

幼儿的音乐感是由身体肌肉引发的，他们感兴趣的是用身体动作来感知、体验音乐。瑞士教育家达尔克罗兹曾提出，音乐中最强有力的要素是与生命关系最密切的节奏运动，敏锐的音乐感依赖于敏锐的身体感受。因此，在本次活动的过程，第五、第六句讲述了"蝴蝶飞来"以及"在茉莉花中躲藏"的过程，在音乐与动作匹配的基础上，创编出在身体不同部位开花以及"亲亲茉莉花"的动作。幼儿在不断变化的动作中感知音乐，使得音乐被幼儿"看见"，被幼儿正确地理解和消化。

四、趣味编排与活动成果

在教师的精心设计下，整个活动由"寻找小礼物""调皮的小茉莉""亲亲茉莉花"以及"捉迷藏"四个游戏贯穿。小班幼儿乐于玩躲猫猫的游戏，在音乐活动中，"蝴蝶"和"茉莉花"为一对玩伴，小椅子是幼儿躲避的工具，通过一个个有趣的游戏，幼儿获得了有趣又丰富的游戏体验，教师也在自由宽松的活动秩序和气氛中唤醒了幼儿的音乐意识与音乐本能，提升了自身的教学能力。

（案例提供：江苏省如东县实验幼儿园　王桂云）

小班韵律活动：含羞草之舞

【设计意图】

植物角一盆"含羞草"吸引了班级的幼儿，也不知道是谁先发现了它"一触碰就收缩"的秘密，于是孩子们一有机会便驻足游戏。

如何追随幼儿的兴趣深入地玩一玩跟"含羞草"有关的游戏呢？由此，便有了以下的韵律活动。此活动以传奇乐坊演奏的《绿野仙踪》为音乐原型，剪辑成ABA三段体结构。乐曲所用乐器为箫与钢琴，A段音乐节奏悠扬舒缓，听来有随之起舞的冲动；B段音乐轻快、断顿，好似在玩"触碰"游戏。整个活动有符合小班幼儿音乐口味富于变化的音乐，又以幼儿先前的经验为铺垫，目标定位于在活动情境中以角色的身份玩，在与音乐的有效互动中充分表现表达。

【活动目标】

1. 感知音乐的优美旋律，以及温柔、舒缓和轻快、断顿三种不同的节奏型。

2. 能用舒展的肢体动作表现含羞草生长的情节，并根据节奏玩"触碰—收缩"的游戏。

3. 感受含羞草生长的美好景象，体会在故事情境中与同伴玩游戏的乐趣。

【活动准备】

物质准备：《含羞草之舞》视频短片（以A段音乐的四个乐句为背景，分别为：含羞草发芽两次、含羞草与露珠玩游戏、含羞草开出两朵花）；剪辑音乐来自《绿野仙踪》；瓢虫头饰、蝴蝶胸饰、小羊胸饰。

经验准备：幼儿在班级植物角触摸过含羞草，知道含羞草被触碰后会立刻闭合，离开后又会恢复原状的特点。

【活动过程】
一、根据情境律动表演进入活动室，萌发参与活动的兴趣

指导语：宝宝们，暖暖的风儿吹来了，小花儿开了，小虫子也飞出来了，让我们跟着音乐玩起来吧！

【评析】师幼跟随 A 段音乐一乐句一动作表现情境走进活动室，座位呈半圆弧形。这一环节旨在带领幼儿入情入境，对音乐的整体风格有初步的感知。

二、视频了解含羞草生长的过程，创编"发芽""吹泡泡"等简单动作，并随音乐表现

1. 观看含羞草生长的视频，创编"发芽"动作。

指导语1：在这样美好的时节，还会有谁呢？让我们看一看。

（幼儿观看《含羞草之舞》视频短片）

指导语2：在视频中你看到了什么？

（幼儿：含羞草发芽啦！含羞草上有小露珠，开了两朵花……）

指导语3：让我们也来做一做含羞草发芽的样子！

（幼儿创编出含羞草"发芽"的动作）

2. 教师匹配 ABA 三段体完整音乐讲述故事。

指导语：这段音乐里面还藏着一个好听的故事呢，我们来听一听：一粒含羞草的种子从泥土里钻出来，长出了绿绿的小芽。它和小露珠玩起了吹泡泡的游戏，慢慢地含羞草开出了两朵漂亮的花。一只小瓢虫飞到一朵花上，"叮"含羞草缩成了一团，它又飞到了另外一朵花上，"叮"含羞草又缩成一团，吓得小瓢虫赶紧飞走了。含羞草又慢慢地伸出了它的一片小叶子，两片小叶子，吹泡泡呀吹泡泡，最后含羞草又开出了两朵漂亮的花。

71

提问：你听到故事里讲了什么？你能用动作来做一做"吹泡泡"吗？

（幼儿讲述最感兴趣的故事情节，并创编"吹泡泡"动作）

3. 用动作完整表现故事情节两遍。

指导语：让我们跟着音乐把故事用动作表演出来吧！

【评析】 通过逼真的视频制作、故事讲述等适宜小班幼儿多角度感受的方式，幼儿了解到含羞草的生长过程以及"含羞草"与"小瓢虫"游戏的有趣情节，这为创编动作、完整表现做了奠基。此过程要注意师幼坐姿随乐而动，重点关注幼儿对音乐节奏的把握。

三、创编两朵向不同方向开花的动作，完整表现

指导语1：含羞草每次开几朵花？除了开在身体前面，还可以开在哪里呢？你可以让两朵花开在不一样的地方吗？让我们试一试！

（幼儿完整表演，重点在于创编两朵向不同方向开花的动作）

指导语2：你的花儿开在了身体的哪里？你开了一朵什么样的花儿？

小结：我们的花儿都开在身体的不同部位，有的大、有的小，颜色也不同，真漂亮！

【评析】 此环节重点在于引导幼儿尝试开两朵不同方位的花，并用语言表述，幼儿通过观察、模仿、尝试学习以达到拓展动作表现的目标。

四、教师当"小瓢虫"，引导幼儿做出"含羞草"被触碰后的反应

指导语1：猜猜这么好看的花儿会把谁吸引来呢？

教师在B段音乐处头戴"小瓢虫"头饰，与"含羞草"玩"触碰—闭合"的游戏。

指导语2：刚才谁来啦？小瓢虫飞到了哪里？那含羞草会怎么样呢？

"小瓢虫"与"含羞草"再一次玩"触碰—闭合"的游戏。

【评析】 "含羞草"与"小瓢虫"之间的互动是整个活动中最具游戏性的点，根据B段音乐的节奏，幼儿后于教师做相应的动作反馈，这样的反应式互动是符合小班幼儿年龄特点的，幼儿乐此不疲。

五、含羞草种在不同的地方、遇到不同的小动物，提升游戏兴趣

1. 幼儿离开座位散点完整表现。

指导语：含羞草们，这次让我们找一块地方把自己种下来，想种到哪里去呢？

2. 教师饰演"蝴蝶"角色，与幼儿互动表现。

指导语：你们还想种在哪里？这次蝴蝶飞来了，它准备跟你们玩游戏呢，赶快准备好！

3. 教师饰演"小羊"角色，感受"含羞草"遇到"小羊"的奇特遭遇。

指导语：你们还想跟谁玩？（教师在 B 段戴上小羊胸饰）

提问：刚才好危险啊，谁来啦？小羊来干嘛？那"你们"怎么没有被吃掉呢？

小结：原来"含羞草"缩成一团变成枯草的样子成功骗过了小羊。

【评析】 教师做播撒种子状，幼儿当"含羞草"种子成散点随乐完整表现，在合理的情境中进入游戏高潮。教师角色的变换、种植地点的变换给幼儿不断的新鲜刺激，特别是在扮演"小羊"时，教师边表演边独白："咩——我的肚子好饿呀！啊呜，怎么是一堆枯草？我才不爱吃呢！"幼儿初步感受到自然界动物与植物之间不同的关系链。

六、收整种子，播种到高山上，自然结束活动

指导语：含羞草的花儿开了又谢了，结出了它的果实，就是一粒粒的小种子，现在把你的种子送到徐老师的袋子里来，让我们种到高高的山坡上去吧！

【活动反思】
一、音乐视频故事互贯融，多感官多通道感受

小班幼儿以直觉行动思维与具体形象思维为主，因此故事情境、简单动作需要教师精心为小班幼儿寻找音乐参照物。

此活动中有两点处理得较为成功：一是《含羞草之舞》视频的制作，此

视频以 A 段音乐（四个乐句）为背景，第一、第二乐句为含羞草发芽两次，第三乐句为含羞草上的露珠吹泡泡，第四乐句为含羞草开出两朵花。视频与音乐的融合极大地刺激了幼儿的感官、吸引了他们的目光，同时动态视频的呈现也是动作创作的来源。第二点是教师完整讲述故事环节，故事情境与 ABA 的完整乐曲是完全匹配的，给了幼儿语言与音乐双频道的感受，同时又便于幼儿理解、把握音乐的结构，为后面的表现环节奠定了基础。这样的三合一式融会贯通，优化了教学活动的过程，降低了幼儿感受、表现的难度。

二、故事细节既来源生活，又关注新经验提升

"含羞草"是班级植物角的一隅"景观"，幼儿对"含羞草"的特点已在日常生活的接触中、游戏中熟稔于心。于是，教师在创作故事时才会把握住幼儿关注到的点，把握住细节。

譬如，为何会剪辑成 ABA 三段体音乐结构而不是 AB 的两段体结构，一来是三段体音乐感受起来更富有完整性，更重要的是来自幼儿观察后的发现，因为后面重复的 A 部分来自幼儿的这个发现："咦，它的叶子怎么一会儿又张开啦？真好玩！"幼儿发现了含羞草被触摸后只要静置一会儿又会恢复如初的现象，决定了音乐的 ABA 结构。

又如，"含羞草"开花，也是来自幼儿的观察，"含羞草"开的花是粉紫色的，这在视频中也与之呼应。然而为什么是"两朵"而不是"一朵"？这样的设计源于对幼儿从已有经验到新经验提升的考虑。因为有了"两朵花"，才有了两朵开在不同方向、不同部位的花的动作创编，这无疑会给幼儿在接下来的创作中提供新的思路。

三、互动环节把握住年龄，彰显趣味性游戏性

好动、好玩、好奇、好模仿，情绪变化快，注意力易转移，兴趣短暂是小班幼儿的年龄特点。那如何激发小班幼儿的兴趣，使其获得愉快的情绪体验，又促进其有效发展呢？在设计、组织活动时，教师把握住与幼儿的互动是关键。

本次活动的互动充分体现在"小瓢虫"与"含羞草"的身体接触游戏中，

也就是对 B 段四个断顿的"叮"的音乐表现。在用动作完整感受音乐环节，我和幼儿用两个"食指"表示两只"小瓢虫"，继而到后面，教师戴上"小瓢虫"头饰，饰演"小瓢虫"一角，幼儿以统一的"含羞草"角色与之互动，将游戏推向高潮。

附乐曲：

小草之舞

$1=F$ $\frac{4}{4}$

（案例提供：江苏省如东县青少年宫幼儿园 徐朗煜）

小班韵律活动：小鸟啄虫

【设计意图】

《小鸟捉虫》是一首曲调优美、活泼欢畅的乐曲，三段体的音乐旋律营造了富有趣味性的游戏情境。对于小班幼儿而言，节奏明朗的乐曲更容易让他们较合拍地进行动作模仿，提高参与音乐游戏的兴趣和积极性。活动的开始，师幼化身成为"鸟妈妈"和"小鸟宝宝"的角色，一下子将大家拉进了游戏情境之中。接着，在"自己啄虫、围圈啄虫、给大树啄虫"三个环节中，幼儿慢慢积累、叠加游戏经验，游戏难度随之增加，在"小鸟啄虫"的故事情节中不断激发幼儿与同伴随音乐游戏的兴趣，感受快乐。

【活动目标】

1. 熟悉音乐，能根据音乐的节奏，较合拍地模仿小鸟飞、看、啄等动作。
2. 能和同伴变花样玩"自己啄虫、围圈啄虫、给大树啄虫"游戏。
3. 感受与同伴一起游戏的快乐。

【活动准备】

物质准备：音乐《小鸟捉虫》、师幼围成圈坐好。

经验准备：对鸟的习性有一定了解。

【活动过程】
一、讲故事，激发幼儿活动兴趣

1. 完整欣赏乐曲，师幼带入"鸟妈妈"和"小鸟宝宝"的角色。

指导语：宝贝们，看看我是谁？（老师做小鸟扑翅膀动作）我是鸟妈妈，你们都是我的小鸟宝宝。听音乐，跟着鸟妈妈来飞一飞吧！（幼儿随乐自由做小鸟展翅飞的动作）

【评析】 活动开始，教师用"鸟妈妈"的角色身份和口吻来吸引幼儿的注意力，激发幼儿想要成为"小鸟宝宝"的表演欲望，完整播放乐曲让现场氛围变得温馨、自在，为接下来幼儿能在音乐活动中沉浸式表演、游戏打下基础。

2. 讲述故事，帮助幼儿理解音乐形象。

指导语：一群小鸟准备去捉虫子，它们飞一飞、看一看，咦！小虫呢？哦！小虫就躲在小鸟的身上呢，啄、啄、啄一啄，它们玩得真开心，天黑了，小鸟一边飞一边笑着回家啦！

【评析】 教师用讲故事的方式为幼儿呈现音乐游戏"小鸟啄虫"的整个过程，考虑到小班幼儿年龄小，对故事内容理解有限的原因，教师在讲述时用较为简单、精练的语言，将啄虫时用到的节奏也贯穿于故事内容中，能让幼儿在听故事时更好地抓住重点，为在活动中幼儿掌握节奏、创编基本动作等环节做铺垫。

二、初步感知音乐，随节奏玩"自己啄虫"游戏

1. 感知并表现A段音乐，幼儿创编"飞一飞、看一看"的动作。

指导语：小鸟怎么飞的呢？它们一边飞，一边看，又会怎么看呢？我们跟着音乐来飞一飞、看一看吧！

【评析】 幼儿已经有了小鸟飞经验，可以用"朝前飞飞，飞得高高"等语言帮助幼儿增加"飞"动作的变化性。同样的方法，幼儿可以变化各种"看"的动作及造型。

2. 感知并表现B段音乐，教师示范动作。

指导语：鸟宝宝们一边飞一边看看哪里有小虫子呢？哦！原来小虫子就藏在鸟宝宝的身上呢！仔细看一看，小虫子到底藏在小鸟身上的什么地方？鸟宝宝来和鸟妈妈比一比啄虫本领吧！（教师随乐做动作）

3. 幼儿尝试做"啄虫"的动作，感受音乐节奏。

指导语：鸟妈妈是怎样啄虫的呀？（幼儿模仿）小鸟身上还有哪里有小虫呢？我们就一起来啄一啄××上的小虫子吧！（师幼随乐做动作）

4. 幼儿自由玩"啄虫"游戏。

指导语：还可以啄哪里？听着音乐，你想啄哪儿就啄哪儿。

【评析】 幼儿在观察、模仿、自由做动作的过程中能够逐渐掌握B段音乐节奏，随音乐节奏较合拍地做"啄虫"动作。

三、尝试同伴游戏，随节奏玩"围圈啄虫"游戏

1. 教师引导，幼儿尝试围圈啄虫的方法。

指导语：刚才小鸟是在自己身上啄虫子的，这一次调皮的小虫居然爬到了小鸟的后背上，这可怎么办呢？自己啄不到呀！你帮谁啄呢？

（听音乐，帮朋友啄背上的虫子）

2. 花样玩围圈啄虫游戏。

指导语：谢谢朋友的帮忙，还有哪里是自己做不到，需要朋友帮忙的呢？那我们这次来帮朋友啄××上的小虫吧！

【评析】 从"自己啄虫"过渡到"围圈啄虫"，游戏更有趣了，让幼儿的游戏兴趣持续存在。幼儿与同伴的互动中有一定的难度，此时需要教师的引导和幼儿尝试，帮助幼儿掌握动作要领。

四、完整玩游戏，随节奏玩"给大树啄虫"游戏

1. 幼儿尝试换位置，完整玩游戏。

指导语：这一次小鸟宝宝想飞远一点去啄虫子，我们该怎么换位置呢？你们看，我飞啊飞，我飞到了对面的大树前，你们也试一试。（幼儿在圈内任意飞，听到口令后找一个位置停下）

【评析】 这一环节对小班的幼儿有一定的难度，要边倾听音乐，在最后

一个乐句结束时找准自己想要停下来的位置，所以教师通过示范法让幼儿观察、掌握方法。

2. 介绍"给大树啄虫"游戏玩法。

指导语：鸟宝宝们，现在自己身上和朋友身上的小虫都啄掉了，大树妈妈也想请我们小朋友去啄一啄它身上的小虫呢！小椅子就是大树，我们都站在大树后面来吧！树林里可大啦！我们把小椅子往后一点点，把树林变大！我们围着树林来飞一飞、看一看，再啄一啄吧！

3. 完整听乐曲，幼儿玩游戏。

指导语：鸟宝宝们，我们今天听了一段好听的音乐，还玩了一个小鸟啄虫的游戏，让我们再来听一听，想一想游戏是怎样玩的吧！（完整倾听并游戏）

【评析】 此时的完整倾听相比活动开始前的完整欣赏，能让幼儿对整首乐曲有更加清晰的认识，幼儿在边听边回忆游戏的过程中厘清思路，体验乐曲旋律上的变化，在此基础上再次游戏，将活动氛围推向高潮。

【活动反思】

一、"变"玩法，"叠"经验

《小鸟啄虫》是一首经典的儿童乐曲，节奏明快、乐句工整，非常适合小班幼儿来游戏。活动中，幼儿能在轻松自然的氛围下熟悉乐曲节奏，能较合拍地模仿小鸟飞、看、啄等动作，通过"自己啄虫、围圈啄虫、给大树啄虫"等多变的游戏玩法，逐步掌握乐曲的节奏，层层递进积累游戏经验，热衷于游戏并保持新鲜感。

二、"活"情境，"重"感受

活动一开始，教师用亲昵的口吻将自己定位为鸟妈妈，引导幼儿感受到自己就是小鸟宝宝，营造了"小鸟宝宝在鸟妈妈的带领下学习啄虫本领"的故事情境。活动中师幼围成圈坐着讲述故事，紧扣"小鸟啄虫"这个线索展开，孩子们倾听音乐，沉浸式地进行游戏，整个活动氛围温馨自在，他们在自然而然的过程中感受音乐节奏，感受与同伴一起游戏的快乐。

三、"巧"引导，"解"难点

活动中，从上肢动作"飞一飞、看一看、啄一啄"等动作模仿再到站起来围着"大树"游戏，是一个由易到难的过程。同时，"围圈啄虫"环节是集体在圆圈上朝着一个方向运动也是整个活动的一个重难点，对小班孩子来说是一个挑战，教师通过故事讲述、动作示范、情境体验等方法，引导幼儿逐步理解、掌握乐曲的节奏和旋律变化。

(案例提供：江苏省如东县新苗幼儿园　李宛倩)

小班韵律活动：老鹰捉小鸡

【设计意图】

本韵律活动的音乐选自王志达的《欢乐舞曲》，主旋律中小号和小提琴的音色形成了鲜明的对比，小号高亢激昂的旋律好似老鹰和鸡妈妈面对面相互争斗的场景，小提琴连续快节奏地演奏，又似小鸡们不停地快速躲闪奔跑，画面感强。于是我将音乐与"老鹰捉小鸡"的游戏进行匹配，老鹰捉小鸡这个民间体育游戏深受幼儿的喜爱，规则简单，游戏角色明确，不需要道具，随时随地都可以玩。音乐中小号的明亮高亢表现小鸡初出蛋壳，自由自在，小提琴的连续快速演奏表现小鸡害怕老鹰的追赶，快速躲闪逃跑。

【活动目标】

1. 倾听音乐自由表现小鸡出壳、小鸡捉虫的动作。
2. 尝试根据"老鹰来了"的乐句进行造型和躲闪。
3. 感受同伴一起游戏、创编韵律动作的快乐。

【活动准备】

物质准备：音乐《欢乐舞曲》、场景背景图。

经验准备：幼儿玩过"老鹰捉小鸡"的游戏，有游戏经验；会表演唱歌曲《小小蛋儿把门开》。

【活动过程】

一、表演唱《小小蛋儿把门开》，丰富小鸡出壳动作

指导语：你们都是鸡宝宝，那你们都是怎么从蛋壳里出来的？

【评析】 活动开始，经验迁移，幼儿边演唱歌曲，边进行韵律表演，为活动创建了游戏情境和赋予了游戏角色。

二、了解故事情境，初步感受音乐

1. 在情境中，幼儿自由表现小鸡找虫的动作。

指导语：鸡宝宝们从蛋壳里出来了，它们可高兴了，肚子好饿呀。小鸡怎么找虫？是怎么吃的？我们听着音乐和小鸡去找虫。

2. 边做动作边熟悉音乐，并添加同伴互动。

指导语1：你找虫的时候遇到好朋友了吗？怎么分享给好朋友呢？

指导语2：分享给好朋友的时候要轻轻地。

【评析】 在情境中，幼儿感受不同乐器的音色变化，小号演奏的乐句是小鸡自己找虫吃，其他乐器合奏时音色柔和，引导幼儿表现的是小鸡轻轻分享给同伴吃。用不同的动作让幼儿注意倾听音乐，感受音色特点表现音乐。

三、通过音乐变换融入新的角色

1. 讨论游戏中的新角色。

指导语1：小鸡吃虫的时候发生了什么事情？

指导语2：老鹰在音乐的什么时候来的？

2. 创编老鹰出场后小鸡的动作。

指导语1：老鹰来了小鸡怎么办呢？

指导语2：小鸡可以变魔法，变成老鹰不喜欢吃的东西，你会变什么？怎么变？

【评析】 变东西的过程也是幼儿熟悉乐句的过程，每一个乐句变一次，丰富了幼儿的身体动作语言，同时为后面听音乐玩"左右躲闪"的游戏做了倾听的准备。

四、听音乐，玩"老鹰捉小鸡"

1. 引导幼儿在音乐中玩老鹰捉小鸡。

指导语1：刚才老鹰来的时候，有的小鸡一直在动，差一点就被发现了，还有什么好办法不被老鹰吃掉？

指导语2：鸡妈妈挡在前面，老鹰飞到左边，小鸡们就要往右边跑，老鹰飞到右边，小鸡们就要往左边跑。我们先听着音乐试一试。

2. 引导幼儿发现不听音乐带来的步调不一致。

指导语1：你们刚才发现了什么问题？我们不能一直朝一边跑，那什么时候换方向呢？

指导语2：在变魔法的时候就换方向（每个乐句最后）。

3. 一位助教老师加入游戏当老鹰。

指导语：小鸡们，我们出去玩，如果老鹰来了就要赶紧到妈妈身后躲避开老鹰。

【评析】 老鹰角色的融入，游戏更具完整性，幼儿在游戏中容易忽视音乐，教师发现这一问题后，让幼儿尝试去发现问题，并在安静倾听后找到变换方向的音乐位置，老师注重培养幼儿养成倾听音乐的好习惯。

五、结束活动

指导语：老鹰被妈妈赶跑了，我们出去找小伙伴玩吧！活动自然结束。

【活动反思】

小班后期的幼儿在活动中学会并喜欢上了与人交往，动作发展更加完善，因而本次活动，老师尝试利用音乐与幼儿进行对话，让幼儿在游戏中通过倾听音乐感知游戏情境。

一、倾听音乐，感受不同乐器音色

本次活动中，音色具有鲜明的特征，因而教师在将音乐融入情境中时，就充分地利用了这样的音乐特色，不同的乐句表现出不同的动作和不同的情绪，就像是创造了一个音乐与幼儿对话的场景。小号的演奏高亢亮丽，就似乎提醒幼儿"你是一只自由、大胆的小鸡"，铜管合奏和谐温婉，就如朋友之间的轻松自然的互动和分享，而小提琴的快速演奏，似乎在急切忧虑地告诉小鸡"老鹰来了，小鸡你要快速躲好，保护好自己"。用幼儿最熟悉的情境故事诠释这样一段生动的音乐，幼儿对音乐的理解也更轻松。

二、主动学习，培养倾听音乐习惯

本次活动，重难点就是在音乐中玩传统民间体育游戏，同时还要在游戏中倾听音乐。小班幼儿在游戏时，情绪容易被感染，容易忽视倾听音乐，他们游戏投入，角色感强，因而本次活动尝试引导幼儿自己发现游戏的难题，"老鹰会在音乐的什么时候飞过来？""有什么好办法不会被老鹰抓住呢？""老鹰听到音乐是怎么抓小鸡的？"这些语言的提示，都会引导幼儿发现音乐的秘密，让他们在游戏情境中通过感受音乐的指示作用，养成倾听音乐的习惯。

活动中幼儿也尝试用不同的身体动作进行动作创编，满足了表现音乐的欲望。

（案例提供：江苏省如东县掘港街道环北幼儿园　朱国平）

小班韵律活动：小鲤鱼跳龙门

【设计意图】

一次散步，幼儿园广播里播放的童话故事《小鲤鱼跳龙门》引发了幼儿的关注，他们自发扮演"小鲤鱼"，把操场上的拱形门当成"龙门"，钻一钻、游一游、跳一跳，玩得不亦乐乎！幼儿的兴趣激发了我的设计灵感，决定借助"小鲤鱼跳龙门"这个故事，创设"跳一层龙门变龙尾，跳两层龙门变龙身，跳三层龙门变成龙"的教学情节，将经典故事与经典民族音乐《小鲤鱼跳龙门》相融合，在由易到难、层层推进的活动中激活幼儿已有经验，激发幼儿审美情趣，从而轻松理解音乐，掌握鲤鱼跳龙门的动作，解决本次活动的重难点，在合作游戏中体验韵律活动带来的快乐。

【活动目标】

1. 感受乐曲的旋律，能根据情境做出相应的动作。
2. 在游戏情境中接受挑战，尝试看图谱变换队形。
3. 体验与同伴合作跳龙门的快乐。

【活动准备】

物质准备：经典儿童音乐《小鲤鱼跳龙门》、课件、小圆凳。
经验准备：玩过合作游戏。

【活动过程】

一、传说故事，感知旋律

指导语1：这是谁？小鲤鱼怎么游的？用你们的动作教教我，我们到池塘里游一游吧。（见图一）

指导语2：小鲤鱼会游泳，它还会干什么呢？（摇摇尾巴点点头）是什么样子的？做给大家看一看。小鲤鱼还有一个本领呢！传说在很远很远的地方，有座龙门，小鲤鱼跳过龙门就能变成龙，你们想看看小鲤鱼怎样变成龙吗？师幼共同听乐曲。

图一

【评析】 师幼边游边说儿歌："鲤鱼，鲤鱼，水里游，摇摇尾巴点点头，游来游去真高兴，我们都是好朋友。"鲤鱼妈妈说："钻到河底玩一玩。"幼儿弯腰做钻到河底的样子。妈妈又说："伸出头来瞧一瞧。"幼儿踮起脚做向上游的动作。妈妈说："龙门到了，跳过去！"幼儿分散双脚跳跃，用戏剧游戏引发幼儿参与韵律活动的兴趣。

二、创编动作，匹配音乐

指导语1：小鲤鱼跳龙门中做了哪些事？（游呀游，摇摇尾巴点点头，游上去游下来。幼儿说一说、做一做）

指导语2：小鲤鱼看一看，看到什么？看到龙门后干什么了？这次我们也使点劲，到池塘里找个空地方练练本领。

【评析】 师幼先听音乐坐在小椅子上做上肢动作，用动作来提示音乐的旋律，比如"摇摇尾巴点点头""游上去，游下来"，接着站起来四散位置练习动作，给幼儿搭建可以操作

图二

的支架，幼儿更易掌握节奏，比如：看一看，预备——开始——跳，每一小节的

动作落点非常清晰，绝不拖泥带水。

三、增加道具，随乐游戏

1. 单人练习跳龙门。

指导语1：小鲤鱼们，我们可以找身边的什么来练习跳的本领呢？好，每条小鲤鱼拿一张小凳子，放在小标记上，围成圆圆的池塘，我们商量一下，站在里面还是外面好，那听到音乐的什么时候跳过去呢？先试一试，跟着音乐跳龙门吧。

指导语2：小鲤鱼有没有变成完整的龙？变了什么？看来还需努力一下。

图三

2. 两两互动跳龙门。

指导语：看看练习一张小凳子跳过去，能跳过龙门吗？小鲤鱼们有没有变成龙呢？变成什么？要想跳过龙门变成龙，我们该怎么办？用什么办法可以让我们跳得更高呢？好，就听你的，两张凳子叠起来试试看，能不能跨跳过去。听音乐试一试。（鼓励幼儿积极想办法，尝试两张凳子叠起来跨跳过去，两两合作游戏）

图四

3. 集体合作跳龙门。

指导语：有什么问题吗？两条小鲤鱼注意距离，猜猜这次变成龙了吗？

龙头龙身出来了，现在该怎么办？怎样挑战跳得更高？三张凳子叠起来试一试。

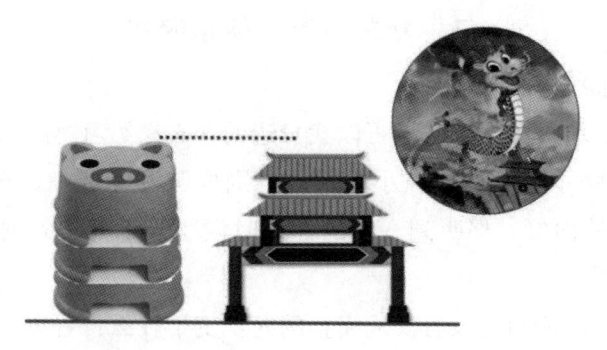

图五

【评析】 三次跳龙门是否达到预设活动目标有三点很关键：一是小池塘圆点标记，帮助幼儿迅速围成圆圈；二是龙门高度的对比，引发幼儿继续游戏的兴趣；三是小圆凳的叠加，使幼儿在活动中感受到游戏带来的挑战，特别是经过努力后，跳过龙门变成龙时，幼儿情绪高涨、其乐融融。

四、体验快乐，完整游戏

1. 根据队形游戏。

指导语1：看，这次变成什么样子了？真高兴小鲤鱼经过努力终于变成了龙。又来了一群小鲤鱼，它们一边跳龙门，一边排出好看的队形，三条小鲤鱼排好队，看看你们是什么颜色的队伍？

图六

指导语2：看图谱我们也能变成圆形吗？那从第一个队形变成第二个队形呢？音乐从什么时候变队形呢？试一试。

2. 幼儿完整游戏。

【评析】 师幼游戏无痕化，将变化的队形设计为游戏图谱。十字队形和圆的队形转换，再由圆形到十字队形的变换，有颜色有位置的提醒，幼儿一目了然，自己看图谱就能挑战队形变化。

五、收拾整理，结束活动

指导语：我们都变成了龙，看来我们都是龙的传人！小龙人们，来吧，我们变成一条长长的龙，谁是龙头？举起我们的龙舟，到外面乘上云彩玩游戏吧！

【评析】 将抽象的龙门高度转化为图像形式，从单人跳龙门到双人合作跳龙门再到集体合作跳龙门，活动气氛浓，幼儿参与性高，充分体验到游戏挑战成功带来的乐趣。

【活动反思】

一、引"趣"——借助动作，鼓励幼儿形象感知乐句

小班幼儿年龄较小，自控能力及注意力较弱，具体形象的肢体动作更容易被理解与接受。于是音乐前奏时，师幼边听儿歌"鲤鱼水里游，摇摇尾巴点点头，游来游去真高兴，我们都是好朋友"，边创编动作，幼儿随乐自由摇尾巴或点头。多次倾听后，幼儿离开座位，在更大的空间里加入了跳跃等肢体动作，这为后面跳龙门的完整表演打下基础。

二、增"趣"——借助游戏，帮助幼儿理解体验节奏

《3—6岁儿童学习与发展指南》指出：幼儿的学习是以直接经验为基础，在游戏和日常生活中进行的，要珍视游戏和生活的独特价值。因此，我们将音乐与幼儿日常生活中的游戏进行有效结合，让幼儿随乐表现出音乐中的连续以及断顿，如："看一看，预备—开始—跳"，每一小节的动作落点非常清晰，游戏中的幼儿展现出不同的动态，使乐曲更具画面感，更加生动有趣。

多次听音乐后，幼儿能辨别龙门的高度，在三次跳龙门中边听音乐边做动作，通过创造性的运动游戏获得了更直观的节奏体验。

三、享"趣"——借助道具，提高幼儿音乐表现能力

巧用道具，如具体直观的小方凳子，有助于幼儿理解抽象的音乐，提高幼儿音乐欣赏的能力，由此进阶为对音乐的表现能力。比如：小鲤鱼跳一层龙门时跳一张小方凳子，变出了龙尾；小鲤鱼跳两层龙门跳两张小方凳子，变了龙尾龙身；小鲤鱼跳三层龙门跳三张小方凳子，就变成了龙，这三次不同力度的跳跃游戏、不同速度音乐的变化为幼儿带来激情，引起幼儿表现音乐的兴趣。适时介入的道具，不仅锻炼了幼儿下肢的力量，更重要的是幼儿相互之间合作解决问题，跳龙门成功后的自豪感与胜任感油然而生，音乐表现能力也在不断发展。

（案例提供：江苏省如东县鑫城幼儿园　徐海娟）

中班韵律活动：猴子学样

【设计意图】

　　大班韵律活动《猴子学样》，乐曲来自《国家宝藏》专辑中的《桃夭》，是作曲家关大洲根据《诗经》中《桃夭》（"桃之夭夭，灼灼其华。之子于归，宜其室家。"）描绘的美好寓意创作而成；表现的是桃树上开满了粉嫩的桃花，美丽的姑娘要出嫁了，美好的新生活就要开始了。

　　乐曲风格俏皮灵动，诙谐幽默，运用了江南民歌《茉莉花》的旋律进行加花变奏，表现出春日一派桃之夭夭、灼灼其华的欣欣向荣景象；采用琵琶紧促的短音，笛子的应和，打击乐器的三两声，好似描绘了一个精灵古怪、活泼开朗又俏皮的踏青女子，又像是一群调皮可爱的、爱模仿的机灵猴，让人忍俊不禁。因此，本次韵律活动选用传统经典故事《猴子学样》与《桃夭》相匹配，将前世传奇与今生故事紧密结合，让人在琴瑟管弦辉映间入情入境，让师幼在故事中理解音乐，在经典音乐中再现经典故事。

【活动目标】

　　1. 在听一听、画一画中感知音乐的故事情境，表达乐曲的乐句和段落的变化。

　　2. 创编老爷爷向猴子要回帽子时不同表情、动作，合作完成角色主从式表演。

　　3. 感受和表现乐曲幽默风趣、活泼欢快的风格特点，体验在音乐中进行戏剧扮演的乐趣。

【活动准备】

物质准备：音乐，国家宝藏《桃夭》剪辑版；自制草帽及箩筐；空白图谱展示板（师幼现场绘画）。

经验准备：幼儿有过图画表征的经历，并能比较连贯地用语言表达。

【活动过程】
一、教师在音乐中画出音乐内容框架，幼儿初步感知音乐

1. 听音乐绘画故事路线图。

指导语：今天，老师带来一首会讲故事的音乐，你们一边听，我一边把故事画出来，你们猜猜发生了什么事？（播放完整乐曲）

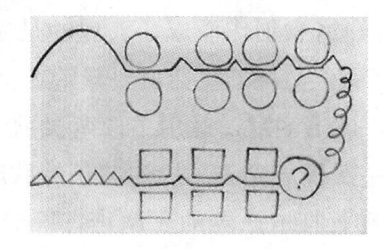

图一

【评析】 活动开始，幼儿边听乐曲，边观看教师即兴随乐画出的音乐桥形图情境框架，让音乐的结构可见，这样视听结合的开端更能激发起幼儿的好奇心和想象力，唤起幼儿参与活动的兴趣，让幼儿对音乐作品的节奏、旋律也留下了初步的印象。

2. 理解故事情境中的角色。

图二

指导语1：原来是关于山脚下草帽爷爷和山上面一群爱模仿的小猴之间的故事。

指导语2：为什么叫草帽爷爷呢？因为会做各种各样漂亮的草帽去卖。

指导语3：山上的小猴会经常模仿谁呢？当然是老爷爷。老爷爷扫地，小猴也扫地，老爷爷咳嗽，小猴也咳嗽，老爷爷挑担子，老爷爷睡觉呢？……老爷爷做什么动作，小猴就学什么动作。

【评析】 利用桥型图和动作让幼儿了解音乐中角色之间的关系，知道小猴子具有爱模仿人的特点，为后面故事情节的发展作好铺垫。

二、感知并表现 A 段音乐

1. 根据故事 A 段内容，听音乐做动作，并现场记录在图谱上。

（1）教师示范表演。

指导语：有一次，老爷爷做了很多草帽挑着担子到集市上去卖，却发生了一件有趣的事。我们一起来听一听看一看。（播放音乐 A 段，教师表演四个动作：挑起担子卖草帽，头上全是汗，累了困了想休息，放下担子盖上一顶草帽睡一觉）

图三

（2）记录图谱动作。

指导语：你们看到了什么？谁学谁的动作？老爷爷做了哪些动作呢？你还记得顺序吗？我们把这些记录下来。

【评析】 幼儿通过观看教师的示范表演，了解 A 段音乐中老爷爷表现的四个动作和小猴模仿的动作相一致，师幼通过讨论，共同在桥形图上下对应

指导语2：现在男孩做山脚下的老爷爷，女孩做山上的一群小猴，用动作演一演。

【评析】 在分段欣赏的过程中，师幼共同完成了桥形图，为了能将音乐和故事融合在一起，有必要让幼儿在桥形导图的指引下完整地、专注地倾听音乐。

2. 加入草帽道具变换队形进行表演。

（1）教师扮演老爷爷，带领幼儿在圆圈上进行完整表演。

图六

指导语1：今天老爷爷做了很多漂亮的小草帽，准备到东山的集市上去卖。这是一座圆形的山，你们要不要去？圆圈里面是山下，圆圈外面是山上，当老爷爷在山脚下睡着的时候，小猴悄悄拿走帽子去椅子上睡觉，不能被发现哦！

指导语2：刚才，老爷爷在圆圈中间睡着时，小猴在哪里睡着了？小猴子要听清楚音乐，老爷爷做一个动作小猴子学一个动作。

（2）邀请一位幼儿扮演老爷爷，带领大家表演。

（3）改编故事结局，给幼儿带来意想不到的游戏体验。

指导语1：小猴子为什么每次都上当呢？能不能不上当？哪个动作我们不做就不上当呢？我们可以干什么？

指导语2：邀请一位配班老师做老爷爷，和幼儿悄悄商量决定不上老爷爷的当了，最后不学老爷爷把草帽扔地上，悄悄溜走。

【评析】 给每个幼儿准备了一顶自制的小草帽，将椅子围成圆圈，圈内为山下，圈外为山上，设置这个情境的意图在于老爷爷在圈中表演时，圈外的每只小猴子能看清动作便于模仿，同时椅子也可以是小猴子模仿老爷爷在大树下睡觉的道具，这样的精巧构思让师幼表演更投入、更真实。

五、结束部分

提示语：小猴子们别走，这个小草帽是老爷爷专门为你们小猴子定制的。今天我也不去集市了，跟我一起回家吧！

小猴子们一起感谢老爷爷，把小草帽顶在头上，听着音乐离开。

【评析】 一个简单的结尾却充满温情，体现人与动物和谐相处的美好愿望，在幼儿幼小的心灵中播下爱的种子。

【活动反思】

一、桥形导图，在绘画中建构"可视化先行组织者"

桥型图作为"先行组织者"为本活动提供了思维框架，桥型图的结构与本乐曲的结构、故事情节完美融合，乐曲上下句对答呼应节奏旋律与《猴子学样》中老爷爷做什么动作，小猴子就学什么动作的情境高度匹配。桥型图的巧妙运用，不仅帮助幼儿梳理音乐（故事）上下对应、类比排列的逻辑关系，让音乐整体结构可见、可感、可操作，达到"音事相融"，即音乐和故事的完美呈现，还为幼儿留出了更为广阔的自主学习、创新学习的空间。

二、具身体验，在运动中感受音乐

达尔克罗兹就儿童的音乐学习特点发出了"音乐即运动"的宣言，这里的"运动"是幼儿合乐的身体动作表演。幼儿从一开始自由表现生活中老爷爷扫地、咳嗽、睡觉、打呼等"一般生活动作"开始，逐步过渡到模仿和想象老爷爷在情境中的象征性动作。

在感知并表现 A 段音乐一群小猴跟随老爷爷卖帽子的情景时，教师通过示范表演、幼儿记录图谱动作、听音乐师幼角色表演三个环节来组织。在师幼合作记录导图的过程中，幼儿能自主选择想象的动作、表情并现场"填画"在桥型图上，根据图示表征，减小了动作表演难度，让幼儿更多聚焦在对音乐的倾听理解之中。

在感知并表现 B 段音乐老爷爷想尽办法要回帽子的情境时，教师借助示范表演，给幼儿搭建学习的阶梯，让幼儿通过看表演、猜故事、画动作、演故事的方式，理解音乐，表现音乐，同时师幼共同完成了桥形导图，这种被教师和幼儿通用、活用的"导图"技术，是更为适合幼儿的、高级的应用策略，是视觉、听觉与逻辑思维的完美融合。

三、完整欣赏，在游戏中表现创造

首先，加入道具草帽，让音乐形象更为具象化。这不仅激发了幼儿表达的欲望，还充分满足了幼儿的真实性审美需求。

其次，老爷爷游戏融入，让音乐情境更为生动。幼儿在老师带领下，借力可视化思考路径进行简单有趣的模仿，并随音乐节奏合拍表现。如老爷爷挑担时汗流浃背、疲惫犯困的动作以及不见帽子时生气动作与表情的变化等等，不断积累和丰富幼儿的生活经验和创造表现能力。

第三，空间"妙变通"，让游戏过程更为丰富。活动中幼儿成半圆形围坐，教师能关注到每一位幼儿，同时半圆形又像一座山，可以把山上的猴子和山下的老爷爷的不同空间分隔开，便于师幼表演；在完整表演时，幼儿自然将椅子围成圆形，圈外是山上，圈内是山下，幼儿围在老爷爷的周围学动作、拿帽子、学睡觉等，师幼巧妙地完成表演，减少了多余的讲解，便于教师有效组织，为幼儿营造了一种宽松、愉快、简约、自由的游戏氛围。

四、剧情翻转，在和谐友爱的氛围中结束活动

为了让幼儿通过不同的游戏来感知音乐，避免出现不断重复表演而产生的疲倦、单调与无趣场面，同时又能让幼儿淋漓尽致地表现出小猴子聪明调皮的个性，教师用一连串问题来引发幼儿思考，即小猴子为什么每次都上当呢？能不能不上当？哪个动作我们不做就不上当呢？老师和幼儿一起商量，最后决定不学老爷爷把草帽扔地上的动作，悄悄溜下去。此时，老爷爷的一句话让剧情有了一个大反转，让小猴感到惊讶又温暖："小猴子们别走，这个小草帽是爷爷专门为你们定制的。今天我也不去集市了，跟爷爷一起回家吧！"温暖友爱的结尾让师幼愉悦舒畅，活动圆满收场。

整个活动中，幼儿快乐自信、积极主动、乐于表达、自主创新，形成了良好的个性品质和学习品质；同时思维导图的运用，使得幼儿获得了对音乐整体把握的能力，应用多种符号表征进行思考和表达的能力，而这些能力，不仅是审美思维、审美创造的基本能力，也是科学思维、科学创造的基本能力。

（案例提供：江苏省如东县实验幼儿园　王桂云）

中班韵律活动：猫和老鼠

【设计意图】

幼儿喜欢看动画片，对片中的动画人物总是情有独钟，而《猫和老鼠》中的 Tom 和 Jerry 更是孩子们喜爱的经典角色，哑剧的表演形式，加上多元化音乐元素的配音，让观众尽享 Tom 和 Jerry 之间闹剧的幽默与风趣。我想，既然幼儿对猫和老鼠这么感兴趣，为何不让他们当一回"猫"和"老鼠"，在音乐中玩一玩哑剧形式的身体律动表演？为了让孩子们能够自主听辨音乐并根据乐曲的结构和节奏创编动作，我选择了莫扎特的《土耳其进行曲》，并根据乐曲结构性质和故事需要剪辑出 ABCB 段式的律动音乐，设计了本次活动。

教学活动的组织，我尝试采用许卓娅教授"故事—动作—音乐—其他"的"傻瓜流程"模式，结合音乐融入"老鼠学猫""猫找老鼠""老鼠逗猫"等故事情节，以调动幼儿参与律动游戏的兴趣，引导幼儿耐心听音乐、自主创编动作、大胆投入表演，感受并体验音乐游戏化律动带来的快乐。

【活动目标】

1. 认真听 ABC 段式音乐，能根据音乐节奏创编不同动作。
2. 结合故事理解音乐，分清角色，大胆表现不同音乐的情境。
3. 积极参与活动，体验与同伴共玩音乐律动游戏的快乐。

【活动准备】

物质准备：莫扎特《土耳其进行曲》剪辑成 ABCB 段式音乐，胸饰。
经验准备：有照镜子的经验，看过动画片《猫和老鼠》。

【活动过程】

一、看看说说，讲故事导入活动

指导语1：小朋友们，今天老师请来了两位朋友，你看，是谁呀？

教师播放PPT1，出示"猫和老鼠"图片。

指导语2：哦，大家都看出来了，原来是Tom猫和小老鼠Jerry。今天，它们俩在一起会发生什么有趣的事情呢，我们一起来听听吧。

教师播放PPT2，结合"老鼠学猫""猫找老鼠""老鼠逗猫""猫抓老鼠"的四幅图片简单讲述故事：

"一天早晨，Tom猫刚起床，准备刷牙。这时，躲在洞里的小老鼠看到了，就调皮地学起来。刷牙、洗脸、锻炼身体……Tom猫做什么，小老鼠就学什么。Tom猫有所察觉后，便四处寻找，吓得小老鼠们一动也不敢动。Tom猫一只老鼠也没找到，继续休息。小老鼠们又出来玩，它们调皮地挠猫痒痒，拉猫的胡子，弄得猫怎么也睡不着。Tom猫'喵呜'一声，向小老鼠们扑去……"

小结：听了猫和老鼠的故事，感觉怎么样？你最喜欢谁呢？

【评析】 讲故事时，教师除了利用具体形象的图片，还运用了面部表情和形体动作，夸张有趣，可谓声情并茂，恰到好处。这样投入的表演不仅调动了幼儿参与音乐游戏的积极性，更帮助他们清晰地理解了故事情节，为下一环节做好了充分准备。

二、动动学学，为故事创编动作

1. 情节一：老鼠学猫。

指导语：故事发生在什么时候？Tom猫一大早起床后准备干什么？谁能用动作表现出来？那小老鼠呢？我们都来学一学。

教师注意语言和动作相结合，带领幼儿创编Tom猫刷牙、洗脸、做运动等动作，并引导幼儿学小老鼠模仿猫。

小结：小朋友们用手变出牙刷、毛巾，动作多又多，还知道了Tom猫做什么，小老鼠就学什么，真棒。

2. 情节二：猫找老鼠。

指导语：小老鼠学着学着，还是被 Tom 猫发现了。哎呀，这可怎么办呢？Tom 猫会怎样找小老鼠呢？谁来做一只寻找老鼠的 Tom 猫？

教师以个别和集体的形式鼓励幼儿创编不同动作表现寻找老鼠的 Tom 猫。

小结：刚才有的 Tom 猫露出了锋利的爪子，有的趴在地上认真寻找，动作都不一样，真有意思。

3. 情节三：老鼠逗猫。

指导语：Tom 猫找到老鼠了吗？它只能回去休息。这时，洞里的小老鼠该干嘛呢？怎样溜出来的？我们一起学小老鼠悄悄挠痒痒的样子，想想可以挠哪里呢？

教师提醒幼儿学老鼠轻轻走路，引导幼儿在 Tom 猫的不同部位挠痒痒。

小结：小老鼠开心地从洞里溜出来，它调皮地挠着 Tom 猫的痒痒，大家注意声音要轻，千万不能被 Tom 猫发现了。

4. 情节四：猫抓老鼠。

指导语：小老鼠在 Tom 猫身上挠来挠去，胆子可真够大的。你们说，Tom 猫会有什么感觉？它应该怎么做呢？

教师引导幼儿创编 Tom 猫感觉到身体不同部位痒痒的动作。

小结：Tom 猫头上痒、尾巴痒、屁股痒……全身都好难受啊，只听它"喵呜"一声，抓老鼠啦！小老鼠该怎么做呢？

【评析】 此环节承上启下，在讲述故事的基础上，为匹配音乐做铺垫。为了让幼儿轻松自如地完成表演，教师尝试和幼儿共同为故事编相应情节动作，按照动作的"够用原则"，做到了简单、适宜，在不造成幼儿认知负担的同时，更充分激起了幼儿对"猫和老鼠"故事的好奇和强烈的表演欲望。

三、听听玩玩，用动作感知音乐

指导语1：小朋友们为猫和老鼠的故事配上了动作，是不是更有趣？你听，老师这里还有一段音乐，讲的也是它们的故事。

幼儿初次听乐曲，教师根据音乐旋律适当添加与之相匹配的动作。

化律动的快乐。

三、耐心指导，以点带人

如何让幼儿在音乐中边玩边学达成教学目标，教师的指导是关键。本次活动中，师幼互动频繁、有效，教师关注了不同层次幼儿的发展，体现出对幼儿个体差异的尊重。当幼儿理解音乐反应不及时，教师给予"预令"提示；当幼儿创编动作有困难时，教师给予语言、动作、表情的渲染和启发；当动作和音乐不匹配时，教师给予幼儿充分的自主练习时间，让能力强的带动能力弱的幼儿。整个活动，教师细致观察，及时捕捉幼儿新的发现，并给予肯定，而幼儿始终处于积极探索的状态，学会倾听音乐、理解故事，轻松达成活动目标，最终让幼儿在获得游戏和学习双重满足的同时，更收获了自信和愉悦。

（案例提供：江苏省如东县鑫城幼儿园　石玲玲）

中班韵律活动：小猴摘桃

【设计意图】

《数蛤蟆》是一首生动有趣且富于变化的四川民歌，尤其是乐曲中的下滑音，表现出幽默风趣的音乐情趣，令人很自然地联想起小猴爬树、摘桃、摔跤的情景。与音乐相匹配的《小猴摘桃》的创编故事，其内容源自幼儿文明礼仪好习惯培养过程中常见的问题，结合了中班幼儿对小猴爬树、摘桃、翻跟斗等动作经验的认知，预设了一个因乱扔桃核而脚踩桃核摔倒在地的诙谐情节。在整个教学活动的设计中，我们抓住幼儿喜爱小猴的兴趣特点，从故事引入，让"故事、动作、音乐"环环相扣，引发幼儿的经验与想象，激励幼儿大胆地参与自主创编与自由表演，同时，借助道具的使用，增添活动的游戏情趣，使整个活动体现出浓郁的生活气息，营造出趣味横生的游戏氛围。

【活动目标】

1. 通过讲述和表演《小猴摘桃》的故事，感知音乐的结构与旋律。
2. 尝试创编小猴乱扔桃核的动作和猜测小猴摔疼的部位。
3. 喜欢玩律动游戏，能在集体面前大胆表演。

【活动准备】

物质准备：剪辑后的四川民间音乐《数蛤蟆》、红色圆形即时贴若干、帽子一顶。

经验准备：幼儿玩过扔沙包及追捉的快速反应游戏。

【活动过程】

一、故事导入，激发幼儿兴趣

指导语1：小猴子最喜欢吃什么？

指导语2：山羊爷爷的桃园里桃子成熟了，这可馋坏了贪吃的小猴，它趁山羊爷爷不在，悄悄地爬到桃树上摘桃子吃，它边摘边吃，边吃边丢，桃核丢了一地。小猴吃饱了滑下树准备回家，却一不小心踩到桃核上，重重地摔了一跤，想爬也爬不起来了。

【评析】《小猴摘桃》的故事，为幼儿的韵律表演预设了一条情节线索，"爬树、摘桃、吃桃、扔桃、滑下树、摔一跤"这几个关键词的提炼，有效帮助幼儿理清了创编表演的动作要领，教师绘声绘色地故事演绎，充分激发起幼儿参与活动的积极性。

二、观看表演，完整感知音乐

1. 教师反戴帽子扮演小猴随乐完整表演故事。
2. 幼儿听音乐跟随老师完整表演故事。

【评析】故事情节的演绎，为幼儿熟悉理解音乐起到了非常好的作用，模仿性的随乐表演，也有利于幼儿快速把握音乐的旋律变化和乐句节奏，降低了动作匹配音乐的难度，为接下来的幼儿动作创编提供了有益的经验铺垫。另外，帽子道具的使用也颇具戏剧化的艺术效果，帽子一正一反，表演山羊爷爷和小猴子这两个不同角色身份，体现了"教具使用力求简约、创新"的教学智慧，也一下子营造出幽默诙谐的游戏趣味。

三、创编B段小猴乱扔桃核的动作

1. 幼儿自由创编小猴乱扔桃核的动作。

指导语1：小猴可真调皮，它吃完桃子乱扔什么呀？

指导语2：它是怎么扔桃核的？除了往前扔，它还会往哪儿扔桃核呢？

【评析】"扔"的动作，孩子们是有一定经验的。教师的指向性提问，既唤醒了幼儿在日常体育活动中"扔"的动作的经验，也明确了幼儿创编表演的任务，使孩子们创编的动作不仅有不同方位的方向性变化，还有源自经验的两只手一起扔、跳起来扔、手画圆圈扔等等。

2. 幼儿听音乐完整表演。

指导语：每次扔桃核的地方要不一样。

四、感知C段音乐，巧用"红包包"猜测小猴摔疼的部位

1. 听辨C段小猴滑下树摔一跤的音乐，尝试自由表演。

指导语1：音乐里"咕噜咕噜"的声音是小猴在干什么？"哐"的声音是小猴在干什么？你想怎样表演？

指导语2：小猴从树上滑下来摔跤的样子，会一样吗？

2. 听辨C段小猴摔得爬也爬不起来的音乐，并猜测小猴摔疼的部位，进行创编表演。

指导语1：小猴这一跤可摔得不轻，它爬起来几次又摔了几次？哪里摔疼了呢？（教师提示：凳子后面有红色即时贴，小猴摔疼了，可以用它贴上去，让别人知道哪里摔疼了）

指导语2：小猴摔疼的地方一样吗？摔疼以后，小猴会有怎样的动作？（教师提示：在表演摔跤的时候，要用手分别揉揉疼的地方）

【评析】C段音乐节奏比较快，把握节奏是整个活动的难点，"摔出不同姿势"与"表现疼的部位"则是动作创编的重点。教师采用了分解C段音乐的策略，用问题引导幼儿听辨乐句节奏，用象声词提醒幼儿准确把握动作的节奏感，用道具增添动作的情趣，效果非常好。

五、听音乐完整表演故事，玩"山羊捉小猴"的游戏

1. 幼儿听音乐表演，猜测故事结尾。

指导语：小猴偷摘山羊爷爷的桃子，摔得爬也爬不起来。听，谁来了？他会怎么做呢？（教师提示：看清楚帽子的正反，看清楚老师什么时候从小猴变成山羊爷爷，"山羊捉小猴"的游戏就开始了）

2. 帮山羊爷爷摘桃、运桃，分享故事感受。

指导语1：山羊爷爷看到小猴摔疼了，会说什么？小猴想吃桃，应该怎

做？现在，小猴们会帮山羊爷爷做什么呢？

指导语2：现在，小猴们知道了自己的错误，以后再也不会偷摘桃子、乱扔桃核了，它们帮着山羊爷爷摘桃子，一起把桃子运回家。

【评析】"山羊捉小猴"的游戏，营造出情节发展的紧张气氛，使孩子们的活动情绪达到高潮，也让孩子更多地体验到了和同伴一起玩表演游戏的愉快感受。帽子道具的再次使用，既提醒幼儿集中注意力听辨音乐，准确把握旋律的节奏变化，也营造出强烈的游戏情趣，挑战着孩子们面对教师游戏角色变换的快速反应。

【活动延伸】

在班级表演区，提供音乐、打击乐器及丰富的图片，鼓励幼儿听音乐创编出更多更有趣的动作。

【活动反思】

一、巧用道具，教师入戏

一顶普通的帽子，看似平凡无奇，却是故事表演中不可或缺的道具，它不仅轻松地让老师完成了小猴和山羊之间的角色转换，营造了妙趣横生紧张刺激的戏剧氛围，帮助幼儿忘我地投入到表演中。它的变化还成为"山羊捉小猴"游戏的信号，起到了提示幼儿做出快速反应的作用。

二、分解C段，化解难点

C段音乐变化快，节奏难把握，因此教师在教学中对C段音乐做了细致入微的分解，要求幼儿带着问题去听音乐，并通过教师适时的动作提示，幼儿准确地感知到音乐中咕噜咕噜的声音是小猴滑下树，"哐"的声音是小猴摔一跤，小猴一共爬起来四次又摔了四次，并能在表演时自觉地听音乐做动作，轻松化解了难点。

三、趣味创编，提升能力

《小猴摘桃》的故事幽默诙谐，尤其是小猴乱扔桃核和摔跤的情节是幼儿最感兴趣也最乐于表演的部分。在创编小猴乱扔桃核环节，教师有针对性地提问，引发了幼儿对已有扔东西经验的回忆，因此幼儿很轻松自然地就创编出了向各个方向扔桃核的动作，创编结果的多样化也大大激发了幼儿的兴趣。在猜测小猴摔疼的部位时，教师巧妙地将"红包包"贴在疼的部位，再现了幼儿生活中摔跤的情节，使创编活动变得趣味盎然，为幼儿创造性地表演做准备。通过趣味创编，幼儿的想象和创造力得到了发展，动作表演的能力也有了进一步提升。

四、巧妙结尾，寓意深刻

《小猴摘桃》的故事中，调皮的小猴想吃桃而没有征得主人的同意，吃完桃后乱扔桃核，活动结束环节的对话点评巧妙地引发幼儿的思考，教师鼓励幼儿争当讲文明懂礼貌的孩子，没有繁复的说教，却收到良好的效果。

（案例提供：江苏省如东县实验幼儿园　吴燕）

中班韵律活动：会飞的帽子

【设计意图】

一次餐前阅读时间，我和幼儿一起看了绘本《会飞的帽子》，大家对帽子飞舞的过程非常感兴趣，他们还根据绘本情节玩起了"大风与帽子"的游戏。他们扮演帽子随风飞舞的样子激发了我创设本次教学活动的欲望，于是我决定从幼儿关注的绘本元素"帽子"出发，挑选经典童谣《小牧童》，旨在通过绘本和民族经典音乐的结合，让幼儿不仅能轻松理解故事，更能在音乐中变身为绘本角色，创编不同动物走路的动作，在随乐律动中初步感知领袖舞的乐趣，从而真正体验帽子飞舞和得到帽子后的心情。

【活动目标】

1. 感知 AB 段式音乐的旋律和结构，能根据音乐的不同结构创编帽子不同方向飞舞、不同动物走路的动作。
2. 用表情、动作表现得到帽子后随乐飞舞的愉悦情绪，大胆律动。
3. 初步体验领袖舞的乐趣，发展合作游戏能力。

【活动准备】

物质准备：课件《会飞的帽子》；经典童谣《小牧童》音乐片段剪辑组成 AB 段式音乐重复四遍；鸭、狗、猴、兔四种动物大图标各一个，贴有魔术贴的帽子一顶；椅子围成半圆，椅背上贴有四种动物小图标等。

经验准备：认识和了解鸭子、小狗、猴子等常见动物，并能用动作表示。

【活动过程】

一、播放"会飞的帽子"视频，跟随 B 段音乐
创编帽子飞舞的动作

指导语 1：你看，这是什么？这可是一顶有魔法的帽子，它会跟着音乐飞起来，我们一起来看。

指导语 2：刚才它是怎么动的？先飞在哪里，然后飞到哪里？

教师播放帽子随 B 段音乐上下左右飞舞的视频，引导幼儿关注帽子飞舞的方向，并进行动作创编。

【评析】 教师在此导入环节，充分挖掘绘本《会飞的帽子》中的元素，将平面的绘本故事与动态帽子飞舞的视频课件相结合，充分激发了幼儿对绘本故事的关注，进而调动了幼儿参与律动的兴趣。在"帽子飞舞"的游戏中引导幼儿自主跟着帽子飞一飞、动一动，将帽子飞舞动作创编及 B 段音乐感知重难点前置，为下一环节做了充分的铺垫。

二、结合绘本情节"帽子找朋友"，在身体律动中感知
A、B 段音乐旋律与结构

1. 出示实物帽子，教师随 A、B 段音乐完整律动表演。

指导语：你看，帽子停在了小男孩的头上，小男孩的心情怎么样，用你的表情告诉大家。接下来又会发生什么事呢？现在老师就是这个小男孩，请你仔细看。

2. 师幼共玩游戏"找朋友"，理解 A、B 段音乐结构。

指导语 1：音乐一开始小男孩在干什么？然后听到了哪段音乐，做了什么动作？帽子在什么时候戴到新朋友的头上？我们再玩一次，这次帽子飞到谁头上，谁就很神气地走到中间来。

指导语 2：现在你们能像老师一样，让帽子在音乐最后"噔"的时候飞到新朋友的头上吗？我们连起来玩一玩，看看这次帽子跟着音乐飞一飞，能交到几个好朋友。

教师完整展示 A、B 段音乐律动：A 段戴上帽子神气地走路，B 段做帽子飞舞的动作，并通过帽子找朋友的方式，让幼儿个别展示与相互学习相结合，感知理解音乐 A、B 段式的结构。

【评析】 本环节在 A 段音乐融入走路的动作，充分调动幼儿的已有经验，降低动作创编难度，突出完整感知 A、B 段音乐的重点，并让幼儿在"帽子找朋友"的游戏情境中轻松理解"得到帽子后神气走路展示；玩帽子飞舞游戏、找到新朋友"的律动结构。

三、在 A 段音乐处创编动物走路动作，幼儿完整律动

1. 教师播放课件，引导幼儿关注动物出场的顺序。

指导语：刚才我们走一走，和帽子四个方向飞一飞，找到了这么多好朋友，你看，小男孩也戴上帽子出发了，他会遇到谁呢？你观察得真仔细，能按照箭头的方向说出遇到小动物的顺序呢。（狗、猴、鸭、兔）

2. 幼儿自主创编鸭子、小猴、小兔、小狗走路的动作。

指导语：会飞的帽子遇到这么多小动物，它们戴上帽子心情会怎样？它们又会怎么走呢？谁来试试？我们一起学一学。

教师引导幼儿创编动作时加入动物动作特征，如小猴边挠边走，鼓励个别展示，相互学习。

3. 趣玩游戏：谁是帽子的新朋友。

指导语 1：谁想成为这顶会飞的帽子的新朋友？如果它飞到了你的头上，你可以变出刚才动物的样子走到中间来带大家玩帽子飞舞的游戏吗？你今天会做什么动物呢？这个秘密就藏在你们的椅背上，看一看。

指导语 2：赶紧想一下待会儿怎么走，才能立马让别人猜到你是什么小动物。准备好了吗？注意听好音乐。

教师在完整律动中通过语言、动作提示等策略，帮助幼儿理解"帽子飞到谁头上，谁就变成椅背上的小动物走到中间"的游戏规则。

【评析】 教师在本环节鼓励幼儿根据不同动物的特征创编相应的走路动作，并通过同伴间的相互学习，掌握多种 A 段走路动作，利用"走到中间""带领游戏"等暗示，渗透领袖舞的律动模式。在此过程中，幼儿只需记得自

己创编的动物动作，通过分角色带领的方式合作完整律动，既丰富了律动动作，又降低了幼儿学习的难度，化解了完整随乐律动的难点。

四、增加贴有动物图标的魔法帽，游戏升级

指导语1：你看会飞的帽子变出了什么？瞧，我把它戴在头上，哪个动物在前面，就请这个小动物走到前面来带大家玩帽子飞舞的游戏。小眼睛仔细看，我可不会提醒哦，赶紧听着音乐试一试吧。

教师借助帽子和图标提示，强化帽子飞到谁头上，谁就到中间带领大家一起律动的游戏规则，从而使领袖舞初具雏形。

指导语2：像这样帽子飞到谁头上，谁就用他的动作走到中间来带领大家一起律动游戏的模式，就叫领袖舞。刚刚玩了之后感觉怎么样？在领袖舞的帮助下，律动游戏更简单也更好玩。

【评析】此环节增设贴有动物图标的帽子，"哪个动物朝前，扮演这个动物角色的幼儿就要走到中间"的游戏规则，不仅促进了孩子的视觉化学习，更是打破了上一环节的固定顺序与模式，随机变化让律动更加充满挑战，以此达到幼儿间创编动作的经验共享并加以巩固。

五、随机匹配动物，经验迁移，领袖舞展示

1. 幼儿大胆猜想、创编，加入新动物角色。

指导语：除了绘本里的小动物，会飞的帽子还会戴到哪些动物的头上呢？它是怎么走路的？

教师引导幼儿猜想不同动物，进行动作创编，随后带领幼儿玩领袖舞，注意观察动作是否到位。

2. A段音乐动作累加，增设"打招呼情境"。

指导语1：猜猜老师刚才扮演的是哪个小动物？A段音乐除了走路我还做了什么？我还用孔雀的方式和朋友们打了招呼呢！你能像我一样边走边打招呼吗？（幼儿展示）这次我们走路时加上打招呼的动作再来玩一次。

指导语2：今天的游戏就到这里结束了，刚才还有很多动物没来得及展示，音乐区游戏的时候可以继续哦。

教师鼓励幼儿迁移本次活动习得的经验，大胆创编其他动物的走路姿态，并在 A 段累加打招呼的动作，升级游戏。

【评析】 本环节在幼儿充分感知、理解音乐的基础上，发散思维，加入其他动物角色，留下充分的创想空间，引导幼儿发现此音乐的其他可能。最后，在 A 段累加动作"打招呼"，助力幼儿拓展提升，为丰富音乐区活动做好准备。

【活动反思】
这是一节由绘本衍生而来的原创律动活动，鉴于中班幼儿的年龄特点，我在环节设计、音乐制作、幼儿学习等方面思考如下。

一、借绘本之风，品童谣之美，创律动之趣

随着课程游戏化普及，传统的律动教学模式逐渐被游戏化教学所代替，在韵律活动教学探究中，发现绘本的画面、情节、角色等往往能吸引幼儿主动观察模仿与创新，因此以绘本《会飞的帽子》为载体，选取曲风欢快、变化明显、旋律重复的经典童谣《小牧童》，并剪辑重组为 AB 式结构，同时创设帽子上下左右飞舞后找新朋友的情境，为幼儿自主创编动作提供有效支持，通过帽子不断寻找新朋友进行循环式游戏，帮助幼儿轻松理解音乐结构、大胆创编表现，享受律动游戏带来的愉悦。

二、鼓励自由创编，搭建同伴学习平台，促进能力提升

幼儿是学习的主体，在韵律活动中，我们要注重师幼之间、幼儿之间不断地相互作用，引导幼儿主动学习。活动伊始，通过神秘出示实物帽子、模仿男孩戴上帽子神气走路、跟随 B 段音乐玩帽子飞舞等游戏，唤醒幼儿生活中"自由走路"的已有经验，同时轻松随乐律动。在此基础上，巧妙引出绘本情节，引导幼儿结合已有认知，创编动物走路的动作，并在自主创编过程中互相学习、互相认可，确定并统一动物走路的动作。

三、环节设计巧妙，分层递进，创设适宜中班幼儿的学习阶梯

本次教学设计的各环节侧重点鲜明，既相互独立，又依次递进。从创编帽子飞舞动作，到累加 A 段音乐、加入走路动作，再到创编绘本动物走路动作、完整循环游戏，最后到自由加入动物角色、领袖舞展示律动，使幼儿在巧妙的学习进阶和轻松的律动游戏中，理解巩固"在音乐最后把帽子给到新朋友，再由新朋友到中间带领律动"的游戏规则，自然而然地接触、认识领袖舞，自由自主游戏。

（案例提供：江苏省如东县鑫城幼儿园　张晓旭）

三、倾听完整音乐，合准节拍玩韵律游戏

1. 借助故事拼图，巩固理解动作。

指导语1：工具用处真大，小老鼠带上它们去探险肯定很有意思，一起来看看它们是怎么做的。

教师跟随A、B完整音乐匹配幼儿创编的动作，注意情绪、表情等变化，引导幼儿认真观察。

指导语2：音乐一开始，小老鼠是怎样出发的？背着探险包来到山脚下，小老鼠干了什么事？谁用动作告诉大家？

指导语3：小老鼠还做了什么动作？双手交叉放在胸前，注意看它是什么表情？说明小老鼠的心情怎样？

指导语4：小老鼠害怕之前还做了一个什么动作？猜猜它是从哪里往哪里看？山这么高，小老鼠该怎样下山呢？

指导语5：小老鼠成功着落后来到山洞里又干了几件事？动作是怎么做的？

根据幼儿回答旋转出示对应的故事拼图，引导幼儿观察画面并匹配动作。

【评析】 本环节提问内容来源于绘本故事，为了巩固上一环节幼儿自主创编的动作，教师借助拼图展示夹可以"旋转"的功能，在与幼儿"一问一答"积极互动中，巧妙呈现绘本中不同的故事情节，加深幼儿对已知动作的理解。

2. 出示"流程图"，随乐完整律动。

指导语1：小老鼠们一起去探险吧，注意倾听音乐，做好动作哦！故事里的音乐好听吗？你发现了什么？音乐快慢变化时小老鼠分别在干什么？我们做动作时需要注意什么？

指导语2：爱探险的小老鼠背着探险包来到山脚下，登山、拍照、看远处风景，再下山、吃东西、睡觉。看，这些图片都加上了什么？表示什么意思呢？

指导语3：原来箭头可以帮助我们看清探险的顺序，小老鼠是从哪张图片开始的？我们听着音乐按照箭头的方向依次往下做动作，和小老鼠一起去探

险吧！

教师边小结边神秘出示拼图后面的"箭头"标记，引导幼儿根据流程图图示和音乐合拍完整律动，并根据幼儿出现的问题及时指导并调整。

【评析】 此环节是本次活动的难点，教师一改传统口令式说教、重复式示范的教学方式，在幼儿学会使用工具已有经验的基础上，巧妙利用故事图片与箭头图示组成的"流程图"，帮助幼儿轻松回顾完整的探险故事情节，从而进一步加深理解音乐结构，简洁明了，重点突出，大大减轻了幼儿认知和学习的负担。

四、游戏"挠痒痒"，创编"打手电筒"动作，寻找小老鼠

指导语1：大家看，背包里还有什么工具没有用？手电筒可以用来干什么呢？

小结：小老鼠在黑咕隆咚的山洞里睡着了，老鼠妈妈找不到它们，决定拿出手电筒来找一找，再把它们挠醒。

幼儿观察工具图标，教师引出"手电筒"，同时介绍B段音乐"挠痒痒"游戏规则，提醒幼儿如果被挠醒，要听着音乐跟妈妈一起往前走。

指导语2：哎呀，一起数一数，我用手电筒找到了几只老鼠？一起拉个圆圈，庆祝一下吧。

教师扮演"老鼠妈妈"，带领"小老鼠"背上探险包，随A、B段音乐完整游戏。B段音乐处，教师做"手电筒"状寻找小老鼠，玩"挠痒痒"游戏，注意观察幼儿随乐走动的情况，及时引导。

【评析】 本环节利用工具"手电筒"设计了与B段音乐相匹配的"躲猫猫"游戏，幼儿在倾听、走动、挠痒的过程中深度理解B段音乐结构，他们的动作学习从教师语言提示到跟着音乐有节奏自主律动，达成了巩固动作学习的目标，逐层呈现了幼儿学习的过程，顺利地解决了本节活动的重点。

五、趣玩"绘本拼图"，惊现"犀牛山"，游戏升级

指导语1：小老鼠登山探险，猜猜会是个什么样的山？仔细看看这几块图片，秘密就藏在这里哦！谁来帮忙取下，拼贴到这块展板上来？

指导语2：呀，你一块、他一块，我们一起把小老鼠登山探险的故事都拼在了一起。仔细观察，你发现了什么？它们登的是什么山？

教师出示展板，引导幼儿观察绘本图片后，尝试完成"犀牛山"拼图。

指导语3：原来小老鼠登的是犀牛山，知道了这个秘密，你是什么样的心情呢？用动作和表情怎么表示呢？

指导语4：听，音乐里加入了什么声音？当我们再次游戏时，如果你听到了犀牛声，就摆出一个自己的心情造型，好吗？

教师请幼儿根据自身心情摆出不同造型，并尝试加入音乐最后部分，拓展游戏内容。师幼完整游戏2—3遍后，活动结束。

【评析】此环节的提问是开放的，从猜想"犀牛山"，到揭秘"犀牛山"，教师巧借绘本中"拼图"元素立体呈现，让幼儿尽情想象、畅所欲言的同时，在亲自操作和实践中验证自己的猜想，鼓励幼儿用肢体动作和情绪情感大胆表现，从而进一步丰富音乐律动游戏，并将幼儿在音乐中的情感体验推向最高潮，他们开心、兴奋，充满着期待。

【活动反思】
一、巧挖绘本元素，融合民族经典音乐

绘本《小老鼠的探险日记》中展开了一段神秘的探险之旅，为幼儿提供了一个生动有趣的故事情境。故事里的小老鼠每次登山都会使用一种工具，这些工具来自于幼儿生活，他们不仅认识还会使用，阅读绘本时总爱用动作模仿表现，他们创编肢体动作的欲望被充分激发。那么，如何深入挖掘绘本元素，使之与民族经典音乐完美融合呢？本次活动从幼儿兴趣需要和生活经验出发，选择了与故事情节匹配且适合幼儿欣赏的音乐《列车奔向北京城》片段，采用剪辑的方式将两段音乐重组，A段音乐节奏明快，能够生动再现小老鼠登山、拍照、看远处风景等情节，B段音乐则舒缓轻慢，适合小老鼠睡觉，与趣玩"挠痒痒"游戏相吻合。整节活动通过个别表现与集体合作等方式，实现绘本情节、生活经验与音乐律动的巧妙融合，营造出主动的学习氛围，有启发幼儿心智之效。幼儿在看看、编编、学学、玩玩中自然交流，大胆想象并再现生活经验，从而真正读懂绘本，领悟角色特征，熟悉乐曲旋

律和节奏，感受乐曲不同风格，大胆表现并诠释民族经典音乐作品。

二、巧借思维导图，放大"图像记忆"功能

　　幼儿的学习是一种经验的积累，多渠道感知与体验可以帮助他们获取更多信息，更全面地理解事物。在以往的韵律活动中，我发现同样的故事欣赏、动作创编、音乐理解等内容，有的幼儿学起来轻松顺利，有的则表现得一团糟。为达成教学目标，有些教师会选择重复式示范、反复强调等单一教学方式，这样不仅会影响幼儿学习兴趣，还会大大降低学习效率。本次活动利用指偶、图标、拼图、流程图等视觉化学习材料，将韵律活动学习与思维导图运用相结合，通过"出示绘本图片—理解情节内容—呈现箭头标记—巩固故事流程"逐层累加的模式，直观且有序地展示绘本画面所表达的内容、自主创编的动作以及与绘本相匹配的民族经典音乐，为幼儿提供了良好的音乐学习环境。活动中，教师根据幼儿音乐学习的核心经验，借助可视化学习环境的创设，关注到幼儿的参与性和体验感的同时，更注重幼儿学习主观能动性和音乐品质的培养。而思维导图的运用，从无到有，层层递进，不仅将故事、动作和音乐巧妙融合，高效归纳幼儿想法与思考，建立了"教"与"学"的思维脉络，还充分体现出教师对幼儿音乐学习经验的理解，有效解决了幼儿音乐发展水平不一的问题，满足了不同幼儿的需要，让他们学习更轻松，做事更有条理。

（案例提供：江苏省如东县鑫城幼儿园　石玲玲）

大班韵律活动：淘气猫历险记

【设计意图】

音乐作品《哑剧》，选自美国早期的电影《喜剧演员》。在诸多的音乐作品中《哑剧》具有独特性，乐曲曲调既有刚毅豪迈的风格，又表现出越来越沉重、越来越恐怖的氛围。全曲从头至尾只有同一种旋律和节奏，只是随着乐器的逐步增加，音乐旋律越来越强，充满了戏剧性，让倾听者也充满了期待。

在音乐活动中，老师习惯于选择ABA、ABC或是ABABA等音乐结构，来设计和组织律动、欣赏、集体舞等，因为这样幼儿能通过不同的旋律、快慢创编和表现作品，难度相对较小。如果从头至尾同样的旋律对幼儿来说无疑是有一定难度的，因此，我利用音乐作品《哑剧》，通过淘气猫在同一情境烂泥坑中自己挣扎到帮助同伴最后大家齐心合力终于摆脱的故事情节，与乐曲越来越重、越来越强的旋律完美地结合在一起，同时又把幼儿平时极少接触到的哑剧表演运用到律动游戏中，淋漓尽致地诠释了这首乐曲。

【活动目标】

1. 通过律动游戏——哑剧表演，感知和表现音乐的刚劲有力。
2. 能随故事情节和音乐节奏，创编身体不同部位的拉、甩等用力摆脱的动作。
3. 体验随乐曲节奏进行哑剧表演的乐趣。

【活动准备】

物质准备：音乐 Pantomime（哑剧），场地准备，幼儿半圆形围坐。

经验准备：幼儿欣赏过哑剧表演视频，知道其表演方式与特点。

【活动过程】

一、师幼热身活动，哑剧"运西瓜"，初步感知音乐

1. 导入语：今天老师和你们合作表演一个哑剧。你们知道什么是哑剧？就是不说话，听音乐用动作、表情来演故事。

2. 师幼即兴表演。

哑剧情节简述：

老猫（老师）带领一群淘气猫（小朋友）出门玩耍，看到一个特别大的西瓜，决定搬回家。（背景音乐"哑剧"）老猫费了九牛二虎之力搬了起来，把它交给小猫，一个一个传呀传，终于搬到了家。老猫切开西瓜，咬一口，吐出籽儿，将一块一块西瓜又分给了小猫们。

3. 教师启发式提问，幼儿体验后回答。

指导语1：刚才我们的哑剧中表演的是什么？你是怎么知道的？

指导语2：西瓜大不大，重不重，从哪儿看出来的？

指导语3：我们刚才表演的是谁呢？（淘气猫）

【评析】 导入环节在师幼即兴互动中了解哑剧表演的主要特点，学会控制自己的语言、动作与表情，既拉近了师幼间的距离，又为后面的默契配合作铺垫。同时通过用力搬运大西瓜，初步感知音乐的沉重。

二、在"哑剧"乐曲中，自主表演、创编新哑剧

1. 导入新故事。

指导语：今天，我们来编一段更有趣的哑剧表演。还是关于这群淘气猫的。它们和你们一样聪明，但就是特别淘气。有一天它们在田埂上玩捉迷藏的游戏，只听得"扑通、扑通、扑通、扑通"，怎么了？非常糟糕，你们猜一猜。

2. 随音乐做动作。

（1）听音乐做动作，第一组手和脚、抬屁股的动作。

指导语：淘气猫遇到了什么麻烦？仔细看我的表演。

（2）幼儿和老师一起听音乐做动作。

指导语：原来淘气猫掉进了又滑又黏的烂泥坑里，全身都被粘住了。我们一起用哑剧的动作表演出来，加上表情哦！看谁能跟着音乐节奏表现出用力的样子。

3. 幼儿听音乐创编动作。

指导语1：烂泥除了会粘在手上和脚上，还会粘在哪里？（幼儿听音乐自由做动作）

指导语2：现在我们把粘在眼睛、耳朵、嘴巴上面的烂泥用力拉下来，扔掉。还有哪里呢？语言提示：拉—扔—拉—扔。（幼儿听音乐自由做动作）

4. 链接式两两合作表演。

（1）老师听音乐做动作。

指导语：淘气猫们想：大家必须互相帮助才行。先帮左边的伙伴拉掉身上的烂泥拉—扔，屁股上的拉—扔，肩膀上的拉—扔——……

（2）幼儿一起听音乐做动作。

指导语：找一个左边的朋友帮他拉—扔。我们来学一学。

5. 全体拉手，合作表演。

（1）幼儿齐心合力想办法。

指导语：现在小猫们身上的烂泥虽然变少了，但脚下的烂泥还是特别厚，该怎么办呢？你们有什么好办法？（幼儿互相协商，说出最佳方法）

（2）师幼根据节奏共练习。

指导语1：小朋友们的办法不错，和老师想到一块儿去了。我们只能慢慢地移动，有一个小伙伴得救，我们就有希望了。我们必须齐心合力，手拉手，一点一点拉，每次向前移动一把椅子。

指导语2：我在最后，××在最前面，只有××得救了，才能帮助我们大家。最后大家一起来救我。

【评析】随着音乐由弱到强，越来越沉重，与之相匹配的环节设计也是先由幼儿单独创编表演，然后到链接式两两配合表演，最后全体幼儿共同合作表演。音乐与表演形式的层层递进，完美融合，让孩子们在不断变化、循序渐进的游戏中，自然地感受、体验、表现哑剧的旋律和节奏特点。

三、随音乐完整表演哑剧

1. 帮助幼儿回忆哑剧表演情节及动作顺序。

指导语：刚才，我们一起用动作表演了一个淘气猫的故事，你们还记得吗？随着几声"扑通、扑通、扑通、扑通"，淘气猫们一个个掉进烂泥塘，拉—手、拉—脚；帮自己拉—扔，帮朋友拉—扔，齐心合力，拉—向前移动，拉—向前移动。终于逃出来了。你们能完整地用哑剧表演出来吗？

2. 师幼完整表演哑剧。

指导语：哑剧表演"淘气猫历险记"现在开始。

【评析】 大班幼儿第一次接触哑剧表演，我们选择这首从头至尾都是同一旋律的乐曲，其实是降低了难度，减少了孩子在游戏时为辨别不同旋律而带来的表演负担。在这一环节中，我们用整齐的、幼儿习惯的四个乐句换动作的方式，自由表演，轻松合作，充分享受哑剧、音乐、故事给他们带来的无限乐趣。

四、介绍音乐作品

指导语：今天我们表演的叫什么？我们玩的这段音乐听起来怎样？它的名字也叫《哑剧》，是俄罗斯音乐家德米特里·卡巴列夫斯基创作的，听这段音乐你们一定能编出很多的故事来。

【活动延伸】

在表演区里和你的好朋友一起编一个更有意思的哑剧。

【活动反思】

一、选材独特

乐曲《哑剧》有别于幼儿平时欣赏的各种音乐，虽然音乐旋律比较单一，但独特的节奏会给人无限想象和表现的空间。在每个孩子脑海中呈现出画面都是不一样的，有的孩子说是大象、大老虎来了，有的认为是淘气猫想去偷鱼吃，会不会是大石头从山上滚下来了？……

设计与乐曲沉重、有力的风格相匹配淘气猫历险的故事，主要是孩子喜欢扮演动物的角色，而故事中淘气猫摆脱"烂泥潭"，是孩子平时很少涉及的生活体验，这正符合幼儿越是新鲜的事物越喜欢去尝试的心理特征。

因此，选择独特的音乐配以适宜、有趣的故事，能极大地丰富幼儿对音乐的感受与体验，是一节音乐活动课成功的基础。

二、形式新颖

活动中，教师尝试更多地用哑剧的方式来表现，让幼儿学会控制自己的言语，用动作、表情进行表演，对大班幼儿来说有一定的难度，但孩子都愿意尝试并大胆表现。

三、编演开放

活动开始的即兴表演，完全处于游戏状态，简单的手势动作师幼心知肚明，配合默契；活动过程中，除了第一组幼儿随音乐作用力拉出手和脚以及使劲抬屁股的动作以外，其余的每一个动作都由幼儿自己创编，自由表现，老师的提示语都是开放式的，如：烂泥除了会粘在手脚上，还会粘在哪里？你该怎么做呢？你该如何帮助你左边的伙伴呢？如何让大家都逃出去？……

正是因为所有动作的都是幼儿自创的，因此无论是自己表演，还是与同伴合作或是和大家一起合作，都没有要求完全一致，孩子们在游戏中表现音乐，在音乐中享受自由。

四、简约有效

"简约"主要表现在没有繁琐的教具、图谱以及场地空间的要求，更没有教师提前的经验的预知，教师自备一个便捷式悬挂于腰间的蓝牙小音箱，一人一把小椅子围成半圆形，整个活动就可以顺利开展起来。但老师对乐曲的研究却是深入透彻的，活动设计与组织是精巧、灵动的，才能换来"简约有效"的完美呈现。

五、教学无痕

　　所谓教学无痕就是"将教学置于无痕的状态中，让孩子在不知不觉中经历体验感受知识的形成过程"。本着以幼儿自主表达为主，幼儿模仿学习为辅的原则，让幼儿完全沉浸在忘我的游戏情境中以淘气猫的角色贯穿始终，在无形的乐曲声中，创设表演情境，捕捉创编细节，赏识每位幼儿，成为游戏玩伴，在宽松愉快的心理氛围之中自然地倾听音乐并表演动作，从而达到"润物细无声"的境界。

（案例提供：江苏省如东县实验幼儿园　王桂云）

大班韵律活动：世界上力气最大的公鸡

【设计意图】

《世界上力气最大的公鸡》是一本画风带有民俗特点、故事情节精彩感人的图画书。一次偶然的机会，幼儿在图书角发现了它，当孩子们翻开书时一下子就被这只爱锻炼、爱臭美、爱和朋友比力气的大公鸡吸引住了……何不如就追随幼儿的脚步，挖掘故事中幼儿感兴趣的情节和画面让他们有模有样地表演一番呢！

有了这样的故事背景，加上富有感染力和想象力的音乐，跟随音乐表现故事，幼儿既享受音乐魅力又能很好地理解故事内容并做出创造性表演。与故事同样具有民俗风味的中国民乐《百鸟朝凤》成了首选，为了让音乐与故事情节更好地契合，我在保留音乐本身完整度的基础上经过剪辑形成了孩子们容易理解的 ABC 三段体，让孩子在音乐当中能够借助故事情节去倾听、感受、表现。

【活动目标】

1. 倾听音乐，理解音乐所表现的故事内容。
2. 能根据音乐变化大胆表现公鸡锻炼、照镜子、比力气等故事情节。
3. 乐意参加音乐游戏，体验与同伴合作游戏的快乐。

【活动准备】

物质准备：《百鸟朝凤》剪辑版、鞭炮声效，公鸡录音，绘本《世界上力气最大的公鸡》幻灯片，场地安排：地面贴有两根红线，为"比力气"竞赛场地。

经验准备：有两人合作游戏的经验。

【活动过程】

一、看一看，理解故事主要内容

1. 听公鸡录音：我是世界上力气最大的公鸡。

指导语：猜猜它怎么会成为世界上力气最大的公鸡？（幼儿猜想）

2. 幼儿听故事。（教师一边讲述故事内容，一边展示相关绘本图片）

【评析】 活动开始前，通过让幼儿来猜想这只公鸡是怎样变成力气最大的公鸡，激发幼儿对绘本内容的兴趣。接着，教师利用多媒体展示绘本图片并声情并茂地讲述故事，幼儿带着自己的猜想听故事，帮助幼儿更好地理解故事内容，为接下来的音乐活动打下基础。

二、听一听，整体欣赏音乐变化

指导语：有一段音乐就是讲的这个故事，我们一起来听一听，听听哪里是它锻炼身体，哪里是照镜子摆造型，哪里又是找朋友比力气。

【评析】 老师引导幼儿听完整音乐，ABC三段体音乐旋律正是对应公鸡锻炼身体、照镜子摆造型、找朋友比力气的故事情节。对故事有了初步的理解，幼儿整体听音乐，对音乐的三段体音乐旋律有了一个整体的认知，更能感知音乐随故事情节展开而发生变化。

三、玩一玩，分段听音乐并游戏

1. A段：喔喔锻炼身体。

指导语：音乐一开始，公鸡喔喔在干什么？它会怎样锻炼身体呢？那我们就一起来锻炼一下吧！还可以锻炼身体哪些地方，可以怎样来锻炼呢？（播放A段，幼儿自由表现）

【评析】 A段音乐较欢快，有节奏感，适合幼儿根据节奏表现动作。首先，通过集体讨论喔喔的锻炼方式，幼儿根据自己的运动经验说出并做出相应动作，根据幼儿的回答列举出一种，请其他幼儿来做同一种锻炼动作，帮助全体幼儿掌握 A 段音乐的节奏感，接下来幼儿可以根据音乐的节奏，自我创编并表现动作。

2. B 段：喔喔照镜子、摆造型。

指导语：锻炼的喔喔特别开心，它来到了镜子的面前准备照镜子啦！请你来听一听音乐当中喔喔摆了几次造型？在音乐哪里摆造型呢？我们就来照镜子摆造型吧！看一看哪只公鸡最神气！（播放 B 段，幼儿游戏）

【评析】B 段音乐乐段较整齐，有情节性，适合幼儿大方表现照镜子、摆造型的情节。同时，让幼儿倾听并找出适合摆造型的乐句，自我感知音乐，体现幼儿学习主动性。

3. C 段：找朋友比力气。

指导语 1：力大无比的我会去干嘛？（找朋友比力气）那故事中喔喔是怎样比力气呢？（推手掌）仔细看一看我是怎样和别人推手掌的？（个别幼儿与教师游戏）我们是怎么比的？

指导语 2：我们和朋友面对面站在红线内来玩比力气的游戏，谁被推出了线外，谁就输，试一试吧！

【评析】C 段音乐较激烈，适合幼儿玩竞争类游戏。教师采用示范表演法，让幼儿能够一目了然地了解推手掌游戏的规则，同时感受 C 段音乐情绪越来越高涨的氛围。

四、演一演，整体表现音乐故事

1. 完整倾听，回忆故事情节。

指导语：让我们完整地来听一听这段音乐，回忆一下喔喔做了哪些事情。（完整听音乐，师幼共同回忆绘本情节并表演）

2. 再次表演，自主改变比力气的动作。

指导语：除了推手掌，还可以和别人怎样比力气？我们再来表演一次，这次可以用自己和朋友商量的办法比力气。

【评析】让幼儿在分段游戏的基础上再次完整听音乐，帮助幼儿回忆故事情节，为完整表演做准备。在此基础上，幼儿根据已有经验，想出更多可以比力气的方法，比如：掰手腕、顶牛角等，让幼儿的表现更有创造性、更自主。

五、猜一猜，自然延伸音乐游戏

指导语：其实我的故事还没有结束呢！长大后的喔喔还会有什么故事呢？你们听！（教师继续讲述故事结尾）

【评析】 幼儿猜想，教师揭示绘本的大结局，讲述过程中依然选用《百鸟朝凤》当中的选段音乐作为背景音乐，让幼儿对接下来的故事有自己的猜想，为今后的音乐游戏做准备。

六、说一说，自然结束音乐游戏

指导语：今天我们表演所用到的音乐就是中国特别有名的经典音乐——《百鸟朝凤》，是用什么乐器演奏的呢？（唢呐）用唢呐演奏的还有很多很多好听的音乐，我们一起再去听听吧！

【评析】 最后，向幼儿介绍了这首好听的音乐《百鸟朝凤》，让幼儿对于这段音乐有更多了解，另外还知道有一种乐器叫唢呐，并鼓励幼儿收集一些唢呐演奏的其他乐曲，逐渐对此类民间乐曲产生浓厚的兴趣和表现的愿望。

【活动反思】

本次活动，教师以绘本为切入点，音乐为主线，采用开放式的师幼互动、生生互动，很好地发挥了幼儿的主体性，让幼儿在经典音乐中理解绘本、分享经验、感受快乐。具体有以下收获：

一、音乐与绘本的整合，实现幼儿多感官参与的愿望

《百鸟朝凤》这首经典的汉族民间乐曲，有浓郁的地方特色。但对幼儿来说比较抽象，难以理解。为了激发幼儿倾听和表现的欲望，让幼儿有更加直观形象的学习体验，教师根据幼儿的兴趣对绘本内容进行精挑、删减，巧妙挖掘故事中有趣、幽默的情节部分与音乐相互融合，又借助故事的发展进一步感受音乐的变化起伏，将音乐贯穿于绘本情节当中。为了让音乐能更好地呈现绘本内容，让幼儿能充分理解音乐和绘本并淋漓尽致地表现，最终形成

与绘本情节相匹配的 ABC 三段体音乐，真正实现了音乐与绘本的完美整合。

二、情境与游戏的渗透，追随幼儿在玩中学的天性

应彩云老师说："让情境教学成为教师体验多元教育的有效途径。"于是，活动中教师创设了"锻炼身体—照镜子摆造型—比力气"等游戏情境，不断激发幼儿表演的欲望。

大班幼儿规则意识有所增强，"比力气"是典型的输赢竞争游戏，需要有规则，比赛才激烈，于是，本次活动中在场地增加了两条红线，和幼儿一起商量定下"和朋友面对面站在红线内，谁被推出了线外，谁就输"的规则，幼儿参与游戏的热情一下子就被点燃了，将本次活动推向了情绪最高涨的环节。

三、表现与创造的递增，点燃幼儿艺术表达的热情

著名的美国音乐教育家雷默说过："音乐的感受是教不会的，教师的责任只需搭个桥，引导孩子们走进音乐里面即可。"因此，在活动中教师把更多的时间留给幼儿听音乐，感受音乐的节奏与变化，并创编出和乐的肢体动作，呈现出一种开放性、自主性、创造性。本次活动中，教师多次提供给幼儿大胆表现的机会，比如：让幼儿表现喔喔锻炼的样子，表现照镜子时的造型，表现比力气时的勇敢。

在幼儿大胆表现的经验的基础上进行创编动作，教师对于幼儿创造性表达提出更高的要求，通过提出开放性问题，引导幼儿多思考，多创新，比如"喔喔还可以锻炼身体的哪些部位，怎样锻炼呢？还会摆出什么样的造型呢？还有哪些方法能来比一比力气"。这些开放性问题不断地激发幼儿利用自己的生活经验进行更多的创造性表达的兴趣，从而获得更多的创造性想法和动作。

积极、自主的学习才是真正适合幼儿的学习，本次音乐活动不仅给幼儿带来表现的机会和快乐，还把一些好的、经典的音乐带给孩子，给予他们美的熏陶和培养。

（案例提供：江苏省如东县新苗幼儿园　李宛倩）

大班韵律活动：小猴子掰玉米

【设计意图】

一次餐前游戏时间，我给孩子们播放了排笛独奏曲《数蛤蟆》。"这是小猴子在蹦蹦跳跳吗？""哇，我好像在音乐里奔跑。"……孩子们的谈话激发了我的设计灵感，我决定从他们感兴趣的角色"小猴子"入手，采用"猴妈妈邀请小猴子坐火车""寻找玉米地""小猴子掰玉米"等情节来创编、诠释乐曲，并鼓励孩子们展开联想和想象，从而初步了解、感知和体验民族经典音乐及其魅力，提升他们对民族经典音乐的审美感知及理解力、创造力和表现力。

【活动目标】

1. 初步感知乐曲的不同旋律，理解并创编小猴子起床、坐车、掰玉米等故事和动作，逐步建构完整的 ABC 游戏结构，能正确跟随音乐节拍玩游戏。

2. 迁移手指游戏经验，尝试扮演小猴子用身体动作进行表演，观察并学习游戏变化的规律和方法，提高动作协调性和音乐感受力、表现力、想象力和创造力。

3. 在与同伴合作过程中，感受乐曲的活泼欢快，体验小猴子诙谐幽默的快乐情绪，享受快乐游戏带来的成功感和愉悦感。

【活动准备】

物质准备：幼儿两两一组围圈而坐（组与组有一定间距），师幼椅背贴有"玉米秆"图片，《数蛤蟆》（排笛独奏曲）剪辑而成的 ABC 段式音乐，课件等。

经验准备：幼儿有猜拳等游戏经验，能根据结果作出反应。

【活动过程】

一、出示"小猴子"图片，倾听故事，创编简单动作

指导语 1：小朋友们看，猴妈妈生了一群小猴子，它们每天起床总会调皮地挠痒痒、做鬼脸。有一天，猴妈妈决定邀请小猴子们坐火车出去玩，它走走、邀请，车上一会儿就坐满了小猴子。呜——火车开了好远，直到发现一块玉米地才停了下来，它们高兴得欢呼呢！

指导语 2：猴妈妈会怎样邀请小猴子们上车？发现玉米地可以做什么动作？高兴时欢呼是什么样子的？

教师引导幼儿创编小猴子们起床、挠痒痒、做鬼脸，猴妈妈邀请小猴子上车，火车开动前进，小猴子们发现玉米地、叫喊庆祝等动作。

【评析】 作为活动的导入环节，教师首先选择了形象生动的小猴子图片以引起幼儿注意。图片中夸张、有趣且动感十足的小猴子模样大大刺激了幼儿的感官，激发了幼儿模仿的兴趣。

二、上肢律动，师幼随音乐进行基本动作学习

指导语 1：猴妈妈和小猴子们坐火车发现玉米地的故事，配上小朋友创编的动作真有趣，如果合上音乐会更好玩。仔细看，音乐里我都做了什么动作？

指导语 2：音乐一开始，猴妈妈和小猴子们在干什么？猴妈妈后来做了什么？它发现玉米地时做了哪几个动作？这几个动作是想表达什么呢？音乐最后小猴子在干什么？

指导语 3：我们再玩一次，留意一下猴妈妈请小猴子们上车总共请了几次？

教师用双手扮作"猴妈妈",借助启发式提问引导幼儿回忆"猴妈妈邀请小猴子上车"等情节,随 ABC 段式音乐完整做上肢动作。

【评析】 此环节中幼儿结合生活经验自主创编动作,积极而投入,夸张的神情、多样的动态画面展现在同伴眼前,彼此间深深被吸引。而且,用生活化的动作呈现音乐内容,可以帮助幼儿减轻认知负担,促使幼儿更轻松地理解音乐,实现生活经验向音乐展示经验的转化。

三、身体律动,根据音乐理解"开火车"的游戏规则

1. 教师随音乐邀请幼儿开火车,发现玉米地。

指导语:玉米地到底在哪里呢?猴妈妈会带哪些小猴子出去呢?被邀请的小猴子可得跟紧妈妈哦。小猴子们弯腰看看,你发现了什么?

教师扮演"猴妈妈",跟随音乐节奏分四次邀请小猴子上车,在火车行进中引导幼儿按照排队顺序依次站在小椅子后面,并在 A 段音乐结束时找到自己的"玉米秆"。

【评析】 此环节以"猴妈妈邀请小猴子去找玉米地"设问答疑,教师先坐后站,邀请幼儿上车并开动火车前进,在故事情节和音乐变化中轻松呈现了"一人找到一根玉米秆"的游戏规则。幼儿的学习体会随着音乐游戏自然进行,不仅帮助幼儿加深了对乐曲旋律和结构的理解,也避免了一味纠错现象的发生,为韵律活动增添了游戏的乐趣。

2. 尝试两列火车一同随音乐游戏,创编掰玉米动作。

指导语1:猴妈妈是什么时候走出去的?每次邀请几只小猴子上车?是怎么邀请的?

指导语2:刚才那列火车,谁是火车头?还有谁想当火车头?火车头需要开到哪里?后面的小猴子要注意什么?请火车头准备启动,一路邀请小猴子们上火车,去寻找属于你们的玉米秆。

师幼首次尝试两列火车同时随音乐游戏,教师可以根据音乐结构、故事情节给予幼儿语言提示。

指导语3:站在玉米秆前,小猴子可能干什么?怎么吃?如何掰玉米呢?

教师结合生活经验引导幼儿创编掰、剥、吃玉米等动作,并随 B 段音乐

进行游戏。

【评析】 从单列火车游戏变为两列火车同时开动，幼儿的学习从师幼互动丰富至幼幼互动，规则的变化带给幼儿前所未有的期待。他们在音乐中感受挑战的乐趣，同时也发现自身存在的问题，学会与同伴商量、调整、合作，不断完善游戏规则。

3. 引出"剪刀、石头、布"、增加"猜拳"游戏。

指导语1：接下来，猴妈妈又会干什么呢？我们一起来看看。

指导语2：猴妈妈增加了什么动作？在哪个动作后面？猜猜是什么游戏？至少需要几人玩？

教师随音乐完成游戏，在A段音乐结束时加入"剪刀"动作，引出"猜拳"游戏。

指导语3：两列火车行进时如何玩猜拳游戏呢？由谁来猜拳最方便？

师幼共同商讨由火车头完成猜拳任务，并建立新的游戏规则，即输的火车排到赢的后面变成一列长火车去找"玉米秆"，平局则不变，依然从场地两侧开到指定地点。

【评析】 从出示剪刀动作到联想猜拳游戏，从再现猜拳游戏到升级游戏规则，幼儿在不断累加的游戏中内化对音乐的理解，由个体创作自然过渡为集体合作，思维得到启迪。幼儿信心十足，成就感满满。

（四）、增加"幸运领头人"角色，根据故事情节升级游戏

1. 增加"幸运领头人"角色。

指导语：猴妈妈发现了一棵大玉米秆，谁站在它前面谁就是幸运的领头猴子，可以带大家一起掰玉米哦！

教师在场地中间出示大"玉米秆"，介绍并引导幼儿玩"幸运领头人"游戏。

2. 交换"幸运小猴"。

指导语：领头猴子的幸运是可以分享的，音乐里哪个动作可以用来交换朋友？

教师借助语言或动作提示，引导幼儿利用 C 段音乐中的"跑动"动作交换朋友。

【评析】 此环节是对"掰玉米"动作创编的巩固和提升。教师巧妙借助"幸运小猴"的故事在韵律活动中加入"幸运领头人"游戏，并借助"分享幸运"的话题，鼓励幼儿思考"在音乐的什么地方交换朋友最合适"，力求在启发共鸣中感受故事、动作与音乐的和谐匹配，充分体现了"幼儿在前，教师在后"的教育理念。

五、创意整理玉米，坐火车回家，游戏结束

指导语1：小猴子们，这么多玉米怎么带上火车呢？

指导语2：呀，他是抱的，你是背的，还有抬着的。那我们赶紧行动，带上玉米坐火车回家！

【评析】 游戏情境中的幼儿对新动作的创编颇感兴趣，他们在同伴的互相影响下，从创编简单的动作开始，肢体动作逐渐丰富，情绪情感逐渐深入，整个过程都表现得积极主动、创意十足，幼儿的音乐经验在潜移默化中逐渐累加并提升。

【活动反思】

这是一次原创的韵律活动，考虑到大班幼儿的年龄特点，我在民族经典音乐选择、教学环节安排等方面作了一定的思考，具体体现在以下几方面：

一、匹配经典故事，轻松理解民族音乐

排笛独奏曲《数蛤蟆》取材于四川民歌《数蛤蟆》的旋律曲调，旋律重复、节奏明快，具有浓郁的地方色彩，表现了幽默、欢快的音乐特点与情趣。如何让幼儿听懂并喜欢上这样一首略带抽象且结构复杂的乐曲呢？我在第一时间让幼儿倾听，激发他们想象，并将整首乐曲剪辑重组成 A、B、C 段式结

构，同时创设"小猴子掰玉米"故事情境，营造出生动的学习氛围，引导幼儿在自然交流、大胆想象、快乐创编的过程中完整欣赏音乐，观察、学习和发现音乐变化的规律和方法，从而轻松理解并表达表现，享受快乐律动带来的成功感和愉悦感。

二、关注已有经验，巧妙优化教学环节

幼儿的学习是经验的积累，本次活动始终关注幼儿已有经验，采用规则累加、游戏整合的方式逐步提升幼儿音乐经验。活动一开始借助生动形象的图片，激发幼儿模仿小猴子的兴趣导入活动，再结合手指游戏创编"起床""做鬼脸"等生活化动作，而后又将"开火车""猜拳""幸运领头人"等互动游戏融入其中，以此由易到难、层层递进建构出本次活动的各个环节。本次活动以幼儿已有经验为基础，将熟悉的故事、简单的动作、快乐的游戏与民族经典音乐相整合，巧妙化教学活动环节，有效降低了幼儿欣赏音乐的难度，轻松解决了活动重点和难点。让幼儿在接受音乐熏陶的过程中，与同伴、教师、音乐积极互动，感受韵律活动带来的快乐，从而达成生活与音乐的相融共生，潜移默化地积累并提升相关音乐经验。

（案例提供：江苏省如东县鑫城幼儿园　石玲玲）

大班韵律活动：狐狸和乌龟

【设计意图】

乐曲来自《国家宝藏》专辑中的《老拙》，是作曲家关大洲取自唐代诗集《寒山子集》中寒山与拾得的答问录："寒山问拾得曰：世间有人谤我、欺我、辱我、笑我、轻我、贱我、恶我、骗我，如何处置乎？拾得云：老拙穿破袄，淡饭腹中饱，补破好遮寒，万事随缘了；有人骂老拙，老拙只说好，有人打老拙，老拙自睡倒；有人唾老拙，随他自干了，我也省力气，他也无烦恼；这样波罗蜜，便是妙中宝，若知这消息，何愁到不了？"乐曲《老拙》再现了寒山和拾得这两位莫逆之交的诗僧吟诗作对的幽隐生活。

该乐曲将传统民乐和西洋乐器融合得天衣无缝，以琵琶为主角，垫着小提琴的和声，细节处有中国传统戏曲味道十足的锣，配上沙锤的节奏，高潮部分更是加入西洋乐的定音鼓和铜管组的配合，典型的民乐曲调，中西方融合的演绎，既复古又时髦，可谓妙趣横生。在琴瑟管弦辉映间入情入境，将乐曲的前世传奇与今生故事紧密结合，留下一段段绕梁旋律，不绝于耳、萦绕于心。表现"和合二仙"老中带皮，拙中带巧，心不老，人亦不老的"老顽童"俏皮可爱、幽默诙谐的形象。

儿童听这首乐曲时，会自然而然地与喜欢的故事相联系，正如苏联学者苏菲曾说："儿童着迷于音乐的奥秘在于他们着迷于音乐中'关于'某些事。"也就是他们对音乐的理解是具有故事性的，幼儿更喜欢能将他们带入某种情境的音乐作品。而《老拙》的音乐风格和结构与经典故事《聪明的乌龟》的情境完全吻合，在乐曲中可以充分地想象与创造，用儿童独特的思维方式表现狐狸饥肠辘辘、气急败坏的模样，同时又能让乌龟沉稳、机智地化解危险表现得淋漓尽致。师幼在重建音乐语境的过程中欣赏和感知音乐，进而获得内在愉悦的审美体验。

【活动目标】

1. 感知音乐风格，利用桥形导图，建立音乐与故事间的对应关系。
2. 创编狐狸咬乌龟和扔乌龟的肢体动作，并能与同伴合作表现。
3. 在音乐情境中合拍地做动作，体验随音乐表演的乐趣。

【活动准备】

物质准备：音乐选自关大洲《国家宝藏》第二季《老拙》，图片、纸偶及桥形思维导图。

经验准备：了解乌龟、狐狸以及青蛙等动物的生活习性。

【活动过程】

一、教师入戏，初步感知音乐

指导语：嗨，大家好！先自我介绍一下，我是一只友好善良的狐狸，今天我要邀请动物朋友们到我家做客，你是哪只小动物，用动作告诉我，一起随着音乐出发吧！（播放音乐，师幼游戏）

【评析】教师以狐狸的身份进入故事情境中，和幼儿共同参与活动中，更具代入感，幼儿自然跟随故事中的角色融入游戏，感知音乐。

二、引出故事开端，在音乐中猜想

1. 教师以狐狸的口吻讲述故事。

指导语：大家好！在你们的心目中，我们狐狸是怎样的动物？是呀，我小时候，确实做过不少坏事，也没有什么朋友，你们想听听我的故事吗？有一天，我肚子饿得慌，出门找食物，好不容易看到一只青蛙，正想去抓，"哎哟"不知道谁咬了我的尾巴，疼死了，你们猜会是谁呢？（幼儿猜测）

2. 听音乐，猜测联想。

指导语：我们到音乐中去寻找答案吧！

【评析】 教师一改传统模式，以狐狸的角色出现，用第一人称讲述故事，让幼儿感到新鲜有趣，同时加上声情并茂的表演，开放式的猜想互动，幼儿不仅从故事的情境中猜测，更要通过听音乐，将角色情境与音乐产生联想，音乐思维通道充分唤醒。

3. 听音乐，手偶表演揭秘真相。（见图一）

指导语：是谁咬了我呢？我们来揭晓答案。原来是青蛙的好朋友乌龟。

【评析】 简单的两个纸偶，教师随音乐生动地表演，让幼儿进一步熟悉音乐的旋律和节奏，同时对故事中的角色有了更为清晰的印象。

图一

三、分段感知理解，并能将音乐与动作相匹配

1. 感知 A 段音乐，创编狐狸咬乌龟的动作。

指导语1：我没有吃到青蛙，转身会来吃谁？为什么要吃乌龟？

指导语2：乌龟咬了我的尾巴，再说肚子确实很饿，谁知道很饿很饿是什么样子？

（1）听音乐，根据语言提示做动作。

指导语1：你们猜猜看，我想先咬乌龟的哪里？（腿、尾巴、头）

指导语2：看准四条腿（尾巴、头）——准备——咬。

（2）创编咬硬壳的动作。

指导语：看准硬壳——准备——咬。

（3）师幼完整表演 A 段音乐。

指导语：听着音乐按腿、头、尾巴、硬壳的顺序来表演，听好节奏什么时候缩进去。

【评析】 听音乐节奏创编动作是本环节的难点，教师通过有节奏的语言提示和幼儿配合表演，如：与音乐节奏匹配的"看准××——准备——咬"，成功破解了幼儿欣赏 A 段音乐的难点。

2. 感知 B 段音乐的故事情节，创编乌龟开心和哀求的动作。

（1）运用桥形图理解音乐。（见图二）

图二

指导语：我没有吃到乌龟，就想教训教训它，又想出了三个鬼主意呢，我们一起来看一看、听一听。

【评析】 本环节是整个活动的重难点，幼儿需要通过直观形象的图片进一步理解复杂的故事情节，将狐狸和乌龟之间三次不同的对话，用桥形导图呈现出来，厘清了它们之间的对应关系。

（2）幼儿创编乌龟开心的动作。

①师幼讨论发生的事情，幼儿进行逻辑推理。

指导语1：狐狸想出的第一个和第二个办法是什么？为什么狐狸说要把乌龟扔到天上摔死，乌龟还笑呢？

指导语2：要把乌龟扔到火盆里烧死，乌龟还是笑眯眯地，又是为什么？

指导语3：乌龟这么开心，狐狸会不会去做呢？为什么？

②在理解的基础上，师幼随音乐表演。

根据音乐的节奏，师幼共同创编节奏儿歌：

乌龟、乌龟你别得意，扔到天上摔死你——好呀好呀，正好上天玩一玩"；

乌龟、乌龟你别得意，扔进火盆烧死你——好呀好呀，正好嫌冷烤烤火。

【评析】 本环节是整个活动的重难点，幼儿需要通过直观形象的图片进一步理解复杂的故事情节，将狐狸和乌龟之间三次不同的对话，用桥形导图呈现出来，厘清了它们之间的对应关系。

（3）幼儿创编乌龟害怕哀求的动作。

①质疑，幼儿看图讨论。

指导语1：前面两个方法都不行，第三个办法是什么？

指导语2：要把乌龟扔到池塘里，乌龟应该很开心，为什么哭了呢？

②师幼或幼幼随乐合作表演。

给音乐匹配提示语："乌龟乌龟你别得意，扔进河里淹死你""不要不要，求求你放了我""就要扔水里，扑通淹死你""哈哈哈哈，上当了吧"，并进行表演。

（4）师幼合作表演。

【评析】 复杂的故事情节需要教师的引导启发，让幼儿学会用逆向思维和逻辑推理的方法分析问题，并能跟随音乐节奏用肢体动作和夸张的表情来表演。

（三）听C段音乐，狐狸上当。

1. 观看图谱，了解故事结局并听音乐表演。

指导语：乌龟到了水里是什么样？狐狸又会怎么做呢？一起来看一看。（完成桥形导图，摆放C段图片）

2. 播放音乐C段音乐，师幼分角色表演乌龟下水自在游泳，狐狸气急败坏，跳到河里。

【评析】 幼儿通过图片提示，自主讲解故事的结局，尝试创编简单的动作，把狐狸和乌龟的心理活动通过语言和音乐表达表现。

三、完整听音乐，表演故事

1. 看图谱听音乐表演。

指导语：我和乌龟的故事就藏在这个音乐图谱里，我们一起来边听音乐边表演出来吧！

2. 分角色表演。（可自愿选择角色或分男女表演或师幼表演等）

指导语：现在我们女生做狐狸，找对面的男生做乌龟，一起听音乐表演。（可交换表演）

【评析】 从整体感知，到分段理解，此环节幼儿在桥形图的导引下完整地边听边用身体动作表现，幼儿从开始的语言加音乐的提示，逐步过渡到独立地听音乐表演。

【活动延伸】

完整倾听和表演，揭晓结局。

指导语 1：知道我是怎么变得善良的吗？这里面还有个故事呢，让我们听着音乐回忆一下发生的故事，我再来揭晓答案。

指导语 2：我气不过跳到水里，差点淹死，是乌龟和青蛙一起救了我，从此以后，我再也没有欺负过小动物，我们还成了最好的朋友。

【评析】 最后的环节完整表演，幼儿基本熟悉了音乐的风格和结构，接下来通过教师以狐狸身份的真诚讲述，让幼儿体验到遇到困难和危险时，有人主动帮助你，要学会感恩；别人有困难也要提供帮助，这样才能收获更多的朋友。解答了开始部分的疑问——狐狸为什么是美丽善良的？这样做到首尾呼应，结局圆满。

【活动反思】

一、经典与经典的融合，提升了幼儿的审美宽度

乐曲《老拙》并非传统意义上的经典音乐，因为它缺少了时间的积淀，但其创作的过程中经典的元素却显而易见。其一，创作源头来自经典的古诗《寒山子集》；其二，选用了中国传统经典乐器琵琶、锣等；其三，将中国戏曲元素与民乐曲调完美地融入其中；其四，作为民族瑰宝在中央电视台《国家宝藏》节目中播出，有重要的艺术价值。因此，我选用了这支乐曲作为大班幼儿开展韵律活动的音乐素材。

《狐狸和乌龟》语言幽默风趣，情节曲折生动，人物形象个性鲜明，其寓意较为深刻，是一个家喻户晓、深受儿童喜爱的经典故事素材。

在听音乐的过程中，我自然而然联想到《狐狸和乌龟》的故事，乐曲开始琵琶从轻声慢速逐步加速，把狐狸偷袭青蛙的过程淋漓尽致地表现出来，句末一声鼓声，又似狐狸被咬住尾巴；A 段句式结构工整，节奏鲜明，适合幼儿表现狐狸边走边想方设法咬乌龟的动作；B 段音乐琵琶演奏时前后乐句产生了明显的对比，前一乐句强劲有力，后一乐句低沉柔弱，好像狐狸和乌

龟在相互对话，B段音乐随着锣、鼓以及定音鼓和铜管组的加入，音乐后半部分更为紧张、热烈，达到了乐曲的高潮，最终狐狸终于把乌龟狠狠扔进了河中；C段基本与A段结构相同，表现了乌龟和青蛙两个好朋友在水中自在游泳，而上当后的狐狸气急了直接跳入河中的结局。

经典乐曲匹配熟悉的经典故事，使幼儿对音乐的理解从听觉拓展到视觉，又通过动作、情绪表现出来，拓宽了师幼的艺术审美边界。

二、角色与角色的贯穿，开创了独特的设计角度

本次活动教师运用了教育戏剧中的一种范式——教师入戏，即通过老师扮演某个特定的角色，带领幼儿进入虚拟的世界，从而加快幼儿心理上进入"这就是真实"的体验，加深活动探索的成效。教师在操控进入角色与恢复、真实与虚拟之间建立幼儿思考问题的多元视角，通过入戏发问，使幼儿能建立不同角度的思考观点，如："在你们的心目中，我们狐狸是怎样的动物？……哎哟！不知道谁咬了我的尾巴，疼死了，你们猜会是谁呢？"当教师以狐狸的角色参与活动时，幼儿自然而然就成了故事中另一个角色——乌龟，在情境对话和表演时，与狐狸（教师）随乐互动，没有老师与幼儿的界限，是戏剧表演中的"敌人"或"朋友"。

三、语言与节奏的匹配，化解了音乐欣赏的曲度

音乐是比较抽象的艺术，对于一首从未听过的音乐，给人的感觉是模糊的，在短时间内能够感知、理解或喜欢是有较大难度的，用语言来描述故事，能够激活幼儿的生活经验，同时，也激发出他们审美想象和审美表达的积极情感体验。韵律活动中为了更好地达成合拍做动作的目标，我通过创编与乐曲节奏吻合的、朗朗上口的儿歌，如："看准乌龟头——准备——咬"，"乌龟、乌龟你别得意，扔到天上摔死你"——"好呀好呀，正好上天玩一玩"，"乌龟、乌龟你别得意，扔进火盆烧死你"——"好呀好呀，正好嫌冷烤烤火"等等，幼儿的语言、动作表达能力和审美想象能力真正有效地被激发出来了。

四、导图与偶戏的加入，化解了音视理解的难度

幼儿期是动作思维和形象思维为主的时期，我利用异质同构的通感、联想心理机制，将故事梳理成桥形导图帮助幼儿直观、具体地感知、理解抽象的音乐结构，另外，伴随乐曲节奏操纵纸偶，幼儿的听觉、视觉伴随着运动觉等多通道的参与，知觉、思维、联想活动更加积极。因此，设计良好的音乐辅助图在使用得当的情况下，能有效提升教学效率。

（案例提供：江苏省如东县实验幼儿园　王桂云）

大班韵律活动：我的幸运一天

【设计意图】

绘本《我的幸运一天》故事情节反转，角色生动，深受大班幼儿的喜爱。故事中小猪的呆萌、忠厚，狐狸的精明、贪婪都让幼儿喜欢，这是班级阅读区里最受欢迎的绘本之一，如果用音乐来演绎这个绘本故事又会出现什么样的有趣画面呢？音乐《三只小猪》欢快、跳跃，弱拍起的旋律充满了轻松、幽默，不乏谐谑，与绘本《我的幸运一天》的情节相互吻合，听到这样的音乐，身体会情不自禁想要随音乐表演。教师鼓励幼儿在熟悉故事的基础上用自己喜欢的方式进行律动和游戏，满足幼儿对艺术的表现和创造，深受幼儿的喜爱。

【活动目标】

1. 了解绘本故事内容，在故事中感受音乐的情境。
2. 感知音乐的旋律和节奏，尝试自主选择角色开展韵律游戏。
3. 体验与同伴一起听音乐玩游戏的快乐。

【活动准备】

物质准备：音乐《三只小猪》；课件《我的幸运一天》。
经验准备：有担任不同角色进行游戏和表演的经验。

【活动过程】
一、翻看故事，初步感知音乐

1. 看课件，听故事。

指导语：我知道大班的小朋友特别爱动脑筋，这本书写的是"我的幸运一天"，是狐狸的幸运一天呢？还是小猪呢？我们来听一听关于这个故事的音乐，可能就会明白。

【评析】利用开放性的问题，吸引幼儿进行进一步的活动，提醒幼儿在故事中寻求答案。

2. 播放音乐，示范狐狸的律动，以狐狸的口吻说儿歌。

指导语：哇，一只小猪送上门；洗呀，洗呀，洗白白；烧呀，烧呀，把你喂得白又胖；捏捏背，捏捏腿，肉儿变得松又软。

【评析】利用儿歌的形式帮助幼儿理解音乐，幼儿更容易控制音乐的节奏。整段音乐都是以狐狸的视角、狐狸的口吻来解读，充分感受狐狸的角色。

二、细致感受狐狸视角的律动音乐

1. 讨论律动的内容和先后顺序。

指导语：狐狸都干什么了？一共做了几件事？先干什么的？

2. 听音乐进行律动。

指导语：我们一边听着音乐，一边和狐狸一起为小猪服务。

小结：原来狐狸是先帮小猪洗澡，再帮小猪做美味的饭菜，最后给它按摩的。

【评析】利用提问帮助幼儿回忆故事，理解音乐。对幼儿的回答的律动顺序先不做明确的判断，而是在律动中利用儿歌的形式让幼儿自然地判断律动的先后顺序。

3. 感受音乐中角色的情绪。

指导语：当狐狸打开门看到一只小猪送上门给它吃，会怎么样？特别高兴。我们也要像狐狸那样特别开心地为小猪服务。

【评析】感受音乐不脱离故事的情境，用情境来帮助幼儿感受和表达音乐的情绪。

三、从小猪视角感受音乐，并创编求饶律动

1. 创编小猪的动作。

指导语1：狐狸今天为什么会为小猪服务呢？狐狸听到小猪是怎么求饶的呢？小猪求饶说什么了，狐狸才会帮它洗澡？我们可以用什么动作来表示小猪求饶？

指导语2：要让狐狸帮它做饭，小猪会怎么说？用动作怎么做呢？

指导语3：最后小猪又说的什么话，狐狸才为它按摩的？怎么做？

2. 表现小猪角色的情绪。

指导语：你们表现出来的小猪的求饶的样子好可怜，好害怕。一定会得到狐狸的服务。那谁来做那只狐狸？我们就是求饶的小猪。

【评析】 幼儿在前面狐狸角色的律动中，对音乐有充分的理解和感受，此时，多名幼儿表演新角色小猪，一名幼儿担任狐狸的角色，形成一对多的角色配对，这既是示范也是合作，引起幼儿分角色律动游戏的兴趣。

四、感受音乐B段的旋律，并尝试创编出两种角色的游戏

1. 从狐狸的角度分析B段音乐。

指导语1：狐狸为小猪做了这么多的事情，它现在要开始吃小猪了吗？为什么还没有吃小猪呢？狐狸是累得睡着了，醒来发现小猪走了，是像你们说的这样吗？

指导语2：我们来一起听音乐，狐狸什么时候开始睡，你可以用个动作表示一下；什么时候醒来发现小猪回家了，听到这个音乐的时候你想用个什么动作表示呢？

小结：原来狐狸是按摩好了，就开始睡觉了。听到突然有个很快的音乐时就是睡醒了。

【评析】 这里让幼儿充分倾听，幼儿将故事和音乐完全融合，音乐演绎故事，故事解读音乐，幼儿的发现和表现就更轻松和自然。

2. 从小猪的角度分析B段音乐。

指导语1：当狐狸累趴了的时候，小猪干什么了？小猪悄悄离开了狐狸的家，会上哪里去？我们玩游戏的时候怎么表示小猪回到自己的家了？（根据幼儿的想法，现场确定游戏的玩法，如：我们可以换一个新位置就表示回到了自己的家）

指导语2：那音乐的什么地方表示开始回自己的家呢？

【评析】 游戏的规则由幼儿制定，游戏的玩法由幼儿确定，因为是律动游戏，无论是规则还是玩法都要有音乐的约束，所以在幼儿充分自主的基础上还是回到音乐，和音乐匹配合理的规则和玩法。

3. 分角色完整游戏。

多名幼儿做狐狸，实现狐狸和小猪一对一组合。（见图一）

图一　　　　　　　　　　　图二

指导语：请几只狐狸为小猪服务吧！一只狐狸为小猪服务根本就忙不过来呀，怎么办？

【评析】 分角色的游戏，角色多少以及如何分配由幼儿选择，这也是充分自主选择。

五、小结故事，结束活动

理解幸运一天的含义。

指导语：今天到底是谁的幸运一天？为什么？（见图二）

小结：音乐听明白了，问题也都思考清楚了。那你们呢，你们听了这么有趣的故事，玩了有趣的游戏，你们也是最幸运的，把这个有趣的游戏带给更多的小朋友，我们就是快乐的一天。

【评析】 从律动游戏回归到绘本，用自己的感受体验绘本的内容，理解"幸运"，感受故事情节反转的巧妙。

【活动反思】

一、经典绘本，趣味引领

《我的幸运一天》是一本深受幼儿喜爱的绘本，故事情节反转，充满诙谐和趣味。绘本中充满了动作感，狐狸由于贪婪而导致的一反常态的做法，会让幼儿感觉可笑。我抓住幼儿喜爱这个故事的契机，将其系列情节融入音乐中，在音乐的欢快节奏中模仿狐狸的行为动作，用音乐和动作演绎故事，激发了幼儿的活动兴趣。

二、创编自然，无痕学习

活动中，表现狐狸为小猪洗澡、狐狸给小猪做好吃的、狐狸给小猪按摩等情节的动作均来自幼儿，来自幼儿的生活经验，来自幼儿的随机创编，老师对幼儿的创编动作给予了动作提炼和节奏的引导，让幼儿轻松参与并学习。

三、合作游戏，自然过渡

故事中主要是两个角色，即狐狸和小猪。通常幼儿在游戏中角色合作时，会动作混乱，不能控制好自己的身体动作，因而本次活动中，我和幼儿在提炼动作时进行了多种动作的组合，让幼儿随着游戏情节的完整逐步完善角色动作，逐步达成升级。

（案例提供：江苏省如东县掘港街道环北幼儿园　朱国平）

大班韵律活动：小鸟和猎人

【设计意图】

《嘘！我们有个计划》是一本令人捧腹又富有深意的绘本，幼儿被神秘生动的画面，幽默温馨的情节所吸引，更对图中细腻的动作情有独钟。他们喜欢三五成群地凑在一起，弯腰排队、轻轻走路，学猎人把食指放在嘴唇上，悄悄说"嘘"……如果创设一个充满音乐、轻松愉快的环境，他们的表演定会更有趣。于是，我将独具"中国味儿"的三段式乐曲，与故事情节"小鸟林中飞""猎人悄悄进树林""小鸟智斗猎人"相配，用两个角色、三段音乐让整个律动极富趣味性和挑战性，让幼儿在层层叠加的游戏中熟悉乐曲旋律和节奏，自由创编动作、自主设计规则、大胆投入表演，真正感受并体验音乐游戏化律动所蕴含的创意和特有的魅力。

【活动目标】

1. 熟悉不同段式音乐，创编 B 段"猎人进树林"的动作，能根据情节玩"小鸟和猎手"的游戏。

2. 将故事与音乐相结合，能用小鸟飞、猎人走、追逐等游戏感受和表现乐曲的 ABC 的结构。

3. 遵守游戏规则，体验音乐律动带来的乐趣。

【活动准备】

物质准备：剪辑而成的 ABC 三段式音乐，小鸟纸偶人手一个。

经验准备：玩过"丢手绢"游戏，知道游戏规则。

【活动过程】

一、出示"小鸟"纸偶，师幼随 A 段音乐学小鸟飞

指导语 1：小朋友们，今天有一位神秘的小客人来到了我们中间，猜猜它在哪里呢？

教师在幼儿中寻找，最后将藏于掌心的纸偶"小鸟"神秘出示。

指导语 2：小鸟想带你们去树林里飞一飞、玩一玩，当音乐停止时，请摆出小鸟造型，并定住不动。

师幼随 A 段音乐学小鸟自由飞，要求遵守游戏规则，在音乐结束时摆出指定造型，静止不动。

【评析】 教师用神秘的语气、有趣的游戏等营造了轻松愉悦的活动氛围，让幼儿瞬间进入情境，随 A 段音乐学小鸟自由飞翔。游戏中，教师要求幼儿在音乐结束时摆造型，其实就是在强调规则，是为了培养幼儿的动作控制能力。所以，此环节不仅唤醒了幼儿"小鸟飞"的旧识，更调动了幼儿参与游戏的兴趣，让幼儿在熟悉 A 段乐曲旋律和节奏的同时内化了游戏规则。

二、倾听 B 段音乐，创编猎手进树林的动作

1. 介绍猎手，讲述故事。

指导语：树林里除了有小鸟，还来了一群人，他们扛着网兜，轻手轻脚地走进了树林，猜猜是什么人来了？

2. 自由想象，创编猎人动作。

指导语 1：扛着网兜的猎人是什么样子？怎样走才不会被发现呢？

指导语 2：他们这边看看那边瞧瞧，时不时还提醒同伴不要讲话，动作要轻。谁来学学他们？怎样提醒同伴？猎人是怎么看的呢？

3. 选择动作，匹配 B 段音乐。

指导语 1：真棒，老师这里有一段音乐讲的就是小猎人进树林的故事，你看。

教师从幼儿创编的动作中选择一组，与 B 段音乐相匹配并表现出来。

指导语 2：刚才小猎人是怎么走的？边走边做了什么动作？我们听音乐一

起试试。

播放 B 段音乐，幼儿分别坐着表演、站着表演，逐步理解音乐，匹配动作。

【评析】 此环节是本次教学的重点，教师没有采用传统韵律活动中机械模仿训练的方式，而是通过精准有效的提问积极引导，唤醒幼儿的经验，引导幼儿通过集体商量讨论的方式大胆创编猎人扛网兜、悄悄走路等动作。随乐游戏时，教师将幼儿创编的动作有选择性地融入音乐，再带领幼儿有层次地理解音乐特点、掌握音乐节奏，既真正彰显了幼儿的主体地位，又大幅提升了幼儿对音乐作品的理解和表现力。

三、熟悉 C 段音乐，理解"猎人追小鸟"的游戏规则

1. 介绍情节，玩"追逐"游戏。

（1）介绍情节，组织幼儿摆成圆圈玩游戏。

指导语 1：猎人走进小树林，看见了小鸟会怎么做？

指导语 2：这么多小鸟，到底该抓哪只呢？猎人刚想，就被小鸟们发现了，它们谁也不想被抓，便一起围着猎人摆成圆圈阵型，准备团结起来对付猎人。

教师扮演猎人，引导幼儿围着自己快速拉手，摆出圆圈阵型。

（2）学玩"追逐"游戏。

游戏规则："猎人"站在圈内，点着一只只的鸟说"抓你"，最后停在一只鸟面前，大声地说"抓的就是你"。这只小鸟就离开圆圈阵型在前面飞，猎人跑出阵型在后面追，直至小鸟飞回阵型上，拉紧圆圈，游戏结束。若这只小鸟被抓，则和猎人互换角色。

2. 听音乐，巩固游戏规则。

指导语 1：跟着音乐玩"小鸟和猎人"的追逐游戏会更有趣，我们先来听听音乐里哪段讲的是小鸟围圈，哪里是猎人抓小鸟？

指导语 2：听清楚了吗？什么时候猎人开始追鸟？什么时候结束？

指导语 3：刚才玩的时候有没有什么问题？追的时候要注意什么？我们带着新规则，听着音乐再来玩一次。

师幼随 C 段音乐玩追逐游戏，熟悉音乐和规则。

【评析】 此环节创设了"小鸟智斗猎人"的游戏情境，教师立足幼儿生活经验，借助民间游戏"丢手绢"的游戏规则，采用讲故事的方式逐步呈现新的游戏表现方式，并巧妙地与音乐融为一体，形成了本次活动的高潮——小鸟和猎人的追逐游戏。

四、师幼完整游戏，幼儿体验不同角色带来的愉悦

1. 回忆故事情节，完整欣赏音乐。

指导语：小鸟来到树林里干什么？后来谁来了？猎人准备抓小鸟的时候，小鸟们该做些什么？

2. 初次尝试结合 ABC 三段音乐完整游戏。

指导语：老师先来当猎人，你们做小鸟，跟着队长飞起来，好吗？记住摆好造型就不动哦！

教师扮演猎人，请一幼儿扮演鸟队长，其余幼儿扮演小鸟，完整游戏。结束后，可以请幼儿说说游戏中需要注意什么，怎样调整。

3. 幼儿扮演小猎人。

指导语：哎呀，一个猎人对付这么多的小鸟，累得够呛，你们谁愿意帮帮他？

幼儿体验猎人角色，教师提醒注意规则，完整游戏。

【评析】 幼儿能在游戏中尽情想象和释放，而带有一定挑战难度的追逐游戏，更容易激发幼儿自主努力和自我展现的内在情感，因此，当跌宕起伏的故事与经典有趣的音乐、追逐情境的游戏相融合，幼儿自信、愉悦的积极情感被充分激发，身心得到极大满足。

五、聊聊游戏感受，体会故事所蕴含的道理

指导语：谁来给游戏取个名字？小鸟团结起来对抗猎人的故事告诉我们什么道理？当我们生活中遇到困难一个人解决不了时，该怎么办？

【评析】 小游戏蕴含着大道理，当幼儿边听边想边创，在层层累加中亲身感受游戏的丰富和有趣，体验同伴的团结与合作后，纷纷表达出"团结起

来力量大"等观点，尽情流露出成功的喜悦。

【活动反思】

"小鸟和猎人"是一节原创的大班韵律活动，结合大班幼儿年龄特点、发展水平及其兴趣点，我采用了游戏化的教学方式，主要体现了以下几个特点：

一、故事与音乐巧妙融合

故事作为韵律活动的一个手段，可以帮助幼儿理解和记忆随音乐表现的动作，并进一步感知音乐结构。本次活动中的音乐是由两首兼具中国元素和特色的乐曲组合而成，根据"小鸟和猎人"颇具跌宕起伏的故事情节分成了ABC三段式，结构简明易掌握。其中，A段音乐优美、欢快，营造了树林里自由、祥和的氛围，适合快乐的小鸟儿飞翔；而B段和C段音乐由古筝中的摇指弹奏，诙谐、滑稽，节奏明显，富有变化，充分体现出"小鸟"和"猎人"之间紧张而有趣的矛盾冲突。因此，为了帮助幼儿感受乐曲的不同风格，教师以音乐为主线，以"小鸟和猎手"的故事情节贯穿始终，采用游戏化教学设计了本次活动，让整个律动更丰富、完整。

二、重点与难点轻松化解

游戏化教学更易唤醒幼儿经验，集中幼儿注意力，因此，为了保持幼儿在韵律活动中学习的稳定性，教师尝试采用许卓娅教授提出的"故事—动作—音乐—其他"的"傻瓜流程"模式，按照"空间安排"流程，采用逐渐加强、叠加刺激的模式来进行，试图轻松化解重、难点。如为了帮助幼儿初步匹配B段动作和音乐，教师采用了先坐在座位上仅做上肢动作随乐律动，再邀请幼儿站在自己座位前累加下肢动作，这样不仅避免了幼儿快速兴奋而忽略听音乐的现象，更体现了"动静交替"原则，有助于幼儿专注地观察和模仿，有利于幼儿理解音乐的结构。活动中，幼儿就是这样想想、说说、学学、玩玩、合作表现，在层层叠加中熟悉了乐曲旋律和节奏，巧妙地完成了动作与音乐的和谐匹配，轻松地理解并表现了音乐作品的快乐诙谐。

三、幼儿与教师和谐互动

本次活动中，教师通过简短精练的语言、精确到位的提问、夸张幽默的肢体动作，借助语调、手势、眼神等，与幼儿形成了积极互动，增添韵律活动喜剧情趣的同时，大大激发了幼儿的想象力和参与活动的热情。比如，介绍猎人时，教师没有直接表述，而是给幼儿语言上的提示，通过"树林里来了一群人，他们扛着网兜，轻手轻脚地走进了树林"这样的描述，让幼儿猜想什么人进了树林，拓宽了幼儿认为"猎人只会开枪打小鸟"的局限思维。再例如，在"创编猎手进树林的动作"这一环节中，教师通过"猎人扛着网兜是什么样子""猎人怎样走才不能被发现"等提问来引导幼儿独立构思，大胆创编，积极展示。应该说，整个韵律活动既有自由又有规则，真正体现了双主体，幼儿在与教师的和谐互动中，既获得了自信、成功、积极、愉快的情绪体验，又获得了更多自主探索、自主表现的机会。

（案例提供：江苏省如东县鑫城幼儿园　石玲玲）

大班韵律活动：十二生肖来拜年

【设计意图】
幼儿艺术审美能力是在大胆表现的过程中逐渐发展起来的。教师的作用主要在于激发幼儿感受美、表现美的情趣，使之体验自由表达和创造的快乐。本活动以《小螺号》这一极具儿童趣味风格的歌曲为基础，截取了其中一段脍炙人口的音乐，以富有民族特色的十二生肖为载体，旨在引导幼儿感受歌曲的旋律特点，大胆尝试根据音乐节奏的变换配上不同的动物动作，并在游戏中初步尝试与同伴合作交换表演，以此提升幼儿艺术表现的能力。

【活动目标】
1. 感知音乐旋律，能随乐有节奏地做拜年、冰冻人的动作。
2. 小组创编十二生肖互动拜年的动作，尝试外圈换朋友。
3. 乐意分享自己的想法，体验集体舞蹈的快乐。

【活动准备】
物质准备：十二生肖图片，三组与音乐匹配的图谱，音乐《小螺号》等。
经验准备：熟悉十二生肖。

【活动过程】
一、游戏导入，引发兴趣
指导语：十二生肖里有哪些动物呢？我们玩十二生肖变变变的游戏，我说变，你们就变出它们的样子，让大家来猜猜你是谁。

【评析】 可爱的十二生肖都是幼儿熟悉和喜爱的动物，幼儿结合以往的经验，就可以很快地用简单的舞蹈动作表现出来，例如张牙舞爪的大老虎、蹦蹦跳跳的小兔子。这些特点鲜明的动物形象提高了幼儿舞蹈的积极性和表演欲望。

二、自主尝试，感知节奏

1. 听音乐，幼儿尝试故事与动作匹配。

指导语：今年是什么年？小牛们来拜年，能做出小牛的样子吗？怎么拜年的？小牛们冬天里喜欢玩什么游戏？冰冻人是什么样子的？

2. 自摆图谱来拜年。

指导语1：小牛的动作做了几次？说了几次恭喜？音乐的什么时候玩冰冻人的游戏？

图一

指导语2：今年是牛年，明年是什么年？小老虎什么样子？那我们摆一摆图谱，一起来拜年吧！

图二

3. 看图谱表演。

【评析】 通过今年是牛年，明年是虎年这一话题引出两个动物的手指形象，创设了生动有趣的拜年情境，利用牛和老虎的卡片图标，幼儿先跟随音乐摆图标，再看着图标做动作，明确了舞蹈动作模型，在有趣的游戏氛围中展现舞蹈的动作。

三、小组合作，互动表演

1. 尝试创编十二生肖拜年互动动作。

指导语：十二生肖也来了，它们在桌子上等着你们一起去拜年呢，自由分三组，练习动作。

2. 分组尝试跟随音乐表演。

【评析】 鼓励幼儿与同伴合作互动，激发交往能力的发展。有意识地增加动物形象，引导幼儿与同伴通过协商共同完成舞蹈表演。在传统的舞蹈教学中，往往是教师示范动作给幼儿看，幼儿模仿动作，忽视幼儿情感的沟通与交流。现在分成三组，每组负责表演不同的生肖动物，每组幼儿之间商量先创编好动作再交流展示，在交流中相互学习舞蹈经验。

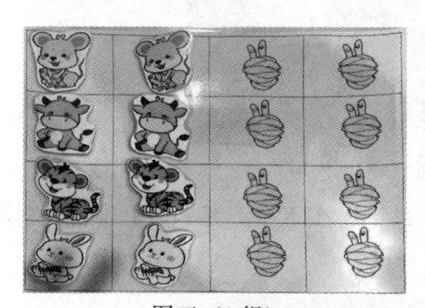

图三（1组） 　　　　图三（2组）

图三（3组）

四、增加队形，完整表演

1. 双圈互动表演。
2. 尝试双圈上外圈换朋友。
3. 解决表演中出现的问题，完整表演。

【评析】 随着幼儿舞蹈经验的增加和主动性的增强，幼儿对舞蹈表现有了自己的想法，于是尝试双圈表演，教师在此基础上将双圈上交换朋友的主动权交给幼儿，鼓励幼儿尝试顺时针、逆时针交换朋友。幼儿在不断尝试、不断调整后进行完整表演。

五、个别表演，结束活动

每人自选一种小动物，按照十二生肖的顺序排好队，逐个表演，结束活动。

【评析】《纲要》明确指出：尊重幼儿在发展水平、能力经验、学习方式等方面的个体差异，因材施教，努力使每一个幼儿都能获得满足和成功。在活动过程中，我们提供自由表现的空间和生动有趣的活动方式，让幼儿自选一种小动物，按照十二生肖的顺序排好队，逐个表演，在舞蹈活动中彰显个性、增强自信、发挥创造力，从而帮助他们实现自主发展和整体发展。

【活动反思】
一、创设生动的情境，使活动过程游戏化

对音乐教学来说，活动情境的创设是十分重要的。比如，幼儿对十二生肖很熟悉，但十二生肖的顺序变化很容易造成幼儿理解上的混乱。我在第一次活动中，让幼儿逐一看图标做动作，孩子勉强熟悉了动作顺序，但是难以生发对该活动的兴趣。在第二次活动中调整了教学设计，营造了"拜年"的游戏场景，引导幼儿一边拜年、一边演动物。幼儿与情境对话、与同伴交流和合作表演，沉浸在活动过程中。生动有趣的游戏情境让幼儿对每个动物角色都产生了极大的兴趣，大大改善了音乐教学的效果。幼儿对音乐内容有了真切的体验，关注音乐教学过程的游戏化。我认为要重点引导孩子去理解音

乐作品内在的价值，培养幼儿积极的人生观、价值观和审美情趣，促进幼儿在音乐教学中自主发展，从而有效地提升音乐教学的质量。

二、巧用形象符号，使音乐材料游戏化

如何让幼儿知道音乐"在表达什么"？我认为可以借助形象的符号、标志等，将抽象的形象具体化，让音乐材料游戏化，帮助幼儿深入理解游戏的内容和表达的情感。在活动过程中，先让幼儿听歌曲的旋律，感受音乐的表现特点，然后引导幼儿结合自己对音乐的理解，通过动作表演展现音乐的曲式风格。为了让幼儿进一步理解乐曲的表现风格和思想情感，我参考幼儿的动作表现设计了连贯的动物图谱，方便幼儿跟随音乐节奏完整地将音乐表现出来，加深了幼儿对音乐的理解。幼儿园音乐教学游戏化不仅注重外在的活动表现形式，更注重教师对音乐教育目标和价值的认识。因此，我在音乐教学活动中应该学会把握幼儿的年龄特点和兴趣，鼓励幼儿的自主性思考，而不是被动地完成各种要求，不单纯着眼于幼儿当下音乐知识的积累和技能训练，而是允许幼儿自由自在地表现表达，鼓励幼儿用多元化的方式感知和表现音乐，让幼儿有时间、有机会去尝试和实践，从而助推幼儿能力的全面发展。

（案例提供：江苏省如东县鑫城幼儿园　徐海娟）

大班韵律活动：数字的音乐旅行

【设计意图】

音乐和数字看似两个毫不相干的领域，在我们日常生活中却有着千丝万缕的联系。数字排列的千变万化，在音乐中运用无处不在，如音乐中唱名即简谱，就是用数字1—7不同排列来呈现，数字还可以表示音乐不同的节奏、长短、结构、速度、乐句等多种元素，而在幼儿阶段，他们更喜欢用舞蹈、动作来表现音乐。本次活动就是想突破固有的思维模式，通过幼儿的身体动作在数字和音乐之间架起一座创新游戏的桥梁，开阔儿童视野，感知音乐节奏，提升幼儿的观察力、注意力以及创造合作能力。

【活动目标】

1. 听音乐，感知4/4拍的音乐节奏。
2. 尝试小组合作，能将数字匹配相对固定的动作，跟随音乐的节奏表演。
3. 享受与同伴合作游戏的快乐。

【活动准备】

物质准备：音乐《C哩C哩》4/4拍中速乐曲或歌曲都可选择。如：《欢沁》《小苹果》《远走高飞》等等），数字卡片、红黑记号笔、十六宫格的红黄蓝绿4个"音乐魔方小屋"，活动的材料能由幼儿自己完成。

图一

经验准备：幼儿能书写数字，有过合作游戏的经验；活动前每位幼儿自己书写1—4的数字卡片，每组三名幼儿用黑笔书写，一名用红笔书写。

【活动过程】
一、听音乐摆数字，在游戏中初步感知音乐

指导语1：小朋友们，让我们跟着音乐出发，去寻找属于你们队的音乐魔方小屋。

指导语2：魔方小屋里住的是调皮的数字，它们要求一人一间，不按顺序，自由选择，音乐计时开始。（幼儿任意摆放数字）

【评析】 开始环节，教师简单的提示语给幼儿提供了思考的空间：在初步感知音乐的同时，幼儿自主观察并寻找与本队颜色相同的"音乐魔方小屋"，并将数字摆放进去，教师没有过多的规则要求，旨在观察分析本次参与对象的现场状况，并思考和调整下一步活动环节。

图二

二、创编动作，并与数字相匹配

1. 听音乐做身体动作。

指导语：小朋友一起听音乐拍拍手，除了拍手还可以做什么动作？我们一起学一学。

【评析】 本环节看似随意，实则是发现幼儿的已有经验即幼儿喜欢或能做哪些身体动作，进而为下面数字匹配动作提供多种素材。

（1）师幼共同商榷数字对应的动作。

指导语：现在我们要把数字和刚才的动作对应起来哦！我说1，你们可以一起做什么动作呢？我说2，我们做……说到3，想做……说到4，你们的建议是做……记住了吗？

【评析】 数字匹配何种动作由孩子决定，教师可提供建议，根据教师对孩子情况的了解，可以建议按数字的顺序，将动作也按一定的规律，比如从

上到下：1拍头2拍肩3拍腿4跺脚，这样便于孩子记忆，减小了活动的难度。

（2）听音乐老师发出数字指令幼儿做动作。

（3）看手上的数字做动作。

【评析】 在音乐背景下，通过听声音指令和图形指令师幼共同配合，让数字和对应动作形成相对固定的思维链接，也就是条件反射，为后面的学习提供"基础模型"。

图三

三、看格子里的数字听音乐做动作

1. 教师出示格子图，找出看数字做动作的规律。

指导语1：请小朋友看，老师给数字找的家，它们是怎么排列的？你们能用动作做出来吗？老师指图，幼儿练习。

指导语2：你们找到什么样的规律呢？我们是按照什么顺序，每个数字重复几次？

图四

【评析】 观察模仿学习是音乐活动的基础，教师通过范例演示让幼儿发现节奏与动作的规律，也就是一个乐句一个动作（数字），重复做四次。选择这样的规律，是在不断尝试的过程中总结出来的，因为要让大班的幼儿听觉（音乐）、视觉（数字）和运动觉（动作）同时进行时，注意力的分配是有一定困难的，只有某一项或两项都特别熟练的基础上，才能达到协调自然的状态，因此动作的重复可以给幼儿预留思考和变化下个动作的时间。

图五

2. 看格子里的数字尝试做动作。

（幼儿四人一组尝试练习）

指导语：你们小屋上的数字又是怎么排列的？四个人可以一起把动作做出来吗？试一试。

【评析】 四队幼儿数字排放都不一样，有按顺序的，有无规律的，有分颜色的，有相同数字放在一起的，在尝试过程中，幼儿相互之间跟着音乐看数字

165

做动作，逐渐发现按顺序比较简单，幼儿主动要求打乱数字顺序进行挑战。

3. 幼儿分组（或全体）展示。

【评析】在每一组逐一展示的环节，幼儿真正体验到成功的喜悦，同时"小观众们"又能及时发现"对手"出现的问题，师幼共同讨论，及时解决。幼儿还不断调整数字，主动增加难度，动作和节奏越来越熟练，跟同伴合作越发默契。

四、根据数字颜色做动作

1. 教师出示格子图，根据颜色变化创编动作。

指导语：格子里的数字有什么不一样？（颜色不同）当遇到红色数字时我们除了做刚才的动作，还可以干什么？（创编动作或声音）

幼儿看示范图练习一遍。

【评析】通过以上活动，幼儿基本能将音乐、数字、动作熟练融合表现，变换其中一个元素（颜色的变化），幼儿是否可以完成？对他们来说是一个小小的挑战。有的会自己创编出遇到红色数字就停止不动（这是生活中红灯停的经验），有提出换成跳一跳等等，每个孩子有自己不同的生活经验，老师更多地需要追随孩子，支持孩子。

图六

2. 幼儿观察格子图，自由练习。

指导语：先找找你们一组的红色数字在哪里？商量换什么动作，然后四个人一起听音乐试一试。

3. 幼儿听音乐一起做动作。

【评析】幼儿根据本队的数字图谱进行实际操作，观察每组幼儿的理解、协商和表现的水平能力。发现每一组是否有领袖人物帮助伙伴一起学习，教师则有意识地参与到相对有困难的一组和幼儿一起尝试，提供支持。

图七

五、根据记号做动作

指导语1：在黑色数字上画上圈圈，你们觉得可以干什么呢？

指导语2：我们可不可以发出什么样动感有力的声音？

【评析】 本环节在红色数字变动作的基础上又叠加了一个难度要素，就是看到画圈的数字就要发出声音（如"嗨""哈""咚锵咚锵咚咚锵"）或变化不同的动作，幼儿不断挑战自我。

六、将数字4的动作更换

指导语：你们能不能接受更大的挑战，将数字1的动作换掉，换成什么，你们自己商量。

【评析】 根据维果茨基最近发展区的原理，本环节视为"实验"环节，对上一环节，幼儿若能轻松完成则继续，如有一定的困难，也就是到达难度极限或不能完成则删除本环节，由教师随机调整。

七、结束活动，拓展游戏，激发学习热情

指导语：今天，我们第一次玩数字和音乐的游戏，以后我们动作可以变得更快一些（师示范），1234的动作可以更换不同的动作你们可以吗？换成新的音乐你可以吗？

【评析】 一个好的活动要有不断延续和发展的可能性，需要教师时刻细心、专业地观察评价，适时给孩子提供不断变化的内容、线索和创作空间，促进每个幼儿积累新经验、主动参与、愉快活动的过程，这样才是一个有生命力的、受欢迎的活动。

【活动反思】

本节活动来源于2016年我在《早期教育》第12期发表的一篇经验论文《玩转奥尔夫音乐教学的小魔方》，是以奥尔夫"十六宫格"声势练习为原型，从理论和设想出发撰写的论文，但是否适合大班孩子，还处于理想化的状态。但今天，当和孩子多次尝试实践后，才真正有底气说：可以，而且创造的空间无限大。

在江苏省提出课程游戏化的今天，组织科学、有效的，符合幼儿身心发展需要的集体活动是我们的责任和义务。我的总体反思与感悟如下：

一、学习是幼儿自己的事

给幼儿创造各种机会，能让幼儿自己完成的绝不包办代替。活动前数字必须自己写，同伴必须自己找，组别必须自己定；活动中，数字由自己摆放，动作由自己想，数字匹配动作都由孩子完成；问题自己发现，自己解决，难度自己调整；自己决定活动是否该结束。

二、其次是老师的事

1. 活动前，了解大班幼儿的已有经验。什么样的音乐适合，怎样的速度，动作重复的频率，是幼儿适宜的；考虑到幼儿听觉（音乐）、视觉（数字）和运动觉（动作）三种新刺激同时出现时，孩子无法分配自己的注意力，对大多数成人来说也是有极大挑战的，如果音乐节奏是熟悉的，那么孩子的注意力便会集中在看数字、做动作上。因此，就有了《小苹果》《C哩C哩》《欢沁》《远走高飞》等多个4/4幼儿喜闻乐见的、可供自由挑选的乐曲和歌曲。当然，所有的音乐都可以用十六宫格的节奏图来玩一玩，玩到何种难度，那就要看幼儿现阶段的经验水平。

2. 活动中把握分寸，由易到难，循序渐进，让幼儿在一个个游戏中愉快而轻松地进行律动；注重合作，向同伴学习，自己发现问题并及时调整；给孩子足够拓展思维的空间，能大胆分享自己独特的想法；能迁移经验，学会将数字匹配其他不同的动作，或将动作变换节奏加快增加难度。

3. 老师全身心投入，激发幼儿的学习热情，同时又要退后，把机会全部留给孩子。

总之，我们要让幼儿的需要看得见，学习看得见，经验看得见！

（案例提供：江苏省如东县实验幼儿园　王桂云）

经典歌舞音乐类

中班韵律活动：太湖美

【设计意图】

《太湖美》是江苏省无锡市市歌，它以抒情的曲调表现了太湖的万顷碧波，是对太湖优美自然景观的赞美，旋律清丽、流畅，具有典型的江南水乡特色。《碇步桥》舞蹈融合江南扎染色彩，以 AR 视角再现烟雨古韵里的曼妙舞姿，让人心生宁静，仿佛跟随一众舞者在灵动的水乡袅袅而行。本节活动引导幼儿欣赏与理解江苏民歌《太湖美》，尝试创编不同的戏水动作，并在游戏中主、有序地变换舞蹈队形，感受江南民歌和江南舞蹈优美婉转的风格。

【活动目标】

1. 在倾听与欣赏中感知《太湖美》音乐和舞蹈的特点。
2. 尝试创编不同的戏水动作，能在行进中有序变换舞蹈队形。
3. 能大胆表现自己，愿意与同伴合作，体验集体舞的乐趣。

【活动准备】

物质准备：碇步桥视频、纯音乐《太湖美》，课件。
经验准备：了解江南水乡的民俗文化。

【活动过程】

一、图片导入，激发兴趣

指导语：小朋友们，马上要到五一长假了，你们计划出去旅游吗？你们想去哪里？今天，贾老师就带你们走进我们的江南水乡去看看，看看它是什么样子的。

二、了解民俗，欣赏舞蹈

指导语：江南水乡的姐姐们是怎么跳舞的？（欣赏经典舞蹈《碇步桥》）

【评析】 本环节引导幼儿观看江南水乡的美景图片、江南水乡的舞蹈视频，倾听江苏民歌《太湖美》，以形、声、像相结合的方式让幼儿直观感知江南水乡的自然景观和优美抒情的舞蹈，欣赏与感受柔和美好、富有特色的音乐，激起幼儿参与活动的兴趣。

三、创编动作，随乐舞蹈

1. 幼儿自主设计戏水的动作，师幼共同提炼与挑选合适的动作。

指导语：你最喜欢哪个动作？我们跟着音乐一起玩水吧。

2. 教师挑选幼儿设计的动作进行完整舞蹈，引导幼儿观察动作的变化规律。

3. 幼儿尝试听着音乐、跟着节奏进行舞蹈。

【评析】 引导幼儿根据自己的感受自主创编不同的戏水动作，对江南水乡的文化特色进行大胆表现；师幼共同提炼与挑选合适的动作进行完整舞蹈，观察发现动作的变化及其规律，为后面自主进行队形设计做好了经验准备。

四、变换队形，完整舞蹈

1. 探索队形1的变化。

指导语：我们可以变成什么队形？

及时发现问题，讨论解决问题的方法。

跟着音乐，完成第二段舞蹈。

2. 观看动画，观察变化队形2。

跟着音乐，完成第三段舞蹈。

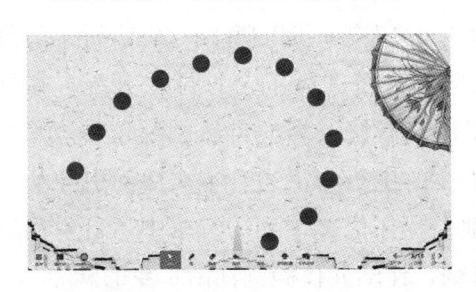

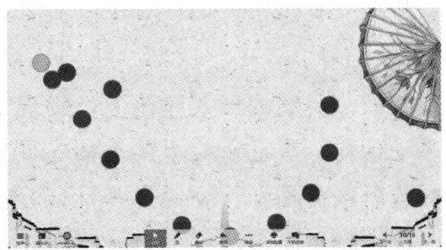

【评析】 在行进中跟着音乐旋律变换舞蹈队形是本节活动的难点，本环节通过生动、形象的图谱动态地演示不同的队形变换过程，并匹配相应的音乐，让幼儿直观、简便地了解音乐与队形变换的规律，自然而然地进行随乐舞蹈，有效地帮助幼儿解决与突破了难点，使之更积极主动地参与活动。

五、音乐伴随，师幼共舞

1. 回忆动作及队形，完整随乐舞蹈。
2. 小结评价。

指导语：这首好听的音乐叫《太湖美》，我们一起把这段美丽的舞蹈带给其他小朋友吧！

【评析】 对整个活动过程的及时回顾与分析理解，激发了幼儿参与舞蹈的热情，帮助幼儿进一步熟悉舞蹈的动作及队形的变化规律，并进行完整演绎与整体再现，鼓励幼儿在多次练习与挑战中发现问题、解决问题，体验舞蹈和游戏成功的快乐。

【活动反思】

一、强化情境，了解经典音乐的特点

《太湖美》音乐柔和、婉转、亲切、动听，描绘了太湖两岸优美的风光，幼儿通过感受江南民歌，增强对江南民间音乐文化和家乡的热爱。本节活动

中创设了有趣而适宜的情境，幼儿多次倾听、欣赏与交流中充分感知和体验江南音乐的风格，进一步品味充满地方特色的江南文化。

二、强化引领，感受经典舞蹈的魅力

舞蹈《碇步桥》源自浙江音乐学院于2017年原创的舞蹈《碇步桥水清悠悠》，在领舞、音乐、服装、妆造、视频等方面进行了全方位的升级。在细腻、整齐、灵动的形式建构下，展现了浙江富饶灵秀的自然风貌和热情好客的人文情怀，更寓意着中华大地无处不在的生机与活力。本次活动引导幼儿在欣赏舞蹈视频和老师现场表演的基础上，在优美柔和的音乐中，自主创编舞蹈动作，大胆进行自主表现、自由舞蹈，让幼儿体验到江南水乡的魅力。

三、强化创造，体验自主舞蹈的乐趣

整个活动以幼儿根据音乐自主创编舀水、捧水、洒水、踢水、踏水等一系列戏水动作为主线，采用视频欣赏、故事讲述、动画演示等教学手段，运用分段理解与完整表现相结合的方式，引导幼儿在自由自主的氛围中欣赏与感受音乐、创编戏水动作并在行进中变化不同的舞蹈队形，创造性地演绎出江苏民歌优美的旋律和富有特色的舞蹈，提高了幼儿对集体舞活动的兴趣，激发了幼儿对家乡音乐的热爱之情。

（案例提供：江苏省如东县县级机关幼儿园　贾敏敏）

中班韵律活动：小马运粮

【设计意图】

中华文明源远流长，孕育了中华民族宝贵的精神品格，培育了中国人民崇高的价值追求。为培养幼儿爱家乡爱祖国的情感，我园以厚植文化理念为导向，在一日活动中渗透传统文化教育，尤其是民族经典音乐的濡染。

本次活动选取传统民间音乐《扬鞭催马运粮忙》和传统故事《小马运粮》，一是为围绕中班主题活动"动物，我们的朋友"选择符合幼儿年龄特点和兴趣的内容；二是两者气质相符，内容都是马运粮，故事中马快跑、过河情节和音乐快慢交替的结构匹配得恰到好处。通过传统音乐和故事相结合，幼儿更易感知理解抽象的音乐，从而了解、感受传统文化的魅力。

【活动目标】

1. 在游戏情境中感知音乐的快慢，能用动作与乐曲的节奏相匹配。
2. 尝试看路线图运粮，并根据不同信号做出快速反应。
3. 喜欢和同伴玩律动游戏。

【活动准备】

物质准备：音乐剪辑《扬鞭催马运粮忙》、1—3 的数字卡片若干、PPT。

经验准备：幼儿有绕圆圈、S 路线行进的经验。

【活动过程】

一、情景导入，激发兴趣

指导语1：孩子们，今天我想请你们帮我来运粮，你们愿意吗？（出示粮袋图片）

指导语2：你们想用什么工具来运粮？（卡车、货车、小推车……）

指导语3：现在我们就听着音乐用小推车来运粮，你们准备好了吗？（师幼随乐绕场地做小推车运粮动作）

【评析】 活动开始以运粮情境导入，激发了幼儿的兴趣。当老师向幼儿抛出"想用什么工具运粮"时，幼儿七嘴八舌说出很多答案，老师选取小推车，意在唤醒幼儿的已有经验，通过随乐尝试做推车运粮动作，帮助幼儿初步完整感知音乐由快变慢再变快的节奏变化。

二、随乐动作，感知音乐

1. 出示马的图片。

指导语：瞧，今天我请来了谁？小马是怎么运粮的，谁来学一学？

2. 感知A段音乐。

指导语1：现在我就是小马，我要用你们的方法来运粮。（教师随乐A段示范）

指导语2：我做了哪些动作？

小结：我先跑一跑，然后停下来看一看，哎呀，路有点远还没到目的地，于是我又继续跑一跑，再看一看，这回终于到了！

指导语3：你们想不想变成小马，和我一起来运粮？（师幼随乐A段做动作）

指导语4：这次我们站起来跑一跑，可是我有一个要求，小马要仔细听好音乐，看谁的脚步又快又轻。（幼儿随乐A段做动作）

【评析】 在音乐的A段，教师吸纳幼儿创编的马跑动作，体现了幼儿本位的理念，随乐动作预设为：跑、看、停，动作简单易于幼儿掌握。活动遵循"空间安排"原则，先上肢后上下肢联合，先坐再站，符合幼儿学习规律。

在幼儿学马跑的动作时常常会因兴奋而跺脚声四起，影响音乐的倾听，因此教师用游戏口吻适时提出要求，做到教育无痕。

3. 感知 B 段音乐。

指导语 1：我在运粮的时候发生了一件事，到底是什么事呢？请你们来听一听。（幼儿听乐曲 A、B 段）

指导语 2：你们发现音乐前后有什么变化？有可能发生了什么事？你们猜得对吗？我用动作来告诉你们。（教师随乐 B 段做动作）

小结：小马来到了小河边，它试着蹚过小河，可是没走几步，心里就害怕得直往后退，这时它想起了妈妈的话"这条河很浅，要勇敢"，于是小马就大着胆子顺利走过了河。

指导语 3：现在我们听着音乐尝试蹚过小河吧。（幼儿随乐 B 段做动作）

【评析】 此环节是活动的重点，教师故作神秘地将问题抛出，大大调动了幼儿的积极性，于是他们便更专注于听音乐解开谜团，并借此明确了音乐前后的快慢变化。接着，教师用夸张的表演向幼儿展现了小马犹豫、害怕、重拾信心的过程，幼儿对小马过河的故事已耳熟能详，但光看表演还不能将之与故事链接，当老师稍作提示，幼儿便恍然大悟，兴奋异常了。

4. 完整表演。

指导语：小马们，我们一起听着音乐去运粮吧！（幼儿随音乐完整表演）

【评析】 在随完整音乐表演之前，幼儿对 A、B 段音乐已了然于心，因此在将 ABA 音乐进行串联后，教师稍加提示，幼儿便能流畅表演。

三、看路线图运粮

1. 圆圈路线。

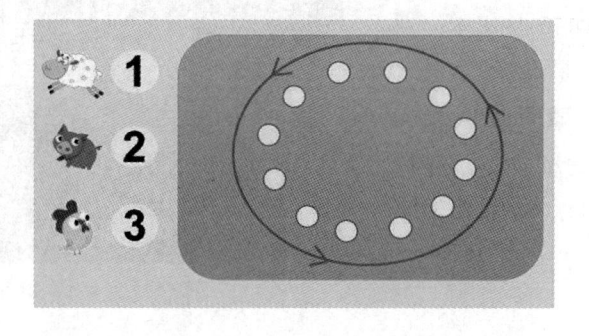

指导语1：小马们，听说小羊、小猪、小鸡家里的粮食都吃完了，它们想请我们帮它们送粮，你们愿意吗？我们先来看一看去小动物家的路线图。（出示路线图，幼儿尝试走圆圈路线）

指导语2：可是小动物们住在哪儿呢？看，这是小动物们家的门牌号，小羊、小猪、小鸡分别住在哪间房子里？

你想给谁送粮，就记住它的门牌号码，音乐结束的时候把粮食送到它的小屋里。

指导语3：粮食送到谁的家？请你用"粮食送到××家"来回答。（幼儿随乐完整游戏1—2遍）

【评析】 活动始末幼儿都围坐成圆圈状，在这个环节，小椅子就变成了小动物的家，当出示圆圈路线图时，幼儿马上就明白要绕着小椅子运粮。在每个椅子的椅背上都有一张1—3的数字卡片，当音乐结束时，幼儿要选一张小椅子坐下，并通过看数字卡片辨别自己将粮食送到哪个小动物的家中，并用"粮食送到××家"完整作答。游戏增加了走路线和运粮任务，变得有趣又不乏挑战。

2. 快速反应游戏。

指导语1：你们知道吗，其实有一只小动物不在家，那躲在它家里的会是谁呢？

指导语2：原来大灰狼藏到了小动物的家里。小马去送粮，听到××小动物不在家的信号就要赶紧躲到屋子后面，

注意可千万不要被大灰狼吃掉。那今天会是哪只小动物不在家呢？我们继续玩游戏吧！（幼儿听辨信号玩快速反应游戏）

【评析】 幼儿在玩看门牌辨别小动物的游戏后，又增加"××小动物不在家"的信号，幼儿需进行逆向思维，先根据信号辨别自己送粮的小动物是否在家，然后思考自己要不要躲起来，结果的不确定性和思辨带来的刺激紧张感，让幼儿越来越投入越来越兴奋。

3. S形路线。

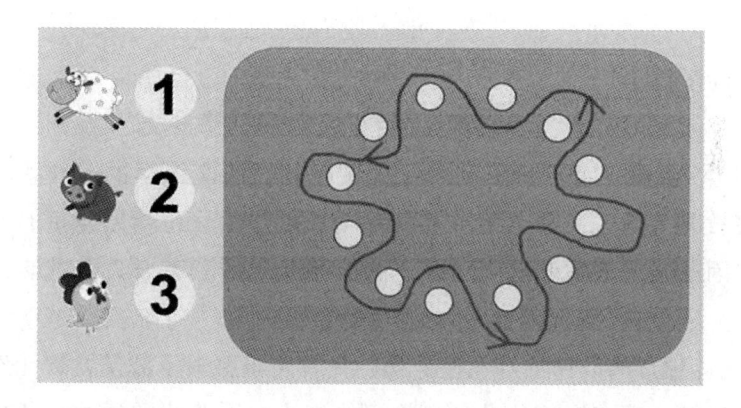

指导语1：小马们真厉害，粮食顺利送到了。你们还想不想送一次粮？听说上次去小动物家的路被石头堵住了，我们得换一条新的路线。（出示PPT）

指导语2：这条路线怎么走？（幼儿尝试随乐走S路线送粮，音乐结束后，幼儿找到小动物的家）

指导语3：粮食送到谁的家？可是今天小动物们都不在家。（幼儿听辨信号玩快速反应游戏）

【评析】 幼儿有走S路线的经验，活动中幼儿通过看图示知道从两把椅子中间穿过完成送粮任务，在最后的快反游戏中，信号突然发生变化，幼儿猝不及防，但都快速作出反应获得胜利，幼儿始终沉浸在游戏中，兴趣和专注力从活动开始一直持续到结束。

四、结束活动

指导语：小马们，小动物都回来了，粮食也送到了，天快黑了，我们赶紧回家吧。

【活动延伸】

1. 区域游戏：在音乐区投放各种乐器、头饰、图谱，玩随乐演奏表演游戏；在益智区投放各种迷宫材料，玩走迷宫和设计迷宫的游戏。

2. 集体舞：开展集体舞，引导幼儿通过看图示站、走队形，在乐曲中完成和同伴的交往互动。

【活动反思】

一、整合教育，趣智相融

陈鹤琴先生的"整个教学法"提倡"把儿童所应该学的东西整个地、有系统地去教儿童学"。《3—6岁儿童学习与发展指南》也指出儿童的发展是一个整体，因此要注重领域之间目标之间的相互渗透和整合，促进幼儿身心全面发展。

《小马运粮》的韵律活动在设计初，我就大胆融入了数学益智元素。如看门牌号码送粮，意在锻炼幼儿的逻辑思维能力；看路线图运粮，意在通过寻找参照物感知空间方位；听信号快反游戏，意在培养幼儿的逆向思维。有趣的、具有挑战性的、带有竞争意味的益智游戏通过情境贯穿活动始末，和音乐完美融合，使幼儿一遍遍沉浸在随乐表演中乐此不疲，无形中增强了幼儿感知、理解、表现音乐的能力。

二、策略支持，顺应发展

在开展活动的过程中，我们要带着善于发现的眼睛，观察幼儿的需要，急他们之所急，想他们之所想，用适宜的策略支持幼儿学习。

音乐A段，幼儿难以分辨在音乐的什么时候做"看一看"的动作，原因是音乐A段节奏快，段落区别不明显，因此我在音乐A段"看一看"所对应的音乐中加了马叫的提示音，帮助幼儿准确把握了音乐的结构。

音乐A段和B段旋律相似，快慢不同，也是本次活动中幼儿需要掌握的重点，在活动中通过两次听达成目标：一在导入环节幼儿随乐运粮，通过无意地听，幼儿自然放慢了脚步，初步感知音乐的节奏；二在 B 段，教师引导幼儿有意地听，进一步分辨音乐异同，熟悉节奏，为自主表演做铺垫。

看路线图运粮环节，不断进行游戏累加：圆圈路线运粮、看数字辨动物、听信号快反游戏、S 路线运粮，既遵循了幼儿的学习规律，让幼儿从容应对挑战，又让幼儿不断沉浸在游戏中，感知音乐，完整表演得更充分。

（案例提供：江苏省如东县实验幼儿园　吴燕）

中班韵律活动：丰收的菜园

【设计意图】

本活动的音乐取自《丰收锣鼓》，选用的三段音乐中通过笛子、云锣、锣鼓等乐器的交相应和，展现了风光如画的田园风光，表现出热闹的劳动场面，抒发了劳动人民在劳动时无比欢快的心情。

正值秋收之际，幼儿对劳动人民收获的场景有一定的经验，而可爱的动物形象又是他们熟悉并喜爱的，因此教师以绘本《有点乱的菜园子》为线索，用三种不同的路线图，引导幼儿帮助三只小动物分别找到所需的蔬菜，体验同伴之间合作拔菜的快乐。同时结合音乐融入"逛菜园""坐下休息""拔萝卜"的故事情节，引发幼儿参与韵律活动的兴趣，感受三段音乐不同的旋律、节奏特点，尝试创编相应的动作并大胆地进行表演，在队形变换、合力拔菜的体验中，感受音乐活动带来的乐趣。

【活动目标】

1. 欣赏民乐《丰收锣鼓》，感知三段音乐欢快、祥和的特点，感受劳动人民秋收的喜悦。

2. 学会听音乐，尝试用动作表现出秋收的场景，借助动画和故事变换队形。

3. 喜欢随音乐表演，体验与同伴合作游戏的乐趣。

【活动准备】

物质准备：《丰收锣鼓》剪辑音乐、课件、蔬菜教具。

经验准备：了解秋天蔬菜的种类，有观察农民伯伯收菜的经验。

【活动过程】
一、故事导入，引出秋天丰收的场景

指导语1：小朋友们见过菜园子吗？这个菜园会是谁的？

指导语2：秋天到了，菜园子里的蔬菜可以采摘了，小猪噜噜给每位朋友写信，请它们到菜园子里来收菜。有哪些动物？

【评析】 教师用故事和课件展开情节，通过声情并茂的讲述和生动形象的图片，用可爱的动物形象调动幼儿参与活动的积极性，对接下来的活动充满好奇。

二、学会听音乐做动作，尝试根据路线图完成队形变换

1. 感知A段音乐，学会基本动作。

指导语1：小动物们会怎样逛菜园？我做了哪些动作？

指导语2：噜噜的菜园里会有什么？听着音乐，跟在我后面一起去逛逛吧。

2. 根据路线图，学会单圆圈逆时针向前走动。

指导语1：你发现菜园里有哪些蔬菜？小熊需要什么？怎样能找到西兰花呢？这里有张路线图，我们一起来看一看。

指导语2：图上有哪些标记？你知道它们分别代表什么意思吗？（引导幼儿学会看图，了解各种标记的含义）

指导语3：小熊该怎样走？我们快站到自己的椅子后面，根据动画的提示，去找西兰花吧。（提醒幼儿站在椅子后面，顺着一个方向，一个接一个地走）

3. 观察路线图，尝试绕S弯向前走动。

指导语：小羊要想找到青菜，应该怎样走？

小结：没错，小羊需要绕着椅子走S

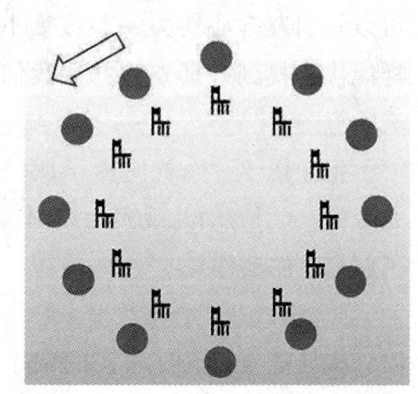

弯。让我们绕过花菜、绕过胡萝卜，去找一找青菜吧，做好准备！

【评析】 这一环节幼儿通过模仿教师的动作，在绕着"菜园"走走、看看的过程中，感受第一段音乐轻松、快乐的氛围。同时用故事情节推动队形的变换，引导幼儿观察课件中的动画效果，直观地掌握绕圆和绕 S 弯两种队形。

三、感受音乐并创编动作，玩拔萝卜的游戏

1. 感知 B 段音乐，创编坐下休息的动作。

指导语：绕着菜园走累了，我们坐下来听听音乐。听到这段音乐，你想做什么动作来表现劳动后的辛苦？

小结：刚才有的小朋友在擦汗，有的举起水杯喝点水，有的在给自己扇风，动作都不一样。

【评析】 听 B 段音乐，让幼儿感知与之前旋律上的不同之处，享受劳动之后休息时间的惬意、祥和。结合已有经验，幼儿跟随节奏大胆创编动作，从而获得自由表现的体验感，加深对音乐的认识和感受。

2. 感知 C 段音乐，引出拔萝卜的游戏。

指导语：现在还有新的挑战，我们要去帮助小兔，你听，它在拔萝卜的时候遇到了什么困难？（播放小兔的录音）

小结：没错，胡萝卜太大了，小兔一个人拔不动，你能想个办法吗？

3. 观察三人一组的队形变换。

指导语 1：你们的想法很有用，可以好朋友齐心协力一起拔萝卜。怎样能快速找到好朋友呢？让我们来看看示意图。

指导语 2：你看明白了吗？是怎么变的？（引导幼儿观察动画图，初步了解自己的动作）

4. 尝试三人合作拔萝卜。

指导语 1：我要和我的两个好朋

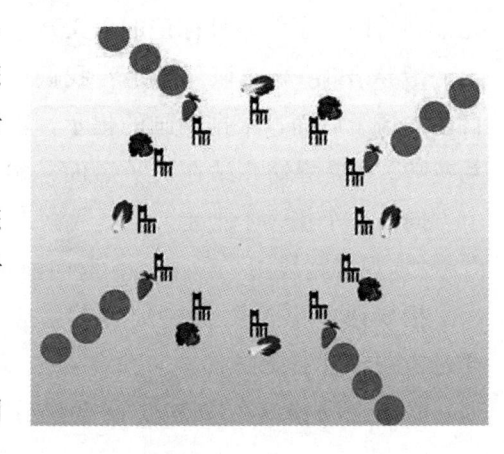

友先来试一试。我坐在胡萝卜地,我该走到哪里?旁边西兰花和青菜地的小朋友该走到哪里?三个人怎样一起拔萝卜?

指导语2:看清楚和伙伴一起拔萝卜的方法了吗?我们一起来试一试。

【评析】 此环节渗透C段音乐,节奏欢快、活泼,三人合作拔萝卜的游戏体验可以更强烈地感受到丰收的喜悦,增强了活动的趣味性,激发幼儿参与的兴趣。三人一组的队形变换是本次活动中的难点,因此教师通过动画、示范、无伴奏表演的方式,帮助幼儿了解并掌握行进的路线。

四、根据队形图谱,完整表演歌曲

指导语1:噜噜的大菜园里还有很多蔬菜等着我们,还记得收菜的路线吗?来看看完整的路线图。

指导语2:刚才菜地里的胡萝卜全都拔光了,这次我们一起去摘西兰花。

指导语3:菜园里还有什么菜?让我们一起去拔青菜吧。

【评析】 为了加深幼儿对音乐的感知,利用蔬菜道具,改变每轮游戏所要收获的蔬菜种类,让幼儿对下一轮所拔蔬菜充满好奇和期待,避免机械重复。

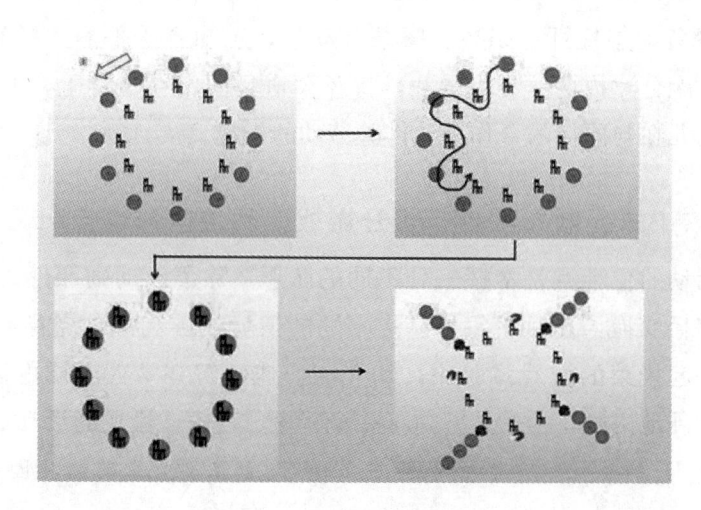

五、结束部分

指导语:外面的大菜园里还会有哪些蔬菜,拎上菜篮子,我们一起去看看。

【活动反思】

一、挖掘题材，选择曲目，贴合幼儿生活

秋天是丰收的季节，在本园劳动课程的推行下，幼儿对秋收活动很感兴趣，并对劳动的内容和方法有一定的经验基础，教师抓住这一教育契机，在民族音乐《丰收锣鼓》中选择了三段节奏、旋律迥异的乐段，分别营造出看到蔬果遍地时的喜悦、辛勤劳动后小憩的惬意、众人合力收获的欢乐三种不同的场景，用特点鲜明的乐段，让幼儿感受中国民间吹打音乐的鼓点和旋法，体验音乐中描绘的热闹的劳动场面，感受秋收之际劳动人民的欢快心情。

二、创编故事，巧用道具，丰富活动内容

以帮助小猪噜噜收菜的故事情境串联整个活动，用三种动物分别喜欢的蔬菜推动情节的发展，让幼儿沉浸在有趣故事里，更加轻松、愉快地参与活动。活动一开始，由教师随乐做简单的动作，幼儿加以模仿，在走走、看看中，感受音乐中热闹、欢快的气氛。第二段音乐则由幼儿去创编动作，随音乐自由表现劳动中擦汗、扇风、喝茶等动作，感知音乐平静、祥和的特点。第三段音乐融合"拔萝卜"的游戏，将蔬菜道具固定在椅背上，便于拿取与更替，让幼儿在与同伴的合作中，体验劳动的乐趣。

三、制作课件，设计游戏，解决队形难点

本次活动的重难点是掌握三种不同的队形，除了以动画课件为辅助，直观地展示路径变换，还赋予每个队形不同的情境或游戏，在绕着菜园走、三个好朋友一起拔菜的游戏体验中，幼儿能快速理解并掌握不同的队形变化，避免教师幼硬地讲解，为幼儿营造了一个轻松、自由、愉快的活动氛围。

（案例提供：江苏省如东县爱民路幼儿园　张艾宁）

大班韵律活动：欢乐摆手舞

【设计意图】

《摆手舞》是土家族极具代表性的舞蹈，具有浓郁的生产、生活气息。传统的摆手舞音乐形式多样，节奏多变，幼儿不易理解，因此，我选择了脍炙人口的《摆手歌》，提取其中最具特色的部分作为教学素材，以摆手动作为基本舞蹈元素，通过鲜明的锣鼓节奏、强烈的呐喊声、欢快的歌声来伴舞，引导幼儿对劳动和生活进行再创造，感受土家族音乐和舞蹈的独特之处。

【活动目标】

1. 尝试创编不同的摆手动作，大胆表现自己。
2. 愿意与同伴合作，能在行进中有序变换舞蹈队形。
3. 感受摆手舞的热情奔放，体验集体舞的乐趣。

【活动准备】

物质准备：PPT课件、音乐《摆手舞》、土家族头饰若干。
经验准备：了解简单的队列队形。

【活动过程】

一、听音乐，感受乐曲的独特

指导语1：你们从音乐里听到了什么？和我们平时听到的歌感觉一样吗？

指导语2：这首歌是土家族有名的摆手歌，中国有56个民族，土家族就是其中一个，我们一起走进土家族，看看他们的生活是什么样的。

【评析】 音乐素材的最佳来源是本土的民间音乐，这些音乐有其独特的表现形式，《摆手歌》亦是如此，全曲以A、B段落的形式呈现，A段以歌唱表现形式为主，通俗易懂，辅以方言人声喊话，地域特色鲜明，B段以打击乐和呐喊声为主，伴奏乐器为大鼓和土制大锣，声音浑厚，气势磅礴。幼儿在节奏明快、旋律欢畅的摆手歌中入场，听一听，动一动，再说一说，激发了对音乐的兴趣，从而更好地理解音乐。

二、观察欣赏，走进土家的生活

1. 欣赏图片，了解土家风情。

指导语：他们的衣服是什么样的？住的房子有什么特别的？看看他们平时都干些什么呢？

2. 观看视频，感受舞蹈魅力。

指导语：土家族的人们非常热情，他们喜欢用歌声和舞蹈来表达自己高兴的心情，丰收了、盖新房了，他们都会和朋友们一起跳舞庆祝，摆手舞是他们最喜欢跳的。一起来看看吧。

【评析】 土家族对于幼儿来说是陌生的、未知的民族，此环节及时提供了图片素材，如奇特的吊脚楼、美丽的土家服饰，一下子就吸引了幼儿的眼球，幼儿对土家族的印象也得以加深。接着，幼儿欣赏原生态的土家族摆手舞，热闹欢快的舞蹈风格和整齐划一的摆手动作，唤醒了体内萌动的舞蹈细胞，自然而然地随乐摆动，此时此刻，民间舞蹈与幼儿园教学进行了无缝对接。

三、大胆想象，创编不同的动作

1. 听音乐，尝试创编摆手动作。

指导语：土家族的人们特别勤劳，每天太阳出来时，他们就会出去干活，（出示图片）看看他们在干什么？（引导幼儿随乐创编自己喜欢的劳动动作）

2. 幼儿展示，集体练习。

3. 尝试和朋友合作做动作。

指导语：和朋友一起手拉手可以怎么摆手庆祝呢？尝试两人合作、八人合作。

【评析】 摆手舞的基本动作为单手摆臂、双手摆臂、左右摆手，活动中没有刻意强调摆手动作的标准，而是将摆手动作与土家生产、生活场面相结合，将动作拟人化、形象化，幼儿在自主创编、彼此模仿与创造中掌握了动作要领，避免了动作学习时的枯燥乏味。而两两合作、小组合作的摆手动作，巧妙地为后面的环节作了铺垫。

四、合作商量，变出有趣的队形

1. 观看动画，理解队形。

指导语1：今天，他们要去茶园采茶，看看他们是怎么去的。

指导语2：到了分岔路怎么走？谁往左谁往右？（后面的人和前面的人走的方向相反）

2. 集体尝试，变换队形。（一列—两列—四列—八列）

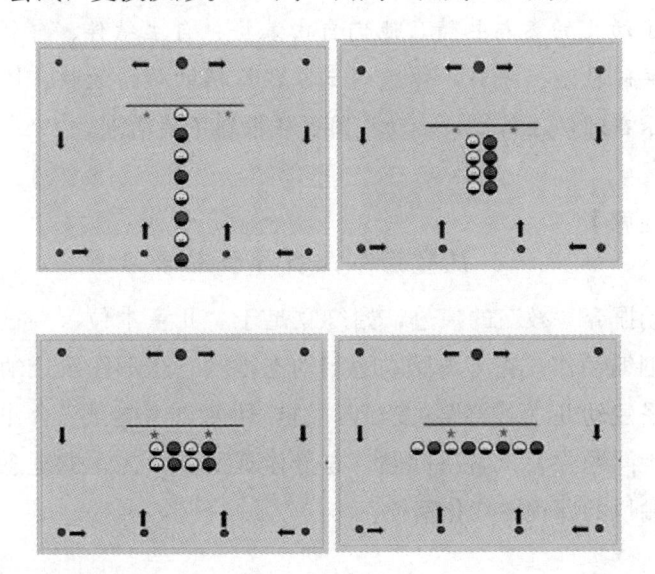

3. 自由想象，创编造型。

指导语：音乐的最后说了什么？你能一边说一边做个摆手的造型吗？

4. 融合音乐，完整舞蹈。

指导语：刚刚我们一起出去种玉米、采茶、织布，一起庆祝丰收，把这些动作连起来就是一个属于我们自己的摆手舞。让我们一起来表演一下吧！

和幼儿讨论表演效果并尝试解决问题，再次完整舞蹈。

【评析】 在行进中变换队形是本节活动的难点，教师将队形的变换通过PPT用动态图谱的形式演示出来，八个圆点代表八个幼儿，黄蓝两色代表男孩女孩，根据音乐A、B重复的结构设计了四个队形，幼儿从一列向前出发，到达中心时需交替朝左右方向行进，依此方法变成两列、四列、八列。与音乐相匹配的动态化演示，让幼儿直观、快速地了解队形的变换，巧妙解决了活动的难度，同时帮助幼儿更清晰地了解了音乐的结构。

五、装扮自己，跳出热情的舞蹈

指导语：这里还有许多土家族的头饰，赶紧装扮一下，让我们尽情地摆起来、跳起来吧。

【评析】 当幼儿合作完成一次次队形的挑战时，适时出现的艳丽头饰，有效地调动了幼儿的参与热情，他们自由装扮、自主结伴、自创动作、合作变换队形，共同表演摆手舞，体验到土家族舞蹈的热情欢快，情绪得以进一步宣泄，快乐在师幼间传递，活动氛围也被推到了最高点。

【活动反思】
一、儿童为本，引导自主学习

整节活动摒弃"教"的痕迹，始终立足于"儿童本位"，通过多样图片、绘制图谱来创编动作，完善舞蹈；运用动态视频、队形图示让幼儿知道如何变换队形，搭建幼儿学习舞蹈的支架，引导幼儿自主尝试、合作学习，在共同商讨中发现问题并尝试解决问题，充分体现了以人为本的理念和自由、自主、创造、愉悦的课程游戏化精神。

二、有效互动，助力幼儿发展

活动中，教师在展示自身舞蹈素养的同时，更多扮演的是观察者、合作者、引导者，在师幼双边互动中全面地了解幼儿的学习情况，当孩子在自主练习变队形的过程中出现拥挤的情况，老师及时提醒：这么站好做动作吗？

队伍这么挤怎么解决？当个别能力弱的幼儿跟不上集体步伐时，教师提供适宜的帮助，小心呵护他们的自尊与自信。开放尊重、协商合作的教育理念，有效解决了舞蹈教学活动中"乱"的现象，教师最大限度地支持与鼓励，让幼儿的表现力和创造力得以发展，同时有利于培养幼儿敢于探究、乐于尝试的良好学习品质。

三、循序渐进，提高自我效能

教师教态亲切自然，用自身饱满的情绪带动全体幼儿积极参与每个环节。从听音乐自由舞动到动作与图片的匹配再到与队形的有机融合；从个人创编到互动示范再到集体合作，教师始终围绕活动目标，遵循循序渐进的教学原则，一步一个台阶，让幼儿从感受到体验、从表达到表现、从欣赏到创造，真正自由、愉悦地舞起来，并且在一次次挑战中获得自我效能感。

（案例提供：江苏省如东经济开发区中心幼儿园　缪小阳）

大班韵律活动：担鲜藕

【设计意图】

"小小扁担颤悠悠，它是我的好朋友。"户外游戏中，幼儿挑担运物的游戏正开展得如火如荼，此情此景，想起了脍炙人口的舞蹈《担鲜藕》。虽然挑担劳动的时代离幼儿生活已经很久远了，但劳动的快乐体验是能被感同身受的，而快乐劳动也是需要被提倡的。因此，教师将传统舞蹈、经典乐曲介绍给孩子们，让他们感受江苏民歌的旋律优美，舞蹈动作源于生活，浓缩生活的有味有趣，体验劳动最快乐，劳动者最光荣。

【活动目标】

1. 能随乐有节奏地做点踏、跑，听风起风停做退、进及给藕洒水等动作，感知音乐的旋律节奏。
2. 尝试三人合作表演，并进行队形变换。
3. 喜欢参加音乐活动，乐于分享发现。

【活动准备】

物质准备：舞蹈《担鲜藕》视频、音乐剪辑《拔根芦柴花》、PPT、荷叶帽若干顶、石头形状的即时贴若干。

经验准备：熟悉双圈队形的玩法。

【活动过程】
一、观看视频，激发兴趣

指导语1：你们看到了什么？发现了什么？

指导语2：对呀，舞蹈演员正在表演舞蹈，请你猜猜她箩筐里的人扮演的是哪一种食物？

指导语3：你们猜得对吗？请听谜语找答案："它在水中节节长，浑身沾泥不怕脏。你若把它掰开看，孔多洁白丝线长。"

【评析】《担鲜藕》的舞蹈视频颠覆了以往幼儿对舞蹈的认知，三人合作表演步伐一致，动作夸张，给人以强烈的视觉冲击，激发了幼儿表演的兴趣。

二、随音乐表演，感知节奏

1. 教师示范。

指导语：现在我就是挑担的人，我在担藕回家的路上会发生什么事呢？请你们来看一看。

【评析】教师以饱满的热情，夸张的动作扮演挑藕的人，幼儿边看表演边猜故事，好奇心和表演欲望被充分调动起来。

2. 理解故事，随乐表演。

（1）倾听B段，玩刮风的游戏。

指导语1：我在担鲜藕回家的路上发生了什么事？风来了，我是怎么做的？风停了呢？

指导语2：我们来玩一玩刮风的游戏吧！

【评析】故事中的刮风游戏给幼儿留下的印象最为深刻，幼儿也最乐意尝试表演。教师通过师幼合作游戏，让幼儿感受风起后退、风停向前的两次变化，并做出相应的动作，帮助幼儿感知音乐的节奏结构。

（2）倾听C段，玩给藕洒水的游戏。

指导语1：我还做了什么动作？

小结：我好渴，于是我就捧起一捧水喝一喝，我发现我的藕也快被晒干了,于是我给藕洒洒水。

指导语2:你们想玩给我洒水的游戏吗?我们听着音乐试一试。

【评析】 观看表演时,挑藕的人擦汗、喝水的动作幼儿很容易就能分辨,而对于给藕洒水的动作,幼儿会有很多种解释,因此教师有必要再次帮助幼儿梳理故事情境,鼓励幼儿创编洒水动作,感知C段音乐节奏。

(3)倾听A段,学点踏、跑的脚步动作。

指导语1:刚才在担鲜藕的时候,我还在打号子呢,我是怎么打号子的?

指导语2:"嘿,呦呦担鲜藕",边打号子边担鲜藕走起路来就更有力气了,我们一起听着音乐来试一试吧。

【评析】 A段要求担鲜藕的人随乐做点踏、跑的脚步动作运鲜藕,这对幼儿来说是有难度的,因此我创编了"嘿,呦呦担鲜藕"的儿歌,与点踏、跑的脚步动作及乐句相匹配,幼儿通过边念儿歌边做动作轻松完成表演。

3. 随乐动作,完整表演。

指导语:现在请你们完整地听着音乐表演担鲜藕。

三、三人合作,随乐表演

1. 师幼示范。

指导语1:刚才我发现了两棵又大又新鲜的藕,我得把它们带回家。

(教师邀请两位幼儿扮演藕,三人合作表演)

指导语2:我轻轻地摸摸藕,就是在提醒藕,我要给它们洒水了,藕喝了水以后会怎么样?

【评析】 教师用游戏的口吻邀请两名幼儿合作表演,意在让所有幼儿明确每个角色的动作及随乐合作要求。A段,担鲜藕的人站中间,"藕"分别站两边,三人手拉手做点踏、跑的动作,表示运鲜藕;B段,风起风停,三人同时做退、进动作;C段,担鲜藕的人擦汗、喝水,同时扮演藕的人蹲下,担鲜藕的人依次给藕洒水。

2. 合作表演。

指导语:三个好朋友一组,用动作商量谁是担鲜藕的人,谁是藕,找个空的地方听音乐表演。

3. 队形表演。

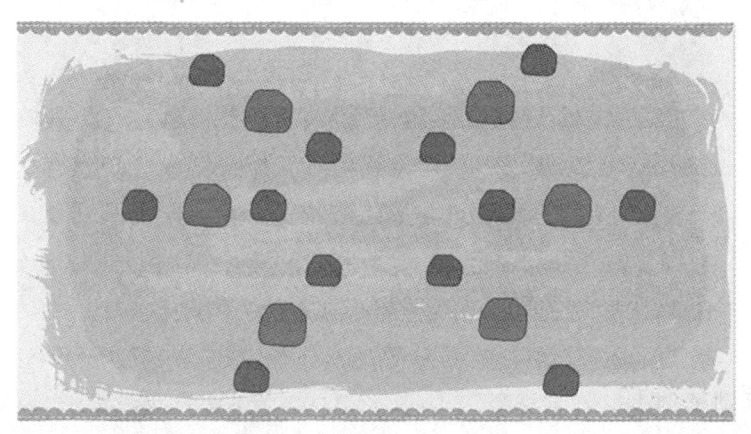

指导语1：告诉你们，在回家的时候我们要经过一条石头小路，我和我的藕要怎么走呢？（教师邀请两名幼儿一起在三圈队形上表演A、B段）

指导语2：我们每一句向前走几个石头？风来了，我们往后退几个石头？请你们也带着藕来走小路吧。

【评析】 活动场地中间，有用石头形状的即时贴贴成的三圈队形，教师再次和两名幼儿合作随乐在队形上表演A、B段，通过示范，幼儿很快就掌握了随乐走石头小路的规则。

四、交换朋友，变换队形

指导语1：大家走得都很累，赶快坐在小石头上歇一会儿吧。今天的太阳好厉害，快给担鲜藕的人戴上帽子。（教师给每个担鲜藕的人发一顶荷叶帽）

指导语2：告诉你们，这可是一顶神奇的帽子，戴它就会有神奇的事情发生，你们看。（观看PPT动画）

指导语3：你们发现了什么？是谁在换朋友？什么时候换朋友？怎么换的？我们找好朋友听着音乐试一试。

（幼儿集体尝试在三圈队形上换朋友）

指导语4：天快黑了，孩子们跟着我担藕回家吧！

【评析】 教师通过PPT动画，帮助幼儿了解换朋友的规则，而帽子道具的巧妙使用，让幼儿明确戴帽子的人即担鲜藕的人才需要顺时针行进换朋

友。在洒水游戏后乐曲重复，幼儿继续重复游戏。

【活动延伸】

在班级表演区，提供音乐、打击乐器及丰富的图片，鼓励幼儿听音乐创编出更多更有趣的劳动动作。

【活动反思】

一、巧设情境，趣味感知

音乐内容形象被挖掘得越生动、趣味，幼儿感受音乐作品就越容易。除了从原有舞蹈中萃取精华，教师还从幼儿的挑担游戏中寻找素材，在《担鲜藕》活动设计中加入走石头小路、刮风、洒水等游戏情境，激发了幼儿的兴趣，增强了活动的趣味性。

二、策略支持，难点化解

为了让幼儿能随乐合拍做点踏、跑的脚步动作，教师创设了《嘿，呦呦担鲜藕》的儿歌，让幼儿随乐边念儿歌边做动作，帮助幼儿准确感知了音乐的节奏。

合作游戏是活动的重点，幼儿三人分别扮演担鲜藕的人和藕同时行进，并玩洒水的游戏，幼儿既要随乐合拍，又要关注队形，还要进行动作变换，对他们来说会应接不暇，因此通过师幼示范、问题讨论、集体创编等方法，帮助幼儿厘清了规则，提升了合作的能力。

三、动作梯度，循序渐进

本次活动从个人原地动作—合作无队形动作—合作队形动作—队形换舞伴动作，始终遵循循序渐进原则，由易到难，小步梯度递进，不断贴近幼儿的最近发展区，实现经验的积累，能力的稳步提升。

（案例提供：江苏省如东县实验幼儿园　吴燕）

大班韵律活动：编花篮

【设计意图】

《编花篮》是一首具有鲜明地方色彩的河南民歌，曲调优美，活泼欢乐，歌曲讲述的是人们编花篮、赏花、摘花的过程，充满了浓郁的劳动生活气息。教师充分挖掘歌曲在韵律活动中的价值，结合歌曲表达的情境，创编贴切的故事，尝试利用思维导图，帮助幼儿理解音乐特点、把握舞蹈结构、厘清动作顺序、关注队形变化，引导幼儿自主尝试、合作游戏，在共同商讨中发现问题并尝试解决问题，获得成功体验的同时感受河南音乐的独特之处。

【活动目标】

1. 欣赏河南民歌《编花篮》，感受歌曲明朗欢快的旋律和浓郁的地方特色。

2. 尝试多人合作编花篮、创编花的造型，借助思维导图逐步建构完整的舞蹈。

3. 体验和同伴合作表演的愉悦感，享受发现问题并能解决问题的成就感。

【活动准备】

物质准备：音乐《编花篮》、课件、人手一朵手腕花。

经验准备：认识常见的花。

【活动过程】
一、感知歌曲旋律，激发舞蹈兴趣

1. 用"花"的方式和客人老师打招呼。
2. 随乐欣赏各种各样的花。
3. 尝试创编花的造型。

【评析】 活动一开始，让幼儿变身为花和老师互动的方式一下子调动了幼儿的情绪，随后的视频欣赏中多彩的牡丹、多样的花儿又一次吸引了幼儿的眼球，声、像结合的方式帮助幼儿熟悉音乐、积累经验，接下来，让幼儿创编花的造型则水到渠成。

二、了解音乐结构，熟悉基本动作

1. 了解舞蹈的基本动作。

指导语：你看懂了哪个动作，这是在干什么？

2. 随乐做动作。

指导语：到了花开的季节，人们就会编一个漂亮的花篮去赏花，我们也来编一编吧。

3. 了解音乐结构。

指导语：编花篮的动作做了几遍？看见了几朵花？

4. 幼儿再次舞蹈。

【评析】 以问题为支架，激发幼儿好奇心，幼儿带着问题专心倾听，初步了解歌词并结合歌词创编动作，而简易明了的图标则帮助幼儿更好地记忆动作顺序。

三、两两合作舞蹈

1. 幼儿根据图示自主尝试排队形。

指导语1：一个人看花有点儿孤单，约个朋友一起去吧。

指导语2：（出示队形图）看看他们是怎么去的？

2. 加入队形，随乐舞蹈。

【评析】 此环节的重点是双人合作编花篮，教师引导幼儿观察队形图，鼓励幼儿自主尝试变换队形，活动中注重幼儿在前、教师在后。适时出现的红、蓝两种颜色的手腕花，有效地帮助幼儿分配角色、找准站位，化解了队形变换的难度。

四、根据图标尝试轮流开花

1. 理解图标。

指导语：看得懂吗？需要注意什么？他们是怎么站的？

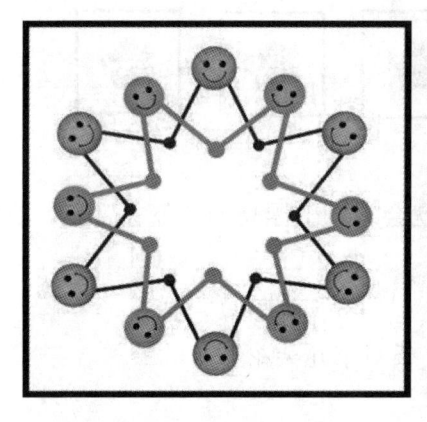

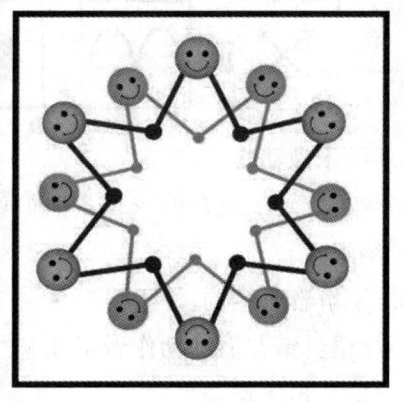

2. 幼儿尝试合作变队形。
3. 说说合作中出现的问题，讨论解决方法，再次尝试。
4. 欣赏教师合作开花的视频。

【评析】 集体合作开花是本节活动的难点，教师提供两张动作图标，引导幼儿"找不同"，从而发现集体开花的秘密。在幼儿合作尝试的过程中，教师始终扮演观察者，给幼儿充足的时间和空间。在幼儿遇到难题时，引导幼儿观看教师合作开花的舞蹈视频，及时提供经验分享，幼儿观察、提炼并调整，最终完成整个舞蹈的编排，体验到成功的喜悦。

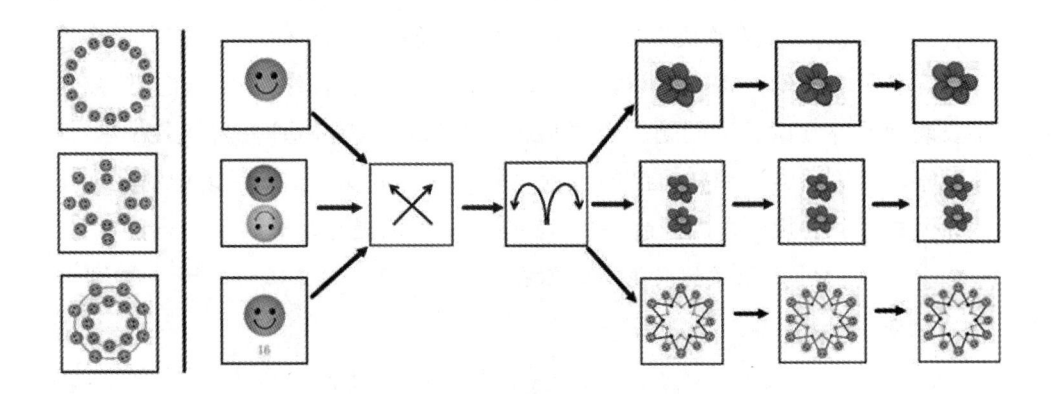

五、结合思维导图，完整舞蹈

1. 指导语：刚刚，我们把河南的民歌《编花篮》编成了好看的舞蹈，看看一共有几段？每一段做什么？

2. 听音乐，幼儿完整舞蹈1—2遍。

【评析】 思维导图的完整呈现，能够帮助幼儿有序、清晰地梳理舞蹈结构，在完整舞蹈的过程中，幼儿体验到劳动舞蹈的热情欢快，活动氛围也被推到了最高点。

【活动反思】
一、思维导图巧利用

活动中，教师巧妙地利用思维导图，搭建幼儿学习舞蹈的支架，帮助幼儿厘清音乐结构、动作顺序以及队形变化。思维导图从动作到队形，逐一累加，层层递进，给幼儿提供挑战的机会，激发幼儿不断探究的欲望。在最后一次合作挑战中，幼儿通过两幅图的细节对比，发现集体开花的秘密，经过多次尝试后终于完整呈现整个舞蹈，孩子们体验到幸福与成功的快乐，学习思维品质也得以提升。

二、唤醒经验巧支持

活动中,教师摒弃"教"的痕迹,始终立足于"儿童本位",采用开放式的提问,如:"怎么合作呢""你想怎么做""还可以怎么做""你们自己来想办法"等等唤醒幼儿探究意识,引导幼儿自主尝试、合作游戏,在共同商讨中发现问题并尝试解决问题。当幼儿遇到难题时,教师适时提供小视频,幼儿观察、讨论后尝试调整自己的位置,最终获得成功。整个活动中幼儿愿交往、爱思考、守规则、能创造、增信心等品质得以提升。

(案例提供:江苏省如东经济开发区中心幼儿园 缪小阳)

大班韵律活动：有趣的皮影舞

【设计意图】

科学区里投放了各种主题的皮影小人，小朋友们时常三三两两地合作摆弄皮影人身上的操作杆，他们被皮影人滑稽、断顿的动作吸引住了。

如何追随幼儿的兴趣走进中国的传统民间艺术呢？我选择《我和奶奶跳皮影》这一富有戏曲风味的音乐，将其剪辑成 ABA 的三段体结构，引导幼儿在感受模仿、互动合作、表现创造中深度体验皮影舞的独特艺术造型和表演形式。整个活动以幼儿操作皮影小人的经验为铺垫、辅以生动形象的《俏夕阳》舞蹈视频，幼儿在宽松的氛围中充分感受、体验表演皮影舞的乐趣。

【活动目标】

1. 知道皮影舞由皮影戏改编而来，感知皮影舞夸张诙谐的动作特点，以及皮影戏音乐的戏曲风味。

2. 通过观看视频、操作皮影人，尝试用简单的关节动作来表现音乐，并探索互动合作动作的表演形式。

3. 敢于大胆模仿、创编舞蹈动作，体验中华传统文化——皮影舞的表演乐趣。

【活动准备】

物质准备：剪辑音乐《我和奶奶跳皮影》、课件。

经验准备：操作过皮影人，了解过皮影人的动作特点。

【活动过程】
一、观看皮影舞视频，了解皮影舞的动作特点

指导语1：孩子们，刚才我们玩了皮影人，一群老奶奶根据皮影人的动作还编了皮影舞呢！我们来欣赏一下！看看皮影舞跟我们平时跳的舞有什么不一样？

指导语2：看完有什么感觉？

小结：皮影舞其实是由皮影戏改编而来的。皮影舞的动作很夸张、很好玩。

【评析】 我选取舞蹈视频《俏夕阳》进行剪辑，视频中的奶奶们从幕后走向台前，动作夸张而滑稽，向孩子们传递着快乐。应和着光与影，融合着视与听，幼儿通过观看此视频，链接起玩皮影小人时的已有经验，为后面的动作模仿打下基础。

二、尝试学习关节动作，随音乐表现 A 段音乐

1. 自主选择梯度，尝试随乐而动。

指导语1：皮影人都是哪里在动啊？

指导语2：原来皮影舞动的都是关节，你知道身体上有哪些关节？你们能不能让身体的关节试着动起来呢？给你们一段音乐试一试！你也可以学一学老奶奶的动作！（幼儿自主尝试随乐而动）

【评析】 此环节用关键性提问"皮影人哪里在动"引导幼儿发现皮影舞身体关节活动的特点。如何让幼儿兴致盎然地学呢？此时教师可以提供不同梯度的台阶：一、幼儿自由尝试、探索让身体关节动起来；二、截取有代表性的关节动作让幼儿选择、模仿动作。幼儿选择各自需要的梯度台阶，随乐而动，在抽丝剥茧中观察、模仿、体验，从而解决皮影舞动作的难点。

2. 个别幼儿展示，集体跟学动作。

指导语1：谁跳给大家看一看！你学的是哪个动作？（第1个）你能加上脖子吗？

指导语2：他全身上下的关节都动了，真厉害，我们跟他学一学！还有谁

的动作跟他不一样？一起弯弯手肘伸伸腿，看谁的身体能保持平衡！

3. 确立动作模型，随乐表现 A 段。

指导语1：现在我要把××和××的两个动作连起来跳一跳，仔细看，我是在音乐的哪里换第二个动作的？

指导语2：什么时候换第二个动作的？你有没有听到一个特别的声音？（锣）一起来，在自己小椅子前面，准备好！

【评析】 A 段为四个乐句，依据难度适宜的原则，我选取了幼儿的两个动作作为原型，并在第二句末增加"锣"这一器乐，便于幼儿掌握动作的变换，从而确立了两个乐句变换一次动作。这既是建立在观察幼儿接受程度的基础上，又为后面的创编确立了动作模型。

三、探索两两互动动作，合作表现 B 段音乐

1. 教师与幼儿互动，探索操纵人与皮影人的互动方式。

指导语1：我们知道皮影人可是很听指挥的，他们听谁的指挥？现在我来当操纵人，谁来当我的皮影人？仔细看，我们是怎么合作的！

指导语2：看清楚了吗？我们是怎么合作的？

小结：原来操纵人和皮影人面对面，皮影人要看好操纵人的手势、听好音乐的节奏，这样才能配合默契。

2. 幼儿分角色两两合作，自由探索互动动作。

指导语1：现在请你找一个朋友，商量一下，谁当操纵人，谁当皮影人，注意听好音乐的节奏！

指导语2：成功了吗？有没有问题？互换角色再试一试！

【评析】 B 段音乐为唱词，节奏稳定，便于幼儿掌握。加之活动前幼儿操作过皮影人，知道通过摆弄操纵杆可以让皮影人的相应关节活动起来。师幼合作时，教师饰操纵人一角，示范手动、脚动、手脚同时动、脖子动等动作。幼儿在观察中，了解细节；再通过亲身体验，探索两两配合，让一些问题得到共识，比如：操纵人的手形是握拳，皮影人的手形是掌，操纵人想让皮影人脚动，可以蹲下放低姿势等等。

四、观察队形变化动图，尝试完整表现

1. 观察队形变化动图，了解完整的音乐结构。

指导语：皮影人经过操纵人的指挥，身体更加灵活了，他们都争着想当领头人，争着想让大家学一学自己编的皮影舞动作。谁会是这个幸运的领头人呢？答案就在下面的队形图里！请你一边看一边思考几个问题：他们是怎么变化队形的？在不同的队形上又表演了哪些动作？

2. 厘清队形变化与舞蹈内容之间的对应关系。

指导语1：你看懂了什么？谁是领头人？

指导语2：第二个队形与第一个队形有什么不一样？什么时候两个朋友面对面的？哪一排是操纵人？第二个队形怎么变成第三个队形？前一排插后一排的空，插在朋友的前面还是后面？谁带领大家走圆的？

3. 老师当领头人，尝试根据完整音乐变化队形。

指导语1：什么音乐变队形？在队形上做什么动作呢？让我们听着完整的音乐看着队形图，在小椅子前面一边做动作一边动脑筋想一想！

指导语2：能不能加上队形试一试？带着你的好朋友过来排队，现在谁是领头人？走圆形的时候你们要跟谁学动作？

指导语3：领头人做了几个不同的动作？什么时候换动作的？

4. 幼儿当领头人完整尝试，完成队形变化。

指导语1：你们谁想做领头人？领头人排哪里？刚才尝试了，哪里有问题吗？

实践后，师幼讨论前后距离的适宜性；听好变队形的间奏；创编时领头人提前想好两个不同的皮影舞动作……

指导语2：这次谁当领头人？我们可以换一个新的朋友，听好音乐！

【评析】 对应ABA的音乐结构，动图课件依次展现队形：两横排侧面表演皮影舞动作、两横排面对面互动合作、走圆形创编皮影舞动作。幼儿观察课件前带着问题：谁会是这个幸运的领头人呢？观察后教师通过问题启发思考：第二个队形与第一个队形有什么不一样？两排变一排是插在朋友的前面还是后面？谁带领大家走圆的？一系列的问题引发幼儿去聚焦队形变化的

关键点，从而更轻松、更有序地实现队形变化。

五、介绍传统民间文化，自然结束

指导语：今天我们跳的舞叫什么名字？皮影舞！皮影舞、皮影戏都是我国的传统民间文化，我们要把传统文化传承下去！

【活动延伸】

1. 在音乐区中提供更多的可供选择的皮影舞音乐、视频，供幼儿自主表现。

2. 在早操、区域中渗透更多有民族风味的音乐元素，让幼儿感知、了解。

【活动反思】

《皮影舞》是一节原创的富有皮影元素的大班集体舞活动，表演形式俏皮、滑稽，初次接触，幼儿颇为喜爱。但皮影戏是地方戏，与幼儿当下的生活有一定的距离，如何主动对接幼儿的兴趣点，让学习坡度更舒适、学习过程更从容呢？基于以上的思考，此节活动呈现出以下几个特点：

一、可操作的道具——主动链接已有经验

皮影舞动作的关键点在于身体关节处有节奏地活动，对幼儿而言，观看图片、视频都是间接经验，要将间接经验转化为皮影舞的动作表现还是有一定难度的。在活动前，幼儿通过直接操作皮影人，并尝试让自己的身体摆一摆皮影人的造型从而感受、体验到皮影人动作的特点，在此节皮影舞活动中幼儿将这一经验直接迁移，为动作表现奠定了基础。

二、可视化的动图——细节指点队形变化

动图课件动态呈现队形变化，幼儿视听结合，直观感受。课件中细节的处理更是画龙点睛，如领头人的标记独一无二，便于幼儿找准领头人的位置，发现队形位移的秘诀；又如操纵人呈现"闪烁"效果，便于幼儿为饰演操纵

人主动发起动作提前做好心理准备。细节的处理使得队形变化环节收放适度、松紧有序，幼儿通过观察既有章可循，又在充分的体验中达成探究学习、反思学习之目的。

三、可选择的台阶——合理把握学习坡度

活动前幼儿操作过皮影人，活动中幼儿欣赏过老奶奶跳的皮影舞，一个个都跃跃欲试。然而幼儿在"尝试让身体关节动起来"这一环节却呈现出了畏难情绪，如何激发幼儿学习的积极性呢？教师提供了行走的拐杖，幼儿选择自由创编或者学习视频，适度挑战。A段动作模型是一句一个动作还是两句一个动作，也是试教中教师根据幼儿的接受程度作出的调整，目的是建立合理的学习坡度，达到愉悦学习的目的。

（案例提供：江苏省如东县青少年宫附属幼儿园　徐朗煜）

大班韵律活动：小小花棍舞

【设计意图】

本活动以《中国范儿》这一极具中华民族独特风格的歌曲为基础，截取了其中一段脍炙人口的音乐，以富有民族特色的小小花棍为载体，旨在引导幼儿感受歌曲的旋律特点，大胆尝试根据音乐节奏的变换配上不同的动作，并在游戏中初步感受领袖舞的表演形式，尝试与同伴合作表演，以此提升幼儿艺术表现的能力。

根据音乐结构，将活动分为以下几个环节：A 段音乐引导幼儿创编动作"打招呼"，从而引发敲花棍的不同动作，幼儿用四种不同的动作表演 B 段音乐；C 段音乐，结合双圈队形，幼儿玩互动敲花棍的游戏。最后音乐回归 A 段，幼儿玩领袖舞游戏，创编敲花棍的造型。教师重在引导幼儿在熟悉音乐旋律的基础上，尝试自主创编动作、大胆游戏，感受并体验音乐游戏化律动带来的快乐。

【活动目标】

1. 听音乐，感受歌曲的旋律特点，能按节奏变换动作。
2. 在箭头的帮助下，圆圈中逆时针有序换位置跳领袖舞。
3. 在游戏中体验与同伴合作表演的快乐。

【活动准备】

物质准备：《中国范儿》音乐节选、场地小标志、花棍人手两根。

经验准备：幼儿有双圈游戏、领袖舞和花棍游戏的经验。

【活动过程】
一、互打招呼，引发敲花棍的动作

1. 创编第一段音乐的动作。

指导语：小朋友们，带着花棍选最喜欢的动作和客人老师打个招呼吧。

2. 分析创编第二段音乐的动作。

指导语1：刚才你们做了哪些好看的动作？花棍还可以编出哪些漂亮的动作？（敲、左右甩、头顶左右甩……）

选两个简单的动作整体练习，初步熟悉音乐的旋律和节奏。

指导语2：谁能换一换动作？

换两个不同的动作整体练习，再次熟悉音乐旋律和节奏。

3. 把"打招呼"这四个动作串联起来舞蹈。

指导语：我们小朋友自己就跳了一段好看的舞蹈呢。你们想不想表演给客人老师看呀？那我们起立站在小椅子前面面向客人老师。

【评析】 本环节的重点是"感受歌曲的旋律特点，按节奏变换动作"。教师播放音乐，引导幼儿根据音乐节奏用动作与客人老师打招呼的形式导入，激发了幼儿创编各种不同动作的兴趣。教师开放式的提问，充分激发了幼儿的思维能力，从而大胆创编出各种精彩的动作。

二、双圈队形，玩敲花棍的游戏

1. 熟悉游戏玩法，第一次游戏。

指导语1：现在我们站的是什么队形？还可以站成什么队形呢？你们发现了，地上有标记，那你们能快速站成双圈队形吗？

指导语2：变成双圈队形后，我们要和好朋友玩"碰一碰、扭一扭"的游戏，怎么玩呢？我邀请好朋友××老师。仔细看，我是在音乐的什么时候碰好朋友的？好朋友又是怎样扭的呢？一起来试一试吧。

指导语3：我们做什么动作走到双圈队形上去？

2. 共定游戏规则，第二次游戏。

指导语1：你们都听清楚了吗？什么时候碰？（叮的时候碰）那我们先碰哪里？再碰哪里？然后碰哪里？最后碰哪里？

指导语2：你们想不想跟着音乐一起玩一玩呢？商量一下，先外圈的人碰还是里圈的人碰？好，那我们一起听音乐先跳舞再玩。

指导语3：你们成功了吗？强调游戏规则，再玩一次。

3. 尝试交换朋友，第三次游戏。

指导语：我们要换一个朋友游戏，又该怎么玩呢？里圈的人不动，那外圈的人怎么换呢？看标记从哪里向哪里走？那第一个"叮"换不换朋友？从第几个"叮"开始？记住喽！

【评析】 游戏是帮助幼儿感受音乐的媒介，该环节中幼儿与同伴互动游戏，充分融入了乐曲的欢快氛围。多次尝试，共定游戏规则，教师把游戏的主动权交给了幼儿，幼儿成为游戏的主人。双圈互动游戏是本次活动的难点，教师巧妙地运用箭头标记，引导幼儿顺利交换好友游戏，让孩子们有再次游戏的兴趣和欲望。

三、尝试领袖舞，创编敲花棍

1. 共定圆圈领舞人及其领舞位置。

指导语：跳得最好的人，我要奖励他一个小红旗，他就成为领舞人。你们说领舞人应该要站在哪里？那里圈的人要怎么做？我们一起跟她来学一学。这样很有意思呢。现在我们还可以加大难度做相反的动作呢！一起来试试。

2. 听音乐游戏，领舞人换两次。

指导语：这一次我要看一看谁的动作跳得好看。

3. 共同创编最后的造型。

指导语：你们跳得真好看。如果要编成一个最好看的舞蹈，最后还要摆出好看的造型呢。你们想试一试吗？我有三个要求：第一，三个人一组；第二，动作要有高有低；第三，面向观众。

【评析】 这一环节教师将传统游戏形式领袖舞融入律动活动之中,力求通过经典音乐与经典游戏的有机融合,形成有效的匹配,让脍炙人口的经典音乐成为幼儿的游戏音乐。造型创编环节,通过三个简短小要求,激发了幼儿游戏的积极性和强烈的创造欲望。

四、完整表演,延伸活动

1. 幼儿完整表演。

指导语:我们最后一次完整的表演,加上造型噢。准备好了吗?

2. 小结:今天我们自己设计动作、队形和最后的造型,完成了一段小小花棍舞,我们舞蹈用的音乐叫《中国范儿》,等会儿你们可以再去想一想,还可以编出哪些动作和队形,让我们的小小花棍舞变成最漂亮最帅的中国范儿,好吗?

【评析】 教师小结活动,并告知幼儿音乐的名字,旨在帮助幼儿加深了对民族经典特色音乐的了解和认知,培养幼儿对艺术活动的兴趣,增强其民族自豪感。

【活动反思】

"小小花棍舞"是一节原创的大班音乐律动活动,体现了大班幼儿年龄特点、发展水平及其兴趣点,具有以下几个特点:

一、"巧"——音乐经典,结构清晰

律动音乐选自于歌曲《中国范儿》,该音乐极具中华民族独特风格。其曲风古典且不失时尚元素,浓浓的爱国气息中散发出积极向上的韵味,每个听到的人都能为之兴奋、热血澎湃。截取的这段音乐 ABCA 的结构清晰明了,教师巧妙地设计,A 段音乐采用幼儿与客人老师打招呼的动作进行表现,B 段的四句话四个不同的动作由幼儿大胆创编而来,C 段孩子们双圈队形,花棍游戏,最后音乐回归 A 段,孩子们玩领袖舞游戏并在最后摆出了自己喜欢的造型。音乐节奏欢快、朗朗上口,幼儿容易掌握。

二、"妙"——道具新颖，运用充分

花棍舞是我国民间的一种传统民俗舞蹈，历史悠久，教师选用这一表演道具，激发了孩子们浓厚的积极性。花棍顶端哗哗作响的铜钱给本就节奏欢快的音乐增添了更加热烈的气氛。在双圈队形时，教师巧妙地将互敲花棍的玩法和扭腰动作相结合，形成了二人互动小游戏，这样花棍既充当了表演道具，又衍生出了有趣的玩法，利用很充分。教师将民族音乐与民族舞蹈道具结合在一起，构思巧妙。

三、"趣"——自信自主，共探游戏

有趣的活动才能调动幼儿的积极性。纵观整个活动，不难发现幼儿活动的积极性一直都很高。因为教师把活动的主动权完全交给了孩子，真正做到了幼儿在前，教师在后。舞蹈中所有的动作都是源自幼儿。"双圈游戏""领袖舞"的游戏规则也都是幼儿来商讨决定。这样一来，活动的趣味性大大提高，幼儿大胆发挥想象力和创造力，大胆表现自己的情感和体验，参与度极高。

整个律动活动集趣味性、游戏性为一体，幼儿在活动的过程中想象力、创造力、语言表达能力以及艺术创造能力都得到了充分的发展。双圈游戏环节幼儿的人际交往能力、肢体动作等方面得到了充分的锻炼。

（案例提供：江苏省如东县城中街道新苗幼儿园　徐海娟）

大班韵律活动：新疆小果农

【设计意图】

在开展"中国娃"主题时，孩子们被表演区里维吾尔族娃娃漂亮的表演服饰、小道具所吸引，常自发地跟着音乐唱唱跳跳、手舞足蹈。根据孩子的兴趣经验，基于维吾尔族人喜欢边劳动边舞蹈的习惯，我选取孩子们常听的乐曲——《葡萄熟了》剪辑成 ABC 三段式音乐，A 段节奏鲜明、B 段为鼓点、C 段动感流畅，借助小果农去果园、摘水果、开果展的故事情境，挖掘维吾尔族踏点步、拍手转手腕、托帽碎步走等经典舞蹈动作，通过同伴间的互动合作感受维吾尔族舞蹈身姿挺拔、动作欢快的特点。

【活动目标】

1. 熟悉音乐结构、逐步丰富流程图，能合乐合拍地用踏点步、拍手转手腕等新疆舞基本动作表现故事情境。

2. 掌握 B 段音乐的特点，创编摘果子动作，并根据音乐的变化变换角色与同伴玩摘果子游戏，体验合作的乐趣。

3. 感受新疆舞动作流畅的特点与身姿挺拔的美感。

【活动准备】

物质准备：剪辑而成的 ABC 三段体音乐（来自第九届小荷风采《葡萄熟了》）；课件；场地布置。

经验准备：了解过新疆盛产的水果；幼儿欣赏过新疆舞，对踏点步有过初步接触。

【活动过程】
一、出示"新疆果园"课件图片，创设摘果子情境导入活动

指导语：瞧，这是哪儿？这是新疆的果园，今天我们就来当小果农摘果子，你们想怎么摘？（幼儿自由创编各种摘果子动作）

【评析】 教师展示新疆果园的图片，激发幼儿当小果农的愿望。"摘果子"是本次活动的重难点，也是与B段音乐相匹配的动作原型，在此前置做好后面环节逐层累加的铺垫。根据生活经验，幼儿创编出各种摘果子的动作，大家选择公认最漂亮的舞蹈动作进行观察模仿学习。

二、听AB段音乐，用流程图理解故事情境，并随音乐表现

1. 教师用动作表现音乐，幼儿猜测故事情境。

指导语1：新疆的水果全国闻名，新疆小朋友在丰收的季节邀请大家摘果子了，仔细看！

指导语2：你看懂了哪个动作？有什么动作是你没看懂的？（教师根据幼儿表述点击课件呈现出相应的图谱）

2. 教师匹配音乐说儿歌，幼儿理解音乐情境。

指导语1：到底猜得对不对呢？我们来听一听，你也可以跟着音乐做动作哦！

指导语2：这一次又看懂了什么？（教师根据幼儿表述点击出剩余的图谱）

3. 添加箭头形成流程图，幼儿表现音乐情境。

指导语：现在我把这几件事之间加上了什么符号？"→"，这样就变成了一幅流程图，流程图可以帮助我们清楚地知道先做什么再做什么。让我们看着流程图一起说一说，再跟着音乐做一做！

【评析】 在幼儿创编出B段"摘果子"动作的基础上，教师用饱满的热情、流畅的动作用踏点步、拍手转手腕、摘果子表现A、B段音乐情境，前奏则是邀请状。这种教师先入为主灵动表演让幼儿猜测故事情境的做法，很好地调动幼儿的兴趣、感染其情绪，在其零距离感受新疆舞韵味的同时调动了体内的舞蹈细胞，为表达表现做好铺垫。踏点步是新疆舞的典型舞步，对

幼儿有难度，因此在本次活动前幼儿要有所接触。与音乐相匹配的儿歌、逐步丰富的流程图则是幼儿理解音乐结构很好的辅助手段，幼儿由坐位到站位，由感受到表现，渐入佳境。

三、分角色两两互动表现B段摘果子情境，挑战合作表演的乐趣

1. 师幼合作。

指导语1：刚才我们小果农听着这段新疆乐曲一边跳舞一边摘果子，做得真好！可是果树在哪儿呢？我们能变成果树吗？我喊一、二、三，请小朋友变出各种果树的造型！谁来介绍一下，你是什么树？

指导语2：谁愿意来当我的果树？请大家仔细看我们两个人是怎么合作的？（幼儿先当果树，教师当果农围绕"果树"边摘果子边走一圈，随着B段音乐的变换二人交换角色继续表演）

2. 幼幼合作。

指导语1：现在请每个人找一个好朋友合作摘果子，商量一下谁先当果树！

指导语2：有问题吗？这次我们听着音乐从邀请朋友开始，到了摘果子的时候要像刚才一样合作哦！

【评析】B段音乐幼儿合作摘果子是本次活动的重难点，幼儿分饰两个角色随着音乐的变换而交换角色，同时要根据鼓点的节奏一边摘果子一边围绕"果树"绕一圈。教师运用与一名幼儿互动、抛出问题启发思考、引导幼儿实践尝试、调整步伐解决问题等一系列跟进策略化解难点。在这里教师的提问是个关键，所提问题为：小果农一边摘果子一边在干什么？围绕果树走几圈？绕完一圈小果农会到哪里？两个人是什么时候交换角色的？一系列的问题引导幼儿不断去倾听、把握音乐的节奏与变化，从而完成合作的挑战，达成音乐与动作相融合的目标。

四、幼儿自主探索队形变化，发现环形流程图可循环表演的秘密

1. 方阵队形摘水果，情境中练习。

指导语1：近处的果子已经摘完了，前面还有一个小果园呢，让我们一起

去看看吧！想想，在这个方阵队形上，跟你合作摘果子的朋友是谁？

指导语2：谁来说说刚才你们遇到了哪些问题？怎么解决？还想摘水果吗？这次我们去新疆的哪个果园？（幼儿在方阵队形上继续随乐表现2—3遍，发现问题找策略，通过同伴互动、自主解决，在情境中尝试、练习）

2. 熟悉C段音乐，探索队形变换。

指导语1：我们摘了这么多的水果，来举办一个水果展吧，看，办水果展要注意什么呢？（点击课件图谱）怎么快速从方阵变成圆？试一试！顺着哪个方向展示？

指导语2：请把水果端出来吧，小碎步走起来，看看谁的水果最受欢迎！（幼儿练习随C段音乐托帽碎步走）

3. 解读环形流程图，完整表现。

指导语：客人品尝后，都夸新疆的水果香甜可口，吃了还想吃，怎么办？

小结：原来可以继续摘了水果去办水果展，（点击课件图谱，出示最后一个箭头）就像这个神奇的环形流程图一样，可以连续不断地跳起来！

【评析】幼儿从散点到方阵队形表现的递进过程中，在互动合作、舞姿美感、动作记忆等方面仍会出现一些问题，教师分别利用关键性问题、同伴互助、情境练习、导图辅助等方式为幼儿提供支架，引导幼儿主动尝试、不断探索，在解决问题的过程中建构新经验。

五、聊聊新疆小果农的收获，为新的探究埋下伏笔

指导语：今天，我们小果农听着音乐摘了果子又办了水果展，真厉害！刚才你们说了这么多的水果，其实气候不一样长出来的水果就不一样，哪些水果喜欢生长在像新疆这样寒冷的北方呢，我们可以通过查找资料、阅读图书继续去研究！

【活动延伸】

区域游戏：在音乐角、表演区继续投放维吾尔族的音乐、道具，鼓励幼儿创编动作、大胆表现。

家园共育：了解新疆及其他幼儿感兴趣的少数民族的地理位置、饮食文

化、生活习惯等，感受中国的多民族文化。

【活动反思】

《新疆小果农》是一节原创的大班集体舞活动，在追随幼儿兴趣需要、关注幼儿年龄特点及原有经验的基础上，情境化地展开舞蹈教学，体现了以下几个特点：

一、巧用思维导图，化整为零助力音乐解读

此活动中教师借助环状流程式思维导图帮助幼儿感知、理解音乐，记忆动作顺序。幼儿在理解与音乐匹配的动作后，逐一呈现图谱，化整为零直观形象地把握住了音乐的细节变化；加上箭头形成流程图后，又从整体感知了音乐的结构与律动；最终形成闭环式流程图更是与"摘果子——办果展"的循环舞蹈相呼应唱和。

二、师幼生生互动，情境中趣味练习化解难点

在活动中，教师充分展示舞蹈素养，感染力极强地渲染了良好的互动氛围；在化解两两合作摘果子的难点时，教师与幼儿分饰果农与果树进行互动，通过果树拟人化、榜样示范，引导幼儿观察模仿、趣味练习；在此基础上连用几个追问，厘清了合作的要点；理解后生生合作，借助去不同果园摘果子的情境进行练习，轻松化解难点。

三、问题促发思考，主动探究提高自我效能

活动中教师改变传统舞蹈教学亦步亦趋的教授模式，而是秉持着儿童在前的教育理念，问题引领，促发幼儿在观察、倾听、思考、尝试中感知音乐、理解音乐、表现音乐。在方阵队形生成合作环节，教师放手幼儿自主尝试，精准提问引导幼儿主动发现问题：是什么原因没有回到原点（原先的位置）？音乐没有停，我们提前走到了原点，怎么办？音乐停了，一圈还没走完怎么办？……促使幼儿在主动探究解决问题的过程中提升经验，提高自我效能感。

（案例提供：江苏省如东县青少年宫附属幼儿园　徐朗煜）

大班韵律活动：老狼老狼几点钟

【设计意图】

全面、科学地做好幼儿进入小学的准备，是幼儿园的一项重要的任务。为了减缓幼小衔接坡度，实现顺利过渡，教师从倾听幼儿心声，关注自立、自理能力及习惯养成等多个角度出发开展了幼小衔接主题活动。在活动开展中，我们发现部分幼儿有做事拖拉，早晨入园迟到的现象，而作息习惯培养正是幼小衔接的重要一环。因此，在班级读写区我们投放了有关时间的系列绘本，其中《老狼老狼几点了》最受幼儿喜爱。为帮助幼儿养成守时的习惯，学会自主制订作息计划，我们融入音乐、游戏元素，生成了这节音乐活动。

【活动目标】

1. 理解音乐的结构，能跟随音乐旋律与节奏变换身体动作。
2. 尝试变换队形，小组合作创编一天中四个时间段的动作。
3. 体验音乐与数字游戏组合带来的快乐挑战。

【活动准备】

物质准备：音乐《黄雀》剪辑；钟面，1－12数字卡片，代表早晨、上午、中午、下午、晚上的标记卡；山坡图片在场地中间贴成圆圈状。

经验准备：幼儿知道单、双数，认识时钟的整点。

【活动过程】
一、情境导入，玩单双数游戏

指导语1：孩子们，今天我是羊村的村长，你们就是羊村的小羊。村长想带你们出门玩一玩，可是路上有很多陷阱，当看到的数字是双数的时候，说明前面有危险，我们要赶紧停下，当看到单数的时候表示安全，我们可以继续前进。（师幼随乐玩看单双数走/停的游戏）

指导语2：音乐停了，赶紧找个小椅子坐下来，你们瞧，这是什么？如果在这些图形上贴上这些数字，就变成了什么？

指导语3：谁来把时钟贴完整？我们羊村有了时钟，就知道什么时候该干什么了。

【评析】教师创设羊村情境，提出出行的游戏和规则，不仅激发了幼儿的兴趣，还对幼儿提出适宜的挑战，引导他们关注数字的特征。在随后的师幼游戏中，教师任意从1—12的数字中抽取数字卡片，幼儿辨别单双数后做出"走、停"的反应，而这些数字卡片在接下来会和钟面组合成时钟，这样的设计既巩固了幼儿对时钟的认识，又为接下来的整点、半点游戏做铺垫。在游戏中，音乐是贯穿始末的，教师适时在各段落句首抽出数字卡片，起到了让幼儿初步感知音乐节奏、结构的作用。

二、感知节奏，随乐表演

1. 伴随 A 段音乐，表演早晨起床动作。

指导语 1：听，闹钟响了，现在是早晨几点钟？小羊赶紧起床吧，起床以后我们要做哪些事情？（教师将时钟拨到 6 点）

指导语 2：那我们先干什么，再干什么，接着……，最后……（教师将幼儿讨论的刷牙、洗脸、穿衣服等结果按顺序画在"早晨"标记后面）

指导语 3：你们能用动作表现出来吗？那现在我们听着音乐起床，按照顺序演一演，玩一玩。（师幼看图谱随乐做动作）

指导语 4：你们知道是在音乐的什么时候换下一个动作的吗？这一次我们边演边仔细听音乐，看看谁能最快找到答案。

【评析】 在教师创设的早晨情境中，幼儿根据自身经验畅所欲言，集体归纳出起床后需要做的四件事情，大胆创编动作，与音乐 A 段四个乐句相匹配。由于在随音乐表演的过程中，幼儿只关注动作顺序而忽略动作与音乐的匹配，因此教师对幼儿提出倾听的要求，意在帮助幼儿熟悉音乐的节奏结构，为小组自由创编环节作铺垫。

2. 伴随 B 段音乐，穿过小树林。

指导语 1：小羊们，早晨起床梳洗完毕我们就可以穿过小树林，到小山坡玩一玩了。告诉你们小椅子就是小树林，我们可以怎么穿过呢？（个别幼儿尝试在小椅子中间绕行）

指导语2：我们这么多羊穿过小树林的时候，怎样才能不拥挤呢？

指导语3：穿过小树林，来到小山坡，你找到了小山坡了吗？现在要请你们听着音乐穿过小树林，找到小山坡。那是在音乐的什么时候穿过小树林？什么时候找到小山坡？我们一起来听一听，玩一玩。

【评析】B段音乐要求幼儿排队穿过小树林，在音乐结束时找到一座小山坡站好，为完成任务，幼儿要听音乐，确定领头人，保持一定的秩序，整个过程以幼儿为主体，老师没有过多的说教。

3. 玩"老狼老狼几点钟"的游戏。

指导语1：你们猜我们来到小山坡会遇到谁？当我们问："老狼老狼几点钟？"老狼说单数的时候，我们要往前走相应的步数；而老狼说双数的时候，我们小羊要怎样？当最后听到老狼说12点的时候老狼会怎么样？小羊们要怎么样？

指导语2：现在我就是老狼，你们要听好我的回答，看你们够不够机灵。（师幼玩游戏，熟悉游戏规则）

指导语3：现在我们听着音乐先起床做动作，接着穿过小树林，再找到小山坡，最后动脑筋斗一斗大灰狼，完整地演一演、玩一玩。

【评析】"老狼老狼几点钟"的游戏加入了"单双数游戏"及队形的规则，幼儿需要听辨口令，作出围圆圈走或停或逃的反应，紧张刺激感带来了无穷的乐趣。而在音乐结束时，教师加入游戏和幼儿一起抢占小山坡，此时就会有一人落单，落单的人将成为老狼的扮演者，游戏创设惊喜连连，挑战不断。

三、分组创编动作

1. 小组创编动作。

指导语1：时间过得真快，现在是几点钟？又到了几点钟？（教师拨动时钟）

指导语2：那上午9点、中午11点、下午3点、晚上7点，我们又可以做哪些事情呢？小羊们，请你们

小组合作，选一张时间标记卡，把这个时间可以做的四件事情画出来，画好后还要听着音乐按照顺序演一演。

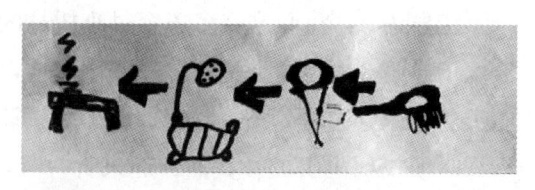

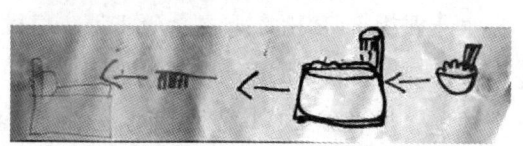

2. 分组介绍表演。

3. 随乐完整表演。

【评析】 此环节，幼儿自由分成四组，分别选择四个时间段的标记卡，根据自身经验讨论协商创编动作，并随音乐表演。在创编晚上动作时，教师引导幼儿反思可以做哪些有趣又有益的事情，引导幼儿合理规划时间，养成良好的作息习惯。

四、玩"听时间拨时钟"的游戏

指导语1：这次老狼想出了一个坏主意，它在说出时间的同时，会任意请一只小羊在钟面上拨出时间，看小羊们还能不能快速作出反应，如果时间拨错，老狼就会来抓我们。（师幼随乐完整游戏2—3遍）

指导语2：小羊们，再过一段时间我们就要上小学了，下课十分钟和晚上回家以后我们还可以怎么合理规划时间呢？我们可以互相讨论，再画一画，听音乐玩一玩。

【评析】 游戏从听时间到拨时间，从拨整点到拨半点，对幼儿来说是一大挑战，在活动前已开展过认识时钟的集体活动，幼儿有整点经验，对半点也有部分幼儿有经验，因此在轻松愉悦游戏中幼儿不断试误、互相学习，对时钟的认识得到了进一步的巩固。

【活动延伸】

1. 可以每天任务打卡、制定一日生活计划等活动，培养任务意识，做事有条理，及养成良好的作息习惯。

2. 在班级表演区，提供音乐、打击乐器、绘本及丰富的图片，鼓励幼儿创编故事，听音乐表演。

【活动反思】

一、领域融合，促进发展

《3—6岁儿童学习与发展指南》指出：关注幼儿学习与发展的整体性，注重领域之间、目标之间的相互渗透和整合。在幼小衔接主题活动中感知时间、作息规律是绕不开的话题，教师将《老狼老狼几点了》的时间绘本进行改编，融入音乐、游戏元素，让活动变得既生动形象又具有挑战性，幼儿乐在其中。

导入环节，在初步感知音乐中适时加入单双数游戏；感知A段音乐环节，幼儿根据作息时间创编动作；感知B段音乐环节，幼儿听辨时间进行计数和快速反应游戏；结束环节，幼儿玩拨整点、半点游戏。教师巧妙地在音乐活动中融入数学核心经验，在感知音乐的同时巩固了幼儿对时钟的认识，并尝试作时间规划。

二、情境贯穿，寓教于乐

教师创设了羊村的情境，以时钟为主线贯穿始终。1—12的数字是小羊出门躲避陷阱的提示卡，接着数字和钟面组合成时钟，随着村长拨动时钟，情境也随之变化，让幼儿有身临其境的感觉。

单双数、老狼老狼几点钟、拨时钟、穿过小树林、抢占小山坡的游戏创设在活动的各个环节，跟情境浑然一体，激发了幼儿的兴趣还增强了活动的挑战性。

（案例提供：江苏省如东县实验幼儿园　吴燕）

大班韵律活动：稻草人与小鸟

【设计意图】

《拍大麦》是一首活泼欢快、具有浓郁乡土气息的乐曲。根据它的风格，我创设了田野里"稻草人赶小鸟、小鸟逗稻草人"的游戏情境，"稻草人"与"小鸟"这两个角色在动作上表现为很强的互动性合作关系，这样的"合作"学习令幼儿眼前一亮，同时也成了本节韵律活动的重难点问题。于是，活动过程中我做了如下设计：从一人随乐动作到师幼互动到幼幼合作再逐步累加队形变化及追逐游戏的挑战，如此循序渐进地引导幼儿在随乐动起来的基础上不断提升难度。

【活动目标】

1. 熟悉乐曲旋律，根据故事情节学玩"稻草人与小鸟"游戏。

2. 能跟随音乐与同伴比较协调地做出赶、逗及其他相应的互动性动作，并初步尝试创编简单动作。

3. 在游戏中关注同伴的动作，感受合作游戏带来的快乐体验。

【活动准备】

物质准备：中国民间音乐《拍大麦》，稻草人与小鸟的指偶各一个、草帽一顶。

经验准备：幼儿参观过附近的农田，看到过田野里各种姿势的稻草人，对其作用有一定的了解。

【活动过程】
　　一、做运动"小鸟吃稻谷"，萌发活动兴趣

　　指导语：丰收的季节到啦，田野里到处是金黄的稻谷，把小鸟（出示小鸟指偶）都吸引来啦！我们一起学小鸟飞一飞！

　　【评析】 教师引导幼儿跟随音乐做小鸟飞一飞、吃一吃的律动进场，一方面让幼儿初步感知音乐欢快且节奏感较强的特点，另一方面萌发了幼儿参与活动的兴趣。

　　二、感知A段音乐，随故事情境开展"稻草人赶小鸟"游戏

　　1. 运用手偶，导入故事。

　　指导语：小鸟吃了这么多稻谷，可急坏了农民伯伯，怎么办呢？农民伯伯请来了稻草人帮忙。稻草人这儿看看、那儿看看，发现小鸟就急忙去赶。稻草人一赶，小鸟一躲。

　　2. 幼儿创编稻草人"看一看、赶小鸟"的动作。

　　指导语：我们一起学稻草人看一看，怎么看？这时稻草人发现了小鸟，又会怎么赶呢？

　　3. 匹配音乐。

　　指导语：让我们跟着音乐学一学稻草人赶小鸟。

　　4. 学小鸟飞一飞、躲一躲。

　　（1）跟随A段音乐T1—S1示范"赶小鸟"的互动游戏。

　　指导语：稻草人赶小鸟，小鸟会怎么样呢？现在我就是小鸟，我请一个小朋友来当稻草人。仔细看看，我们是怎么玩的。

　　（2）幼儿学小鸟飞一飞、躲一躲。

　　（3）幼儿围双圈两两合作玩赶小鸟游戏。

　　指导语：谁想当稻草人谁想当小鸟的？请你找个好朋友商量一下，稻草人站在点点标记上背朝圆心，小鸟跟你的稻草人朋友面对面站好！

　　（4）交换角色，再次游戏。

　　【评析】 这个环节仍然是对A段音乐节奏的把握，只是在表现方式上出

现了合作的提升。采用的是教师与一名幼儿做互动示范的尝试，教师与幼儿分饰小鸟与稻草人，幼儿已有了"稻草人赶小鸟"的动作经验，因此把更多的关注点放在"小鸟"跟随音乐节奏做出互动性的动作上。在幼儿分饰角色站双圈两两合作过程中，辅以圆点标记，很好地帮助幼儿解决了空间辨认困难和角色记忆困难。

三、感知 B 段音乐，学玩"小鸟逗稻草人"游戏

1. 教师饰小鸟逗稻草人，幼儿感知 B 段音乐。

指导语：稻草人有没有把小鸟赶跑？小鸟发现这些稻草人的脚不能动，不是真的人，于是就大着胆子去逗稻草人啦！

2. 幼儿跟随音乐学小鸟"啄一啄、逗一逗"稻草人，把握乐句和节奏。

指导语：小鸟啄了几次稻草人？分别可以啄稻草人身体的哪些部位？

3. 幼儿探索、表现稻草人保护自己的办法，并随乐动作。

指导语：小鸟来啄稻草人，稻草人会怎么保护自己呢？赶快想个好办法！

4. 幼儿围双圈两两合作玩"小鸟逗稻草人"游戏。

5. 交换角色，再次游戏。

【评析】B 段音乐在欢快的基础上多了几分诙谐的色彩，于是教师创设了与此匹配的小鸟"啄一啄、逗一逗"稻草人的游戏情境。教师饰演小鸟从音乐第四乐句到第八乐句每个乐句一轮换去逗稻草人、与众多幼儿互动，在"逗一逗"时一边勾勾手指头一边辅以挑衅性语言"你来呀"，增加游戏的趣味性，"啄了几次"教师有意识地引导幼儿去关注 B 段音乐的乐句和节奏的特点；"小鸟来啄稻草人，稻草人会怎么保护自己呢？"教师提出这一问题，引导幼儿创编稻草人的互动性动作，可以用双手护住身体，也可以拍打小鸟……这一环节增加了幼儿身体的接触，将幼儿带进了"真游戏"的氛围，使幼儿之间的互动更为有趣。

四、逐步增加挑战，完整游戏

1. 完整感受音乐，借助手偶回忆游戏情节。

指导语：让我们完整地来听一听这首音乐，回忆一下稻草人和小鸟玩了

什么游戏。

2. 围双圈分角色完成游戏。

3. 增加队形变化完成游戏。

（1）幼儿探索、表现 B 段音乐变化队形换朋友。

指导语：小鸟逗了几个稻草人？能不能逗一逗别的稻草人呢？怎样换朋友？都朝哪个方向换？我们来试一试！

（2）尝试增加队形变化完整游戏。

指导语：小鸟换了几个稻草人朋友？我们加上前面的赶小鸟，连起来完整地玩一玩！

【评析】 这一环节在完整游戏的基础上累加了一个挑战，就是队形变化——外圈按顺时针或逆时针方向换朋友，里圈位置不变。教师以游戏的口吻提出："小鸟能不能逗一逗别的稻草人呢？怎样换朋友？"引导幼儿自我尝试并逐步跟随音乐换朋友。通过提问"换了几个朋友"进一步强化幼儿对 B 段乐曲节奏的把握，从而帮助幼儿建立"啄稻草人"与"换朋友"之间的内在联系。

4. 增加追捉挑战完整游戏。

指导语：（教师戴上草帽）谁来啦？农民伯伯带来了一顶神奇的帽子，戴在哪个稻草人的头上，它就变成真的人，去追它对面的那只小鸟，要是小鸟被抓住了，就交换角色！到底这顶神奇的帽子会戴到谁的头上呢？我们听清音乐！

【评析】 挑战环节从队形变化到追逐游戏逐一累加，既有利于幼儿循序渐进地学习音乐游戏，又能满足幼儿的好胜心，从而不断将活动推向了新的高潮。

五、介绍音乐，自然结束活动

指导语：今天我们玩了什么游戏？这首好听的音乐叫《拍大麦》，我们还可以用它玩很多的游戏呢，下次我们再一起玩！

【活动反思】

合作学习能够激发和满足幼儿的社交需要，是音乐游戏活动的重要快乐来源之一。不管是本节活动涉及的配合性合作还是竞争性合作，每每出现幼儿眼睛都会立刻亮起来。但如果把握不好，合作学习的内容也最容易造成混乱。在本节活动中我运用了以下策略来突破这一难点问题。

一、故事为线索，贯穿始终

故事作为韵律活动的一个手段，已不鲜见，它可以激发幼儿的生活经验和审美情趣，帮助幼儿理解和记忆随音乐表现的动作，并进一步帮助幼儿感知音乐的结构。本节韵律活动分为 AB 段，结构简明易掌握，节奏时而欢快时而诙谐，为此我分别编配故事"稻草人赶小鸟""小鸟逗稻草人"，两个故事情节独立而言与音乐的结构、性质匹配和谐，联合而言又体现了故事角色之间有趣的矛盾冲突，以此贯穿始终，激发了幼儿的参与积极性。

二、指偶为辅助，降低难度

指偶作为一种综合的艺术符号，融合了文化、美学等多重价值，是重要的教育资源。在此节韵律活动中我主要在两处运用了指偶：一处是故事导入环节，虽然我带领幼儿参观过附近的农田，幼儿有了对稻草人形象、特征、作用等相关经验的贮备，然而色彩鲜艳、造型生动的"稻草人"与"小鸟"指偶出现在幼儿面前时，幼儿一方面被其吸引，另一方面更是帮助他们建立起了对已有经验的链接；另一处运用在了完整感受音乐环节，幼儿调动耳、眼等多种感官通道，一边听音乐一边观看两个指偶的表演，从而更好地回忆起完整的游戏情节，降低了愉悦表现的难度，激发了幼儿的思维。

三、动作再细化，分解难度

此节韵律活动的合作表演属于同时"主导与配合"型合作，表现为一方主导、一方配合，在时间上是同时进行的，而且两个角色都是从始至终跟随音乐的节奏做动作的。A 段音乐，"稻草人"看、"小鸟"飞；"稻草人"赶、

"小鸟"躲；B段音乐互动性更强，"小鸟"啄"稻草人"身体的不确定部位、"稻草人"同时作出反应，对动作配合的时间精确性要求严格，相对比较困难。于是在让孩子多感受音乐的基础上，细化动作、分解难度，如：啄一啄、逗一逗，并提问："啄了几次""换了几个朋友"……引导幼儿去关注音乐的乐句与节奏的特点，如此幼儿对整段音乐有了更好的把握，整个过程幼儿是快乐地游戏着，快乐地学习着。

附：

【乐曲】

拍大麦

选自《儿童民族舞蹈组合音乐》

$1=\text{C} \quad \dfrac{4}{4}$

$\underline{5\cdot \underline{6}} \ \underline{\dot{1}\ \dot{1}} \ \underline{7 6} \ \underline{5\cdot \underline{3}} \ | \ \underline{2 3 5 5} \ \underline{3 5 3 5} \ \underline{3 5 \underline{6}} \ 1 \ | \ \underline{5\cdot \underline{6}} \ \underline{\dot{1}\ \dot{1}} \ \underline{7 6} \ \underline{5\cdot \underline{3}} \ | \ \underline{2 3 5 5} \ \underline{3 5 3 5} \ \underline{3 5 \underline{6}} \ 1 \ |$

$\underline{5 \underline{6}} \ \underline{1 1} \ \underline{2 3} \ \underline{\underline{6}\ 1} \ | \ \underline{5 \underline{6}} \ \underline{1 1} \ \underline{2 3} \ \underline{\underline{6}\ 1} \ | \ \underline{3\ \underline{32}} \ \underline{1 1} \ \underline{3\ \underline{32}} \ \underline{1 1} \ | \ \underline{6\ \underline{2}} \ \underline{7\underline{2}76} \ 5 \ - \ |$

$\underline{5\cdot \underline{5}} \ \underline{5 5} \ \underline{5 5} \ | \ \underline{5\cdot \underline{5}} \ \underline{5 5} \ 5 \ 0 \ \|$

（案例提供：江苏省如东县青少年宫幼儿园　徐朗煜）

大班韵律活动：金鸡冠的公鸡

【设计意图】

《金鸡冠的公鸡》的故事大家都耳熟能详，故事里公鸡和狐狸上演了一出斗智斗勇的好戏，狡猾的狐狸使出浑身解数诱骗公鸡，公鸡会上当吗？这是幼儿最喜欢的经典桥段，也是最能让人产生遐想的情节。我挑选的音乐的旋律带有很强的戏剧性、幽默感，引人浮想联翩，因此我将故事巧妙融入乐曲中，乐曲 A 段：狐狸来到公鸡家门前向公鸡谄媚；乐曲 B 段：狐狸想方设法夸公鸡；乐曲 C 段：公鸡禁不住狐狸的花言巧语把头伸出来，狐狸伺机抓公鸡。角色竞争激发了幼儿的好胜心，因而整个活动幼儿乐此不疲。

【活动目标】

1. 理解音乐的结构，能和同伴互动表演故事。
2. 尝试自由创编动作，并学会看图谱在双圈队形中交换朋友玩游戏。
3. 喜欢玩集体游戏，感受合作的快乐。

【活动准备】

物质准备：二胡版《神经病之歌》ABC 段、PPT、7 张公鸡的小图标在地上贴成圆圈状。

经验准备：会玩顶锅盖的游戏。

【活动过程】

一、"我说你演"，熟悉故事

指导语1：现在我想和你们玩一个"我说你演"的游戏，我的故事里讲到谁，你们就要演谁，看谁演得最像。

故事内容：

从前有一只公鸡，它有金色的鸡冠，油亮亮的羽毛，一听到别人赞美它，它就会把头伸出窗外喔喔地叫个不停。有一只狡猾的狐狸，它想吃公鸡肉想得口水都快要流出来了，于是它悄悄地来到公鸡家窗前想办法赞美公鸡。

指导语2：狐狸为什么要赞美公鸡？它会怎么赞美公鸡呢？（公鸡，你的羽毛真好看；公鸡，你的鸡冠真神气……）

【评析】 通过边听边演，幼儿不仅熟悉了故事内容，还在放松自然的状态中进行角色扮演，感受故事的幽默诙谐和角色的情绪，为接下来角色匹配动作做铺垫，也体现了动作来源于幼儿，以幼儿为主体原则。

二、听音乐，完整表演

1. 教师随乐AB段示范狐狸动作。

指导语：狐狸到底会怎么赞美公鸡，我们一起来看一看吧。

【评析】 音乐的节奏偏快，为了能让幼儿随乐合拍地表演狐狸夸公鸡的动作，我采用边说儿歌边做动作的形式，如：你的羽毛真漂亮，没有人能比得上，真是美！真是美！并配以夸张的表情，不仅让幼儿轻松感知了节奏，更激发了幼儿表演的热情。

2. 听音乐AB段表演狐狸。

指导语1：狐狸是怎么赞美公鸡的？它做了什么动作？（摸羽毛，竖起大拇指等）

指导语2：我们一起听着音乐来学一学。

3. 师幼互动随乐AB段表演。

指导语1：你们猜猜公鸡听到狐狸夸它羽毛美，它会上当受骗把头伸出来吗？它会怎么说，怎么做呢？

指导语2：我就是金鸡冠的公鸡，谁来做狐狸？狐狸夸公鸡羽毛美，公鸡是怎么做的？（教师与1名幼儿互动）

指导语3：你们都是公鸡，让我来夸夸你们。（师幼集体互动）

【评析】 教师先让幼儿猜一猜公鸡的反应，幼儿大胆想象并创编出"不上当"等的动作。随后教师和一名幼儿示范互动，教师扮演公鸡，听到狐狸的赞美后，公鸡以同样的动作回应："我的羽毛真漂亮，可就是不上你的当，想得美！想得美！"幽默的语言，夸张的互动，让幼儿忍俊不禁，纷纷效仿表演。

4. 创编B段动作，合作表演。

指导语1：狐狸见公鸡不上当，它还会怎么赞美公鸡，可以用什么动作表示？

指导语2：请大家找一个好朋友把你们的想法听着音乐表演出来，看哪一组想的办法和别人不一样。

【评析】 狐狸赞美公鸡可以有N多个不一样的方法，当幼儿掌握了B段的模型后，鼓励他们对这一情节进行自由创编和表现，对他们提出了适宜的挑战要求。

5. 听乐曲C段，完整表演。

指导语1：最后狐狸想出了什么办法，我们一起来听一听，看一看。

指导语2：狐狸是怎么做的？公鸡上当了吗？狐狸是什么时候抓公鸡的，公鸡有没有被抓住？

指导语3：请你找一个好朋友来玩一玩，看看谁的反应快。

指导语4：我们把《金鸡冠的公鸡》的故事完整地表演出来吧。

【评析】 乐曲C段，教师一人分饰两个角色，一只手托举扮狐狸，另一手扮公鸡吃豆子，音乐结束狐狸抓公鸡。狐狸抓公鸡的游戏与顶锅盖的游戏类似，通过教师示范，幼儿很快就能掌握，追逐的竞争激发了幼儿想赢的心理，游戏好玩但遵守规则是前提，因此幼儿在游戏时要仔细辨听音乐作出反应，幼儿的规则意识、合作能力变强了。

三、双圈换友，队形游戏

1. 了解双圈换朋友规则。

指导语1：狐狸想抓住更多的公鸡，于是它来到了公鸡农庄。公鸡农庄是什么样的？（教师演示PPT）

指导语2：狐狸是在音乐的什么时候走到公鸡家门前的？它是怎么走的？（朝同一个方向，围着农庄走圆形）

2. 尝试在队形中换朋友。

指导语1：你们想不想到公鸡农庄玩一玩，公鸡站在哪里？狐狸呢？（7张公鸡的小图标在地上贴成圆圈状表示农庄）

指导语2：狐狸是怎么找到下一只公鸡的？我们一起来试一试。

3. 随乐完整游戏2—3次。

【评析】 幼儿在之前没有接触过双圈队形，教师通过演示PPT中的Flash动画，完整再现了交换朋友游戏的过程，让幼儿明确：1. 公鸡在内圈，狐狸在外圈；2. 在音乐的A段，狐狸沿顺时针方向行进；3. 狐狸每次只找一只公鸡。通过视听结合，幼儿自主学习，很容易就习得了双圈队形的集体舞交往模式，教师免于说教，起到了事半功倍的效果。

四、故事悬念，结束活动

指导语1：金鸡冠的公鸡由于贪吃被狐狸给抓住了，狐狸带着公鸡走过黑

大班韵律活动：赛龙舟

【设计意图】

《赛龙舟》是一首慷慨激昂、气势十足的歌曲，配以振奋人心的鼓声、铿锵有力的号子，将赛龙舟的场面表现得淋漓尽致。根据大班幼儿感受与表现音乐的年龄特点，教师将歌曲剪辑成比较简洁的 ABA 三段体结构，A 段由热情的引子部分和号子节奏构成，B 段为四个乐句较为舒畅、开阔，为此设计成赛前热身—动物观赛—分组决赛的故事情境，并尝试自主设计、学习常见的队形变化。以此积累赛龙舟的经验，体验同伴互动、队形变化的挑战和快乐。

【活动目标】

1. 感知乐曲 ABA 三段体结构，能根据音乐的变化用动作合拍地表现音乐情境。

2. 创编敲鼓、划龙舟以及观赛小动物的动作，自主选择合适的队形并尝试队形变化。

3. 感受赛龙舟紧张热烈的氛围，遵守赛龙舟规则，体验与同伴奋勇拼搏的团队合作精神。

【活动准备】

物质准备：剪辑音乐《赛龙舟》、图谱、红黄蓝不同颜色手环作为各队的号码牌、五大洲地形图。

经验准备：了解端午节赛龙舟的习俗、有观看赛龙舟的经验、做早操活动中积累了横排、数列、圆圈等队形。

【活动过程】
一、欣赏视频，感知赛龙舟热烈的场面

指导语：今天老师给你们带来了一段视频，看看视频里的人在干什么？

【评析】 选取《赛龙舟》视频进行剪辑，视频中人们应和着音乐伴奏在敲鼓、划龙舟、舞龙，呈现赛龙舟现场热血沸腾的场面，视觉与听觉相融、音乐与情境相融。幼儿通过观看此视频，链接新经验与已有经验，为身心投入、动作创编打下基础。

二、理解音乐，尝试用动作表现音乐的情节

1. 幼儿创编敲鼓、划龙舟的动作。

指导语1：视频里的人在干嘛？他们是怎么规划的？他们手里拿的是什么？我们也听着音乐的节奏划一划！

指导语2：视频中的人一开始在干什么？是怎么敲鼓的？试一试！

2. 教师配乐讲故事，幼儿自由表现。

指导语1：敲鼓的声音、划船喊号子的声音响震天，热闹的龙舟赛会把谁吸引来呢？请你们一边听我讲故事一边想一想，试着用自己的动作把故事讲出来！

指导语2：鼓敲起来了，鼓声越来越快，好像在催选手们赶紧上场。嘿！选手们扛起船桨来到了赛场！开始热身！河面上这么热闹，把河里的小动物吸引来了，河里有谁？用动作演一演！嘿！选手们再次扛起船桨来到各自的赛道！比赛开始！

3. 理解音乐结构及动作顺序，摆放图谱。

指导语：原来音乐前奏部分先敲鼓，然后扛起船桨划龙舟（前后各两次，前面一次是热身练习，后面一次是正式比赛），音乐中间部分是小动物看比赛。

4. 听音乐、看图谱，完整表现故事情节。

【评析】 此环节突出两个任务：创编动作与理解音乐结构。在引导幼儿创

编出简单的敲鼓、扛船桨、划龙舟、模仿观赛小动物的动作中,一方面重点动作通过上一环节的视频进行学习,另一方面运用戏剧里的旁述默剧引导幼儿用身体动作自由表现,体现了既以幼儿为主体又收放适度的原则;在引导幼儿掌握音乐的结构这一问题上,我借助了有序的图谱摆放及有效的问题互动。

三、熟悉音乐,创编 B 段动作丰富故事情境

1. 继续创编 B 段小动物观赛情境,丰富相应图谱。

指导语:划龙舟吸引来了河里的小动物,除了……河里还有什么小动物?谁来做做动作让大家猜一猜?现在有几只小动物来看比赛啦?让我们把四种小动物按顺序邀请来!

2. 取站姿完整表现,关注动作的合句、合拍。

【评析】 B 段有四个乐句,演唱较为舒缓、优美,与 A 段形成鲜明对比,孩子们创编了小鱼摆尾巴、小鸭嘎嘎嘎、乌龟慢慢游、螃蟹舞大钳的动作。对幼儿而言随乐变换动作并能记住动物的出场顺序有一定的难度,于是我再次借助图谱,在丰富 B 段图谱的同时,又降低了幼儿学习的难度。

四、畅想队形,尝试自主学习队形的变化

1. 画一画、排一排,尝试完成 A 段队形。

指导语1:本领练好了,让我们到赛场来体验一下!你们想排成怎样的队形进赛场?谁来画?想想怎样画,又快又让别人看得懂?

指导语2:小选手们,我们是一边做什么动作一边走队形的?跟着音乐试一试!

2. 思考适合围观的队形,尝试 B 段队形变化。

指导语:热身一结束,就引来了小动物的围观,你们觉得什么队形适合围观?请小朋友来画一画!试试从第一个队形走到第二个队形!

3. 制定比赛规则,三路纵队进行比赛。

指导语:要比赛啦,看看自己的号码牌,你是什么队?这是你们的赛道(红黄蓝三队呈现在图谱上),请选手们到各自赛道前准备!听好规则:要每队每个选手都越过终点线才算获胜!

4. 观察图谱与队形图，完整表现。

指导语：小选手们，比赛的流程清楚了吗？让我们看着完整的图谱说一说：先……接着……最后……第一轮比赛开始！

【评析】 大班后期的幼儿积累了较为丰富的队形变化经验，因此尝试给更多自主的空间让他们设计队形、完成队形变化的挑战。教师在其中用启发性提问引导幼儿思考其适合性与难易程度，如：你们觉得哪个队形最简单？由××队形走到××队形适合吗？幼儿一边做动作一边变化队形有一定的难度，教师通过巧妙的图谱布局设计，帮助幼儿直观地理解了队形与故事情境的匹配。

五、夺魁揭秘，游戏再次升级

指导语：第一轮比赛××队旗开得胜，请获胜的××队来揭开一张图，看看我们的龙舟是要划到哪里去！

小结：原来龙舟赛是要划出中国，划向世界五大洲！让各国的朋友都来参加这项有意义的比赛。现在让我们变成一条最长的龙舟邀请更多的人来加入吧！

【评析】 完整游戏2—3次，每次邀请获胜队揭开1—2张地形图，直至五大洲地图完全呈现在幼儿面前。夺魁揭秘的游戏将幼儿的比赛热情点燃，此环节让幼儿深刻体会到：面对胜利不仅要奋勇拼搏，更要有集体意识，还要遵守规则，将活动推向了高潮。

【活动延伸】

1. 提供音乐、完整视频、乐器以及道具鼓励幼儿创编出更丰富、更豪迈的动作。

2. 提供绘本、民间故事供幼儿自行阅读，以了解更多关于端午节赛龙舟的民俗民风故事，从而萌发对中国传统文化、艺术的兴趣。

【活动反思】

《赛龙舟》是一节原创的大班韵律活动，我根据大班幼儿的年龄特点、兴趣及经验水平，张弛有度地开展教学活动，体现了以下特点：

一、视听结合，是兴趣之源

音乐是较为抽象的艺术，而视觉学习是可感、可描述的，视听结合所产生的互补互释，远远超出了简单的"1+1"之和。在初次感知赛龙舟环节，视听结合，给幼儿带来直观形象的感受，幼儿身临其境、情感迅速升温，与情境相融，不由自主地跟着音乐摇摆身体、随之律动；大家知道在律动学习中，教师越是纠正孩子越没兴趣，图谱的巧妙运用与布局设计破解了幼儿记忆动作与队形变化的困难，激发了幼儿挑战难度的兴趣。

二、给予自主，是创造之源

根据《幼儿园教育指导纲要》的精神，幼儿园音乐教育应以幼儿为主体，在教育过程中尊重幼儿对音乐的独特理解与表现，努力创造各种条件，引导幼儿自主体验、探索和表现音乐。为此，在创编动作理解音乐、表现音乐环节，教师运用旁述默剧的戏剧策略，引发幼儿在宽松、积极的氛围中自主创编身体动作，从而想象、创造得以产生；在畅想队形环节，基于幼儿的已有经验，教师用启发性提问引导幼儿想一想、画一画、走一走。充分的自主，提高幼儿的自我效能感，是创造的源泉。

三、比赛竞争，是动力之源

大班幼儿已具有了较强的集体意识与合作、竞争意识，结合"赛龙舟"特有的比赛性质，设计了小组合作比赛划龙舟的环节。夺魁揭秘的小刺激更是激发了幼儿想要成功的斗志。韵律活动中的比赛竞争对于幼儿而言最大的挑战在于不仅要奋勇拼搏，更要动作合拍、合乐。小组竞争中遇到了不听音乐一味追求速度的问题，在接下来的挑战中，幼儿会抓住重点，关注没有成功的细节，做到动作合拍，在学习中明确目标，有的放矢，积累经验。

（案例提供：江苏省如东县青少年宫附属幼儿园　徐朗煜）

大班律动活动：小小解放军

【设计意图】

每个孩子心里都有一个军人的梦，穿上军装，背上枪，一二一前进，向国旗敬礼。那份荣耀在举手投足间彰显，那份自信在坚定的眼神中流露，趁小小梦想刚刚萌芽，我可以给孩子一段音乐，圆他们一个梦。

催人奋进的《红星歌》鼓舞着千万听众，传唱大江南北，时至今日，已成为人们心中的红色经典。歌曲是ABA的三段体结构，四拍子。A段节奏铿锵有力，表现对党、对解放军的赞颂；B段音乐由四个乐句组成，旋律波浪式上升，节奏抒情缓慢，用解放军式的敬礼、齐步走等代表性的动作模仿解放军，表达对解放军的崇敬和热爱之情。

【活动目标】

1. 倾听歌曲，了解其节奏、旋律和结构。
2. 创设情境，能根据进行曲的节奏创编解放军的各种动作。
3. 合作表现，体验与表达对解放军的热爱之情。

【活动准备】

物质准备：《红星歌》，与音乐一段体旋律匹配的解放军训练视频，圆形座位，贴于幼儿手背的红五角星。

经验准备：幼儿喜欢解放军，有模仿解放军敬礼、射击的经验。

【活动过程】

一、幼儿扮演角色进场

1. 组织幼儿扮演角色进入活动场地。

指导语：小战士们，我们行军已经一天了，前方就是我们的休息地，赶紧找一个地方原地休息。

2. 抛出活动任务。

指导语1：今天，我接到一个通知：我们要到射击场练习射击，怎么练习？

小结：射击需要先仔细观察靶子，再瞄准射击，我们一起来试着练一练。

指导语2：好，我们出发去射击场练习射击，看到熟悉的战友需要敬礼。先看其他解放军是怎么去练习的？

3. 了解动作表现的内容。

指导语：刚才你们是走几步，就对战友敬礼的？你们要和我一起出发去练习射击，我们边出发边数一数。

4. 了解敬礼的正确方法。

指导语：怎么敬礼的？贴有五角星的那只手敬礼。（见图一）

图一

【评析】幼儿初步感受音乐时，教师用简单的敬礼动作对A段音乐进行了诠释,并让幼儿充分观察到每两次敬礼之间是走四步,为幼儿踩准节奏作了充分的铺垫。

二、幼儿感受音乐并创编动作

1. 播放视频,丰富幼儿创编动作的经验。

指导语:你知道解放军还练习哪些本领吗?我们一起看视频。

2. 幼儿创编动作,集体模仿。

(1) 幼儿介绍自己创编的训练动作。

指导语:刚才,我们出发去了射击场,现在你们还想练习什么本领?(根据幼儿的创编进行集体模仿)

(2) 加上队形换位。

指导语:去××训练场地排成什么样的队伍呢?我们现在的圆形队伍怎么走?

小结:我们每走四步向前移动一把小椅子,敬礼的时候不走。(见图二)

图二

3. 动作组合逐步升级,完整表现音乐。

指导语1:我们练习了射击和××的本领,这次我们可以一次练习两种本领。

指导语2：你觉得还需要有什么本领？我们可以一次练习四种本领吗？

【评析】 幼儿在观看视频的基础上进行动作创编，既建立了经验的链接，也体会到了解放军的刚强、勇敢的气质，从内心升华出崇敬之情。动作组合升级的过程，幼儿充分感受并了解组合动作的来源。幼儿自己创编动作，自己组合动作完整演绎音乐，充分体现学习的主动性。

三、领袖者游戏融入角色进行完整表演

1. 提前确定领袖进行表演。

指导语：你觉得解放军还应该练习什么本领？我们可以作为教练在中间教给大家，让大家互相学习。（请出四名幼儿带领大家一起完整表现音乐）

2. 音乐进行中确定领袖进行表演。

指导语：我们每个人都想当教练，每个人都有想好的训练项目要教给大家，接到邀请的教练就要赶紧带领大家进行动作训练。

3. 完整进行领袖者游戏的表演。

指导语1：刚才我是在音乐的什么地方向新的教练发出邀请的？

指导语2：有本领的教练不仅能教给大家训练的项目，还特别能观察出谁是最优秀的，谁能够当解放军。观察到新的教练就要对他发出邀请，请他带领大家进行新的项目的练习。

4. 在情境中结束活动。

指导语：有很多训练需要有更大的训练场地，我们一起出发到外面去训练吧。

【评析】 领袖者游戏对幼儿来说是有一定的难度的，通过提前确定领袖逐步过渡到老师在音乐中确定领袖，再到幼儿自己在音乐中、在动作的同时确定领袖，升级台阶小，幼儿能轻松过渡。

【活动反思】

本次"小小解放军"活动，教师运用幼儿感兴趣的方式发展幼儿的动作，提升幼儿的音乐素养，激发幼儿的表演欲望，为幼儿创造了一次学做解放军的机会，活动主要有以下特点：

一、幼儿学习充分自主

本次活动中，尊重幼儿、相信幼儿的教学理念得到了充分的彰显。为帮助幼儿建立新经验，在创编动作时，教师播放了相关的解放军训练的视频，调动幼儿的已有经验，激发幼儿大胆表现的愿望。教师提炼幼儿创编的动作时，充分利用幼儿的原创动作，尊重幼儿的个性化表现，让大家在同伴的感染下，自主学习，模仿学习。

二、幼儿游戏升级有序

活动中，幼儿创编的动作丰富，表现欲望强烈，选用领袖者游戏，正好可以满足幼儿模仿表现的需要。本次活动中，领袖者游戏中采用了逐级提升的方法，分三步游戏：第一步，幼儿在游戏中轻松了解了领袖的含义；第二步，幼儿通过反复倾听与尝试，找到了音乐中邀请领袖的音乐卡点；第三步，幼儿在游戏中积累了动作经验，能提前准备好领袖动作，因而听音乐游戏时，能跟随节奏自由游戏。由于在游戏中发现问题并逐个解决问题，因而游戏升级轻松平稳。

幼儿在本次活动中不仅收获了表演的乐趣，也激发了热爱解放军、热爱祖国的情感。

（案例提供：江苏省如东县掘港街道环北幼儿园　朱国平）

大班韵律活动：马蹄哒哒

【设计意图】

在开展主题活动"各民族娃娃是一家"中，我和幼儿收集了有关少数民族不同生活方式的图片、民族娃娃的服饰以及相关的民族经典音乐，发现幼儿对少数民族的舞蹈尤其是蒙古舞甚感兴趣。于是我们在众多蒙古族音乐中确定了热情奔放、节奏欢快的《马蹄哒哒》，剪辑成A、B、C的三段体结构，并根据各段音乐的情绪变化匹配了骑马、套马、赛马的故事情境，尝试在情境化、游戏化的氛围中轻松掌握蒙古舞的基本动作并完成队形变化的挑战。

【活动目标】

1. 感受音乐热情奔放、节奏欢快的风格，尝试用骑马、套马、赛马等蒙古舞的基本动作表现音乐的三段体结构。

2. 通过观察动态课件发现B段音乐的旋律与队形变化的关系，并尝试合作学习行进逆向交换朋友的方法。

3. 了解我国少数民族——蒙古族特有的生活方式，体验在蒙古舞中与同伴互动交流、合作竞争的乐趣。

【活动准备】

物质准备：课件（体现蒙古风情的静态图片、与B段音乐相匹配的逆向交换朋友动态队形图、音乐）、幼儿右手戴手环（手环为黄、蓝两色，各占幼儿一半，并分别吊有数字1—8，幼儿在活动前找到戴有相同数字不同颜色手环的朋友两两结伴）；场地创设：外圈为蓝点子、内圈为黄点子的双圈马场

(场地蓝、黄点子与幼儿手环颜色、数量一致)。

经验准备：幼儿玩过切西瓜的体育游戏，有单圈移动交换朋友的经验。

【活动过程】

一、播放 A 段音乐，做骑马动作导入，萌发参与活动的兴趣

指导语1：听，这是一段骑马的音乐，让我们骑上马儿走一走！

【评析】 引导幼儿跟随音乐做跑马步进入活动室，初步感知音乐欢快且节奏感较强的整体风格。

指导语2：这是哪里？草原上有什么？哪个民族的人住的是帐篷还喜欢骑马？

【评析】 播放PPT1，蒙古大草原上有蒙古包和成群的马儿，并组织幼儿讨论。

二、感知 B 段音乐，根据故事情境学习套马、耸肩等动作

1. 幼儿创编"甩缰绳、套马"的动作。

播放图片：小骑手单手持缰绳在草原上套马。

指导语：看，蒙古大草原上马儿成群，小骑手在干什么？我们来学一学小骑手。

教师出示图片，幼儿观察图片并调动已有经验，创编单手绕缰绳、甩缰绳的套马动作，教师鼓励其他幼儿一起学习。

2. 情境中学习耸肩动作，并尝试随音乐表现。

指导语：套中马了吗？看我的动作猜一猜！

教师一边耸肩两次一边发出"哈、哈"的笑声，表现套中马的愉悦，幼儿根据教师的肢体动作和语言进行猜测。

3. 幼儿跟随B段音乐表现套马、耸肩动作。

指导语：你们能套中吗？跟上音乐试一试！

【评析】 音乐的整体风格都是欢快且节奏感较强的，但相比而言A段更整齐，B段则呈现出悠闲、烂漫的意蕴，因此匹配了和而不同的故事情境。幼儿用套马、耸肩的动作表现B段每一个乐句，反复四遍，并视幼儿节奏掌

249

握的情况，教师一开始可以随乐说节奏儿歌：甩、甩、甩、套，哈、哈！逐步过渡到幼儿独立随乐表现。

三、熟悉 A、B 段音乐，在体验蒙古族不同风土人情的情境中由散点到双圆随乐用动作连贯表现 2—3 次

1. 散点连贯表现 A、B 段音乐。

指导语 1：蒙古人除了住的是帐篷，喜欢骑马、套马，跟我们的生活还有哪些不一样呢？让我们骑上马儿去看一看！

画面一：蒙古人穿着长袍，端着奶茶和马酒欢迎客人

指导语 2：蒙古人在欢迎我们呢，看看他们穿的衣服跟我们有什么不一样？

小结：色彩鲜艳的长袍是蒙古人的传统服装，他们非常热情好客，会为尊贵的客人准备奶茶和马酒。

画面二：蒙古人在大草原上跳舞、摔跤、射箭……

指导语 3：蒙古人在干什么？

小结：原来蒙古人穿衣打扮跟我们不一样，他们招待客人用的是奶茶和马酒，还特别喜欢射箭、摔跤，是个能歌善舞的民族。

2. 双圈连贯表现 A、B 段音乐。

画面三：蒙古圆形马场

指导语：看，我们这儿也有一个马场，是什么样子的？马场上有几种颜色的点子？我们应该怎么站呢？（外圈是蓝点子、内圈是黄点子……）

由马场课件图片过渡到场地上的蓝、黄双圈马场，幼儿根据手环颜色和数字两两面对面站在双圈点子上，随乐原地表现骑马与套马。

【评析】教师与幼儿跟随 A、B 段音乐，取站位（散点—双圈）有节奏地表现骑马、套马，教师视幼儿对音乐的把握情况用预令提醒幼儿注意 A、B 段音乐之间的转换，逐步过渡到去除预令，交由幼儿倾听、感受、把握。此环节创设骑马去看蒙古风情的情境，反复练习 2—3 次，目的在于通过多次练习熟悉音乐旋律，为接下来队形变化的升级挑战做准备。

（四）、观察 B 段双圈逆向行进交换朋友的动态课件，尝试学习队形变换

1. 幼儿链接交换朋友的已有经验。

指导语：我们感受到了蒙古人是非常热情、喜欢交朋友的，那我们在双圈上可以怎样换到新朋友呢？（外圈小朋友移动位置/内圈小朋友移动位置）

2. 幼儿观察动态课件，对 B 段的队形变化有初步的感知。

指导语：让我们看看蒙古小骑手是怎样换到新朋友的，一边看一边思考两个问题：两队分别朝哪个方向移动？做什么动作的时候移动位置？（两个圈上的点子向相反的方向移动，移动位置的同时甩缰绳套马……）

3. 幼儿尝试在双圈队形上完成逆向行进交换朋友的队形变化。

指导语1：给你们一段音乐，请和朋友到"马场"来试一试！

幼儿尝试自主学习队形变化，教师巡回观察，发现需要指导的幼儿与成功完成队形变化的幼儿，以便在下个环节开展对应的指导与经验分享。

指导语2：有没有成功？谁来说说你们的办法？（朝戴手环的手伸出去的方向换朋友、一次移动一个点子）

【评析】 单圈移动交换朋友对于大班幼儿而言是可以轻松达成的，而双圈逆向行进交换朋友会有一定的难度。为了让幼儿直观地感知，教师根据 B 段音乐制作对应的动态课件，并提问引发幼儿思考：内外圈各往哪个方向移动，哪一个乐句移动，哪一个乐句停止，这样有目的地去观察，聚焦难点、化解难度。在此基础上，教师放手让幼儿自主尝试，通过手环提示、链接已有经验、同伴观察、模仿学习等方式，帮助幼儿解决了逆向行进交换朋友的空间辨识难题。

五、逐步增加挑战，完整表现

1. 播放 ABC 三段体完整音乐，幼儿随 A、B 段音乐在双圈上表现，并听 C 段音乐。

指导语1：听，什么声音？好激烈，你们觉得在干嘛？

幼儿在比赛/在赛马。

指导语 2：原来在赛马，但是在双圈上比赛是不公平的，需要变成一个圆，怎么变？

（外圈的小朋友走到里圈来/里圈的小朋友走到外圈）

指导语 3：谁来比呢？请听我报的数字，报到几就是几号的两个小骑手绕圆赛马一圈，谁先回到自己原来的点子，谁就获胜，听明白了吗？

幼儿跟随 C 段音乐尝试由双圈变为单圈并在单圈上赛马。

小结：看来要取得胜利不仅要跑得快，还要看好自己的号码牌，耳朵仔细听！

2. 听完整音乐，回忆故事情节与队形变化。

指导语：今天我们做了哪些有意思的事？看来蒙古人的生活中离不开马。现在让我们听着音乐来回忆一下快乐的草原生活！

3. 尝试完整表现音乐 2—3 次。

4. 随乐退场，自然结束活动。

指导语：草原上的生活有意思吗？让我们骑着马儿回家咯！快马加鞭，驾！

【评析】C 段音乐有较急促的鼓点、节奏明显加快，再加上此起彼伏的欢呼声，幼儿合理猜想出赛马的情境。如何赛？选手是谁？基于这两个问题的思考，我们引导幼儿想出两种方法：外圈走到内圈，或者内圈走到外圈实现单圈比赛；手环上的数字吊牌又很好地解决了比赛选手的确定。为做好比赛的准备，建议幼儿一律面向圈外，幼儿在比赛中积累了一定的取胜经验：看好自己的号码牌、仔细倾听、快速反应等等，激烈的赛马将活动推向了高潮。

【活动反思】

民族舞蹈展现了不同民族的风土人情、地域特色，是幼儿了解各民族文化，感受文化多样性的一个良好途径；民族舞蹈中所蕴含的服饰美、动作美、造型美，能够激发幼儿的审美感受和创造表现。而以往的幼儿民族舞蹈教学往往追求"动作是否到位""队形是否整齐"等单一技能技巧的目标达成，使得幼儿的学习过程缺少了亲身感受与情感体验，本节活动在幼儿的身心同步参与方面做出了很好的努力与尝试。

一、故事情境化解反复练习的尴尬

故事为音乐活动的开展创造情境，使得动作的练习富有特定的意义。提压腕、耸肩、马步等是蒙古舞的基本动作，于是便有了骑马、套马、赛马的故事情境，而这些正是蒙古人独特的日常草原生活。

然而，动作的协调与把握需要幼儿全身心地参与和一定量的练习，为让幼儿变被动练习为主动参与，教师创设了"体验蒙古族不同风土人情"的情境，一方面幼儿在体验中由散点位置到双圆队形随乐用动作连贯表现三次，熟悉了音乐、掌握了动作；另一方面，通过欣赏蒙古族风俗图片，了解了他们特有的生活方式。可谓是自然而然达成了能力目标与情感目标。

二、动态课件突破队形变化的难点

著名心理学家特瑞赤拉早在1967年就实验得出了感官与学习之间的关系：人类从外界获得的信息中有83%是通过视觉，11%是通过听觉……可见，人们通过视觉和听觉获得的信息占从外界获得的所有信息的94%，这充分说明人类的视觉和听觉特别是视觉对学习的重要作用。

因此，教师根据B段音乐的性质，制作了与幼儿手环颜色对应的蓝、黄双圈队形图谱，每个乐句的前半句位移、后半句与新朋友面对面，完成四个乐句的重复。在幼儿学习的过程中，通过图谱的线性流动带给幼儿感官上的刺激，引导幼儿及时根据音乐的变化来完成队形与动作的变换，视听结合的课件很好地突破了行进逆向交换朋友的队形变化难点。

三、身心同步参与提升学习的品质

《3—6岁儿童学习与发展指南》明确描述了什么是学习品质及学习品质培养的重要性："幼儿在活动过程中表现出的积极态度和良好行为倾向是终身学习与发展所必需的宝贵品质。""忽视幼儿学习品质培养，单纯追求知识技能学习的做法是短视而有害的。"

本节活动中，教师力求不仅是幼儿身体在参与，更是要调动幼儿思维、想象、情感的积极参与。活动开始，幼儿听着欢快的音乐"骑马"来到了"蒙古大草原"，愉快的氛围激发起幼儿的学习兴趣，为后面的全身心参与作好铺垫；如何发挥幼儿的能动性学习骑马、套马等动作以及队形的变化呢？教师提供了生动形象的图片，给予较充分的时间、空间让幼儿尝试自主学习、合作学习，通过人与物、人与人之间的有效互动享受学习过程；在赛马环节，幼儿能够自己发现问题并积累一定的取胜经验，如：面向圈外做准备、看好号码牌、仔细倾听、快速反应等等，这样的自我反思和成长是唯有幼儿全身心积极参与才能达成的。

（案例提供：江苏省如东县青少年宫附属幼儿园　徐朗煜）

大班韵律活动：茶壶和茶杯

【设计意图】

　　大班幼儿对歌曲《小茶壶》情有独钟，在边唱边演小茶壶时，自然而然联想到了茶壶的老搭档茶杯，于是倒茶的游戏随之而来。根据幼儿的兴趣和需要，我创编了《茶壶和茶杯》的故事，并匹配具有民间特色的乐曲《小看戏》，找朋友—倒茶—品茶三段情节分别与乐曲的 ABC 段相对应。

　　《幼儿园教育指导纲要（试行）》中指出：教育活动内容的选择既要适合幼儿的现有水平，又有一定的挑战性。因此在感知音乐结构和旋律的基础上，我向幼儿提出了合作和创编的要求。其中茶杯的杯口变换不同的方向，茶壶的壶嘴对应杯口倒茶，不仅需要幼儿准确地把握节奏，对幼儿间的合作也提出了更高的挑战，是本次活动的重难点。为了让幼儿在游戏中产生自我效能感，轻松愉悦地完成挑战，我通过分角色表演、师幼示范、梳理动作先后顺序、语言提示等有效的方法，帮助幼儿轻松突破重难点。

【活动目标】

1. 听故事，感知音乐的结构与旋律，能跟着音乐合拍地做动作。
2. 创编茶杯开口的方向，和同伴合作玩倒茶的游戏。
3. 喜欢玩音乐游戏，能大胆表现。

【活动准备】

　　物质准备：民间音乐《小看戏》；八张茶杯的图片在地板上贴成圆圈形状；小老鼠纸偶一个。

经验准备：玩过双圈换朋友的游戏。

【活动过程】
一、故事导入，激发兴趣

指导语：陶瓷店里有很多茶壶茶杯，到了晚上等营业员下班了，茶壶们就悄悄跑出来找茶杯玩倒茶的游戏，它们玩得可开心了，还引来了馋嘴的小老鼠品尝香香的茶饮呢。

【评析】 故事简单明晰，为匹配音乐做铺垫。茶壶和茶杯在生活中随处可见，倒茶也是幼儿能观察到的生活日常，茶壶和茶杯的游戏充分体现了《纲要》中指出的"教育要联系幼儿的生活实际，珍视生活的独特价值"这一原则。

二、熟悉音乐，完整表演

1. 创编茶壶动作，随乐表演。

指导语：小茶壶是什么样子的？我们可以用什么动作来表示？小茶壶走走看看找朋友，它是怎么看怎么找的？茶壶又是怎么倒茶的？（幼儿随乐表演茶壶的动作）

2. 创编茶杯动作，随乐表演。

指导语：小茶杯是什么样子的？请你用动作表示一个大大的杯口。小茶杯可调皮了，只有它轻轻地打开杯口茶壶才能倒茶，小茶杯是怎么打开杯口的？杯口打开了几次？（幼儿随乐表演茶杯的动作）

【评析】 茶壶和茶杯是幼儿生活中最常见的物品，教师鼓励幼儿为茶壶和茶杯创编相应的故事动作，体现了以幼儿为主体的原则。在音乐的A段，茶壶和茶杯边走边看找朋友，动作保持一致。在音乐B段的倒茶游戏中，两个角色的动作有先后顺序，茶杯先打开杯口，茶壶后倒茶，需要幼儿准确匹配音乐做动作，有一定的难度，因此在此环节教师通过示范、提问、分角色表演的方法，帮助幼儿分别熟悉两个角色的动作，为合作游戏做准备。

3. 师幼互动，合作表演。

（1）教师和一名幼儿互动，随乐合作表演。游戏中教师进行语言提示：

边走边看找到朋友（A 段）——杯口打开，茶壶倒茶（B 段）——拍拍手真快乐（C 段）。

（2）教师提问，掌握合作要领。

指导语：刚才我们是怎么玩倒茶的游戏的？找到朋友后，茶杯先做什么，茶壶后做什么？

（3）伴随教师的语言提示，师幼集体玩倒茶的游戏。

（4）幼儿两两结伴，随音乐进行完整表演。

【评析】 幼儿合作玩倒茶的游戏是本次活动的重难点，教师通过和一名幼儿互动，加以语言提示，将倒茶的游戏清晰地呈现在所有幼儿面前，并通过有针对性地提问引发幼儿思考，从而明确合作的要领"茶壶等茶杯打开杯口以后才能倒茶"。

三、杯口变化，游戏升级

1. 创编杯口动作，尝试合作。

指导语：刚才茶杯的杯口是朝哪个方向打开的？茶杯的杯口除了可以朝上还可以朝哪边？杯口的方向变了，什么也要变？想不想和好朋友试一试？记住茶杯的杯口每次变的方向要不一样哦。

2. 两两合作，随乐完整表演 2—3 次。

【评析】 在活动中，幼儿灵感乍现，创编出不同方向的杯口，茶壶的壶嘴随着杯口不断调整方向，结果的不确定性大大增加了游戏的趣味性，每一次的变化都能引来幼儿会心的笑声。

四、双圈队形，交换朋友

1. 讨论在音乐的 A 段换朋友。

指导语：刚才茶壶都是和同一个茶杯玩游戏，我们可不可以换朋友玩倒茶的游戏？什么时候换？怎么换？

2. 尝试看茶杯标记站双圈队形。

指导语：你们瞧，地上有什么？是谁站的位置？茶杯站在标记上，那小茶壶站在哪里？

3. 在队形上尝试玩换朋友的游戏。

指导语：茶杯在圆圈上怎么换朋友？每次朝哪边移动？

4. 在双圈上集体随乐完整表演。

【评析】 音乐的 A 段共有四个乐段，幼儿可以换四次朋友，并跟第四个朋友面对面玩倒茶的游戏，教师通过茶杯标志的提示，让幼儿知道哪个角色在换朋友中起主导作用，"什么时候换、换了几个朋友"也通过幼儿讨论和教师示范一一得到解决。大班的幼儿对双圈的队形和换朋友的游戏有一定的经验，老师只要稍加提示幼儿就能很快明确职责。

五、老鼠品茶，结束活动

1. 出示老鼠手偶。

指导语：刚才你们玩得那么开心，把谁给吸引过来了？

2. 教师扮演老鼠，在音乐的 C 段和幼儿玩点兵点将的游戏。在音乐停止时，被点到的茶杯要给小老鼠奉茶，并和小老鼠交换角色继续游戏。

指导语：小老鼠来干什么？小老鼠会喝哪个茶杯里的茶？

3. 幼儿扮演老鼠玩游戏。

【评析】 老鼠指偶的出现给幼儿带来了惊喜，在音乐的 C 段，幼儿边拍手边和小老鼠玩点兵点将的游戏，音乐结束时被点到的茶杯要给老鼠奉茶，并和老鼠交换角色继续游戏。结果的不确定性给幼儿带来无限的可能，满心期待自己是那个被点到的幸运儿，游戏在欢声笑语中进入尾声。

【活动延伸】

1. 区域游戏。

（1）在表演区，提供音乐、打击乐器及丰富的图片，鼓励幼儿听音乐创编出更多更有趣的动作。

（2）在美工区，提供废旧材料、装饰材料，各种茶杯和茶壶的图片，鼓励幼儿大胆制作和装饰茶壶和茶杯。

2. 家园共育。

根据幼儿的兴趣和需要，鼓励幼儿在家长的协助下收集各种茶壶茶杯带到幼儿园展览，阅读绘本书籍和上网查阅资料了解中国的茶文化，欣赏体验茶艺等。

【活动反思】

一、互动示范，化解难点

B段音乐中的倒茶游戏是本次活动的难点。游戏中，茶壶和茶杯的动作是有先后顺序的，这无形中给幼儿两两合作带来了难度。在分别熟悉了茶壶和茶杯的动作后，教师让幼儿扮演首发动作的茶杯，教师扮演需要等待并做出反应的茶壶，通过榜样示范和语言提示，让幼儿看清楚合作的过程。紧接着教师通过提问引发幼儿思考"刚才我们是怎么玩倒茶的游戏的"，帮助幼儿理清动作的顺序"杯口打开，茶壶倒茶"，轻松地化解了这一难点。

二、杯口变化，引发兴趣

"杯口除了朝上还会朝哪边呢？"开放式的提问引发了幼儿创编杯口方向的兴趣，他们积极动脑，畅所欲言，创造性地用身体动作摆出各种不同的造型。杯口方向的变化引发了壶嘴方向的变化，这大大增加了游戏的趣味性。为了给同伴增加难度，有的幼儿摆出朝后的杯口，有的幼儿踮起脚尖将杯口举得高高，有的幼儿侧身马步摆出具有艺术造型的杯口，而表演茶壶的幼儿屏息凝神，仔细观察同伴的变化，随着游戏的深入幼儿的默契度也越来越高。创编活动不仅丰富了幼儿的想象力和创造力，合作和交往的能力也在不断地提升。

三、老鼠造访，点睛之笔

小老鼠的出现让幼儿既惊喜又期待，"它会和大家玩什么游戏呢"？带着这样的疑问，幼儿玩得既投入又认真。在倒茶的游戏之后，小老鼠用点兵点将的方法选出幸运茶杯给老鼠奉茶，并和小老鼠互换角色循环游戏，使幼儿耳目一新，让平淡的故事更具戏剧色彩，也为幼儿接下来了解中国的茶文化埋下了伏笔。

（案例提供：江苏省如东县实验幼儿园　吴燕）

大班韵律活动：我是小小兵

【设计意图】

本次活动选用的音乐是我国著名作曲家冼星海先生于抗日战争时期创作的《黄河大合唱》之第四乐章——《保卫黄河》。此乐曲曲风明快、豪放、音乐形象分外鲜明，比如曲中的风在吼，马在叫，以及齐唱、轮唱的方式，此起彼伏，一浪高过一浪，一幅行军打仗的画面跃然眼前。于是我创设了小小兵行军渡黄河打敌人的游戏情境。整个乐曲的旋律主题循环反复，我剪辑了其中轻重缓急截然不同的两段，合成为ABA结构，A段音乐明快有力，B段音乐紧张急促，根据音乐的明显变化，创设了操练本领——渡黄河、爬铁丝网——英勇战斗的故事情境。旨在通过幼儿与音乐的有效互动，真正地让孩子在玩中学，学中玩；同时尝试让幼儿初步接触并喜欢中国具有民族特色的优秀音乐作品。

【活动目标】

1. 初步熟悉音乐的旋律，感知乐曲气势宏伟、曲调有力的特点。
2. 尝试按音乐的节奏创编动作，并用动作完整表现练习本领、渡过黄河、匍匐前进、英勇战斗等情节。
3. 通过玩与敌人战斗的游戏，萌发不怕困难、勇往直前的爱国情感。

【活动准备】

物质准备：视频片段、剪辑合成音乐《保卫黄河》（选自石叔诚演奏的钢琴协奏曲《黄河》第四乐章《保卫黄河》）、游戏道具。

经验准备：幼儿通过视频、故事书等了解过抗日战争时期行军打仗的故事。

【活动过程】

一、视频导入，了解音乐背景

指导语1：你们看过打仗的电影吗？今天老师也带来了一小段，你们看！

指导语2：你看到了什么？（风很大，黄河水流很急/战士们扛着武器，有的步行、有的骑着马/他们在打敌人……）

小结：是啊，在很多年以前，我们家乡、我们祖国遭受日本兵的侵略，千千万万的中国战士还有普通老百姓都拿起了武器跟敌人展开了战争，最终打败了敌人，他们厉不厉害？

【评析】 视频导入，形象地向幼儿展现了黄河风高浪急，战士们扛着武器行军穿梭，不畏困难与敌人英勇战斗的场面。此处视频抹去了原声，配以此节活动选用的音乐《保卫黄河》，引导幼儿在初步了解抗日历史的同时感受音乐宏伟壮阔的特点。

二、听赏乐曲，引导游戏

1. 完整欣赏，整体感受。

指导语1：今天你们就是小小兵，我是队长，让我们听着音乐来玩打敌人的游戏。让我们先完整地来欣赏一遍音乐！

指导语2：听了音乐，你有什么感受？（音乐很有力/很激动/最后打了胜仗……）

2. 欣赏A段，操练游戏。

指导语1：你准备怎样去打敌人呢？（可以练打拳/打枪/练刺刀/扔手榴弹……）

小结：是呀，打敌人前先要练好本领！让我们跟着有力量的音乐来练，试试练本领的时候喊出口号会更神气呢！（见图一）

指导语2：让我们听着音乐把这些本领连起来练一练！

【评析】 教师提出问题，你准备怎样去打敌人呢？幼儿充分调动已有经

图一

验，想出各种可操练的本领，教师引导："请这位小兵带领大家一起练本领。"幼儿的个体经验转化为幼儿的集体经验，他们跟随音乐节奏创编出打拳、打枪、练刺刀、扔手榴弹等动作。最后将这些本领连起来整体地表现，从思维的发散到动作的整合，收放自如，同时也呈现出跟随音乐用动作操练的整齐美。

3. 欣赏B段，渡水夜袭游戏。

指导语1：准备出发啦！我们先要渡过波涛汹涌的黄河，才能来到敌营。听！我们一路上遇到哪些危险呢？（播放B段音乐）

指导语2：你好像听到了什么声音？（鸟叫声/风声/很危险的声音……）

（1）行军渡水游戏。（音乐B前段）

指导语1：是呀，风在吼，马在叫。小兵会怎么样？谁来试一试！（小兵被风吹得后退了好几步/小兵被风吹得打转转……）

指导语2：前面就是波涛汹涌的黄河，你准备怎样渡黄河？用你想到的好办法带小兵们渡河试一试！

（2）越过封锁线。（音乐B后段）

指导语1：终于渡过了黄河，前面就是敌营，敌人很狡猾，有探照灯、有布得很矮的铁丝网，怎么办？（爬过去/要趴得很低很低，不能碰到铁丝网……）

指导语2：请大家跟着音乐的节奏练一练！

小结：这样匍匐前进既碰不到铁丝网，又不容易被探照灯发现，一定能越过封锁线！

【评析】 此环节教师引导幼儿在充分感受与欣赏音乐的基础上，去理解音乐，继而用自己的动作去表现音乐，教师尽可能地"站在了孩子的背后"，给予他们思考的余地、实践的空间。当然教师始终发挥着主导作用，在幼儿需要帮助的时候提供支持，比如为了让幼儿更好地去表现音乐前半段行军渡河的场面，配以儿歌：风在吼，呼；马在叫，吁！我来划船/我来游泳……一二一二一二！

4. 再赏 A 段，战斗游戏。

指导语1：冲进敌营我们就要干嘛？（跟敌人战斗）

指导语2：让我们用之前练习的本领来打败敌人！注意，后面有敌人！左边！……

小结：我们的小小兵真聪明，哪个方向有敌人就往哪儿打。（见图二）

图二

【评析】 如果前面是"收"，这个环节就是"放"，引导幼儿根据音乐的节奏用自己喜欢的动作来表现战斗，有了操练游戏的基础，幼儿能根据老师的语言提示边动作边变换方向。

5. 完整听赏，连贯游戏。

（1）完整听音乐 ABA，回顾各段情节。

指导语 1：我们连起来听一遍音乐，回忆一下刚刚我们是怎样打仗的？

指导语 2：你们听出来音乐有几段？

小结：第一段是练习本领，第二段渡黄河、爬铁丝网，第三段跟敌人展开战斗。

（2）连贯游戏一遍，表现练习本领、渡过黄河、匍匐前进和英勇战斗。

指导语：这里是我军阵地，前面是黄河，敌营在那边，我们操练一下！

小结：小小兵们真能干，听得懂音乐的指挥，又赶跑了敌人！

（3）加上前奏，完整表现。

指导语 1：这一次我们真的要去打仗啦！真的打仗要带上什么？每个小兵选一样你最喜欢的武器。听，什么声音？（号角）

指导语 2：战斗的号角吹响了，让我们打响胜利之战！快来，让我们一起举起炸药包炸倒敌人的碉堡！看，我们的红旗在敌营上空迎风飘扬，我们胜利啰！

【评析】此环节先让幼儿整体感知音乐的 ABA 结构，并回忆与音乐匹配的故事情节；然后幼儿选择了自己喜欢的道具，加上战斗号角的奏响，幼儿情绪上有了愉悦、激动的体验；最后教师和幼儿一同举起炸药包炸毁敌人碉堡，同时在激昂的音乐声中五星红旗插到了敌人的阵地迎风飘扬，将幼儿带进了活动的高潮。

三、介绍音乐，自然结束

指导语：今天我们听着这首好听的乐曲玩了打敌人的游戏，这段音乐叫《保卫黄河》，是我国很有名的音乐家冼星海先生创作的，过去我们的革命战士听着这首乐曲在战场上打败了敌人，保卫了祖国。我们以后也要学更多的本领，把我们的国家建设得更强大，你们有信心吗？好，扛起我们的武器，为今后的和平做好准备！

【评析】此环节教师向幼儿介绍了乐曲的名字——《保卫黄河》，以及作者和作曲的历史背景，因为这种优秀的具有中国特色的音乐是非常有必要让孩子去了解和接触的，这也为他们今后愿意走近更多的民族的优秀音乐作品打下基础。

【活动反思】

音乐游戏活动不仅给幼儿提供了充满趣味性的情节，并且给幼儿以音乐美的享受。《纲要》和《3—6岁儿童学习与发展指南》指出：培养幼儿喜欢艺术活动，并能大胆地表现自己的情感，让幼儿在音乐游戏中与同伴交流情感，彼此建立起信任、了解和友谊。在本次活动中教师力图做到为幼儿创设感兴趣的音乐情境，引导幼儿在充分感受音乐的基础上自由、自主地进行音乐体验。

一、音乐的选择上：体现民族，挖掘内涵

在以往的音乐活动中，幼儿感受得更多的是国外的音乐，当接触到《保卫黄河》这么好的音乐素材时，为之震撼，于是在新中国成立70周年之际教师选择了此曲开展音乐活动，同时思考：这么恢宏壮观又具民族特色的音乐如何传递给孩子欣赏呢？教师了解了此曲的创作背景以及细节解读后，创设了小小兵渡黄河与敌人战斗的情节，这样的故事情节与音乐很贴切，从而深入浅出地挖掘了音乐的内涵意义。

二、教师的引导上：提供机会，注重个体

《纲要》指出："尊重幼儿在发展水平、能力、经验、学习方式等方面的个体差异，因材施教，努力使每一个幼儿都能获得满足和成功。"无论在操练游戏还是渡水游戏环节，教师都提出问题启发幼儿思考，引导能力强的幼儿在表现创造的同时向需要模仿的幼儿提供榜样，向需要借鉴的幼儿提供思路，教师也用语言和身体动作鼓励、暗示不够大胆表现的幼儿，采用散点位的方式进行练习，充分为幼儿提供空间，让每个幼儿都有展现的机会。教师的激励起到了一传十、十传百的辐射性效果，发挥了引领幼儿、托举幼儿、激励幼儿发展的作用。

三、情感的体验上：辅助道具，更添乐趣

音乐游戏中恰当地运用道具可以使幼儿在与材料的互动中得到发展，并增添活动的趣味性。大班的孩子很喜欢玩打仗的游戏，特别是男孩子，在最后完整表现环节，教师提供了玩具枪、玩具刀剑、手榴弹、炸药包等道具。幼儿带着自己心爱的武器上战场再次点燃了他们表现的激情，也增强了活动的趣味性。当孩子们表现与敌人英勇战斗场面时，看到几名卡通日本兵站在用纸箱垒高的敌营烽火台上，他们情绪更是高涨，用先前学的本领一举将敌人拿下，此时应着激昂的音乐我们的五星红旗在敌营上空迎风飘扬，这样令人振奋的场面直接将活动推向了高潮。无论是孩子还是老师都被此时的情景深深地感染了，爱国之情油然而生，心绪久久不能平复，久久令人回味。

（案例提供：江苏省如东县青少年宫附属幼儿园　徐朗煜）

大班韵律活动：跳马伕

【设计意图】

作为幼儿游戏的信号和媒介音乐是幼儿韵律活动中的必备元素。近几年，我园开展了"经典音乐资源在幼儿园韵律活动中应用的案例群研究"这一实践研究，引导幼儿用自己的方式灵动地演绎经典音乐，让幼儿走近、了解、喜欢经典音乐。《跳马伕》是江苏如东极具代表性的传统舞蹈，是国家级非遗传承项目，它的音乐特点是无旋律伴奏，主要通过锣鼓声、马铃声、呐喊声来伴舞，舞蹈机动多变。教师节选了其中有代表性的节奏，创编成适合幼儿的集体舞蹈。通过故事情境、视频学习及游戏活动等途径，让幼儿感受音乐和舞蹈的独特之处，同时激发幼儿爱家乡的情感。

【活动目标】

1. 能观察和模仿跳马伕的体态、律动，大胆表现自己。
2. 愿意与同伴合作，表演不同的舞蹈队形。
3. 感受舞蹈的雄壮有力，体验集体舞的乐趣。

【活动准备】

物质准备：舞蹈视频、竹竿人手一根、PPT课件、舞蹈音乐《跳马伕》。

经验准备：了解简单的队形。

【活动过程】

一、听音乐，感受乐曲的独特

1. 完整欣赏乐曲，自由讨论。

指导语：小朋友，今天老师带来一段特别的音乐，一起来听一听。

2. 说说自己的感受。

指导语1：你从音乐里听到了哪些声音？感觉发生了什么事情？

指导语2：这段音乐讲的就是一群勇敢的人用整齐的铃铛声、有力的脚步声和响亮的吼叫声吓跑敌人的故事。咱们如东人还把这个故事编成了好看的舞蹈《跳马伕》，一起来看看吧！

【评析】本土的民间音乐是音乐素材的最佳来源，这些音乐有其独特的表现形式，有传奇的故事背景，《跳马伕》同样如此，教师将作品背景内涵用生动的故事展现给孩子，让音乐变得生动形象、简单立体、富有生命力，激发了幼儿对音乐的兴趣，从而帮助他们更好地理解音乐。

二、学习动作，体验律动

1. 欣赏舞蹈《跳马伕》片段。

2. 尝试自由舞蹈。

指导语1：他们跳得怎么样？在跳舞时用了什么道具？你们能让铃铛发出好听的声音吗？（听音乐，幼儿尝试用不同的动作让铃铛发出声音）

指导语2：谁来表演给大家看？

3. 听音乐敲节奏。

4. 师幼共同学习舞蹈动作。

指导语1：古时候的人都是怎么练功的，让我们一起来看一看，练一练。（看视频A段四个分解动作）

指导语2：你看懂了哪些动作？我们一起来一边讨论一边学习。

5. 听音乐完整舞蹈。

指导语：小朋友真是太厉害了，很快就学会了这些本领，让我们跟着大屏幕一起来练一练吧。

【评析】 观赏《跳马夫》片段，让幼儿感受音乐的铿锵有力和恢宏气势；随后提供的教学视频，让幼儿自主学习舞蹈动作，充分体现了以人为本的人文理念和自由、自主、创造、愉悦的课程游戏化精神，而退居幼儿身后的教师，可以更全面地了解幼儿的学习情况，及时调整教学策略，提供适宜的帮助。

三、合作商量，理解队形

1. 听音乐看队形变化。

指导语1：本领练好了，要想打胜仗还有一个秘诀，就是阵法。他们会不断地变换队形，让敌人找不到。

指导语2：你们以前跳舞或者做操时都变过哪些队形？一起来看看我们今天准备变哪些阵法？（播放动态阵法变化PPT）

2. 集体尝试编排队形。

指导语：变出了哪些队形？这些队形能不能很快变出来呢？

3. 听音乐完整表演。

【评析】 简单的动作并不需要花费孩子太多的时间和精力，加入队形的要求让孩子觉得舞蹈多变且有趣。但合作编排队形对大班孩子还是有一定的难度的，教师将队形的变换通过PPT用动态图谱的形式演示出来，16个圆点代表16个小朋友，红绿黄蓝四色与幼儿身上的颜色标记相匹配，根据音乐ABC的结构设计了三个队形，与音乐完全匹配的动态演示让幼儿直观快速地了解队形的变换及自己的大概站位，尝试合作变换队形，巧妙降低了队形变换的难度，同时帮助幼儿更清晰地了解了音乐的结构。

四、小组合作，创编造型

指导语： 今天这场仗我们赢了，庆祝一下，最后一声"哈"响起时，每组合作摆个胜利的造型，我来给你们拍照。

【评析】 随着音乐节奏的变化、情节的深入，幼儿自主进入角色，完全融入游戏情境中，由于他们配合默契取得了胜利，此环节让孩子创编胜利的造型过渡自然，幼儿在有趣且充满挑战的游戏中体验活动的快乐与满足，达到既欣赏音乐，又愉悦了身心的目标。

五、活动延伸，自然结束

指导语： 今天我们自己编动作，自己排队形，学会了《跳马伕》，感受到了舞蹈带给我们的快乐，希望你们把舞蹈教给班上的小朋友和自己的爸爸妈妈，让他们也和我们一起开心。

【评析】 美的音乐和舞蹈传递给孩子简单而纯粹的快乐，让孩子知道快乐是可以分享的。

【活动反思】

《跳马夫》是流传在南通如东一带的传统舞蹈，表现地处南黄海的劳动人民勇敢与敌战斗的场景，有很强的历史底蕴和地域特色。教师充分挖掘其中的教育价值，基于大班幼儿的学习特点，运用故事情境、动画视频、动态演示等多元有趣的音乐形式，帮助他们了解了地域的古老文化及韵律动作的来源和特点。传奇的故事背景、简单的人物角色、变化的舞蹈队形、鲜明的舞蹈道具，让幼儿自主、愉快地参与其中。最后在16人合作开出一朵牡丹花中达到活动高潮，体验到合作带来的快乐。

（案例提供：江苏省如东经济开发区中心幼儿园　缪小阳）

大班韵律活动：阿哩哩

【设计意图】

《CCTV 舞蹈世界》节目中，由中央民族大学舞蹈学院表演的《彝族荡裙组合》给观众留下了深刻的印象。《赶圩归来阿哩哩》是一首大家很熟悉而且脍炙人口的彝族歌曲。本节活动结合彝族民歌《赶圩归来阿哩哩》，让幼儿初步了解彝族音乐与舞蹈的基本风格，感受彝族荡裙舞裙摆飞扬时的热情洒脱；活动中让幼儿尝试创编不同的摆裙动作，捏着裙角，和着悦动的节拍翩翩而来，并在游戏中跟着图谱有序变换舞蹈队形；鼓励幼儿大胆表现自己，增强幼儿对民族音乐的感知能力和民族舞蹈的创编能力。

【活动目标】

1. 了解彝族音乐与舞蹈的基本风格，感受荡裙舞热情奔放的特点。
2. 尝试创编不同的摆裙动作，能在行进中有序变换舞蹈队形。
3. 能大胆表现自己，愿意与同伴合作，体验集体舞的乐趣。

【活动准备】

1. 经验准备：了解彝族民俗文化。
2. 物质准备：荡裙舞视频、荡裙舞服装、歌曲《赶圩归来阿哩哩》、课件。

【活动过程】

一、了解民俗，体验特色

1. 裙子导入，激发兴趣。

指导语：小朋友们，我今天穿了一件新裙子，你们看，我的裙子有什么特别的地方？

知道这是一条彝族姑娘常穿的裙子。

2. 欣赏歌曲，了解歌曲的风格和所表现的内容。

指导语：今天我还给你们带来了一首彝族歌曲，我们一起来听一听。

3. 了解民俗，欣赏舞蹈。

指导语1：现在我们就走进彝族，看看他们的生活是怎样的。

播放彝族歌舞视频。（见图一）

指导语2：彝族人民最喜欢唱歌跳舞了，彝族的男生也会穿上裙子和姑娘们一起跳舞。我们来看看他们是怎么跳舞的。

欣赏彝族经典舞蹈：荡裙舞。（见图二）

图一　　　　　　　　　　　图二

【评析】　通过观赏彝族服装、欣赏彝族音乐、欣赏彝族舞蹈引入本次活动，以形、声、像相结合的方式让幼儿进行直观感知，彝族服装的与众不同，彝族音乐的欢快愉悦，彝族舞蹈的热情洒脱，激起幼儿参与舞蹈的兴趣。

二、创编动作，随乐舞蹈

1. 幼儿穿上裙子，自主设计并提炼摆动裙子的动作。

指导语1：让我们跟着音乐和舞裙一起跳起来，舞起来吧！

指导语2：我们可以怎么摆动裙子？

指导语3：你表演的是蝴蝶；你表演的是小鸟，还是美丽的孔雀？拉着裙摆旋转起来可真好看！

2. 老师挑选幼儿设计的动作进行完整舞蹈，引导幼儿观察动作的变化规律。

指导语1：看完你们设计的动作，我都忍不住想跳出来了，你们想看吗？待会儿告诉我，你们最喜欢哪个动作？

指导语2：刚刚我是怎么上场的？拎着裙摆，垫脚小碎步。刚刚唱到阿哩哩，阿里里的时候，我做的什么动作？小脚点地。我们一起来试一试。

指导语3：你们想不想也来跳一跳？那我们跟着音乐开始吧。（着重脚的动作）

3. 幼儿尝试听着音乐、跟着节奏进行舞蹈。

【评析】 幼儿穿上裙子进行舞蹈，是这节活动的亮点，也是让幼儿感受少数民族文化的特色，幼儿穿上裙子后自主摆动裙子，自主提炼动作。通过欣赏老师舞蹈，观察A段音乐与B段音乐的动作变化与规律，为后面的变换队形做好准备。

三、变换队形，完整舞蹈

指导语：一个好看的舞蹈不仅需要漂亮的动作，还需要好看的队形。我们可以变成什么队形呢？

1. 练习上场队形（横排），完成舞蹈第一段。（见图三）

指导语1：队形设计好了，我们一起来试一试。一开始是在哪里等候的？

指导语2：变成什么队形？可以做什么动作？有什么问题？

指导语3：小朋友之间需要调整距离。

及时发现问题，找到解决问题的方法。

图三　　　　　　　　　　　　　图四

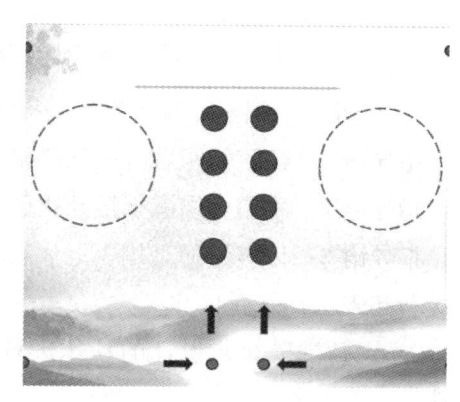

2. 观看动画，变换队形，完成舞蹈第二、第三段。（见图四）

指导语1：可以和好朋友做什么动作？和旁边的好朋友商量一下。

指导语2：最后变成圆，在圆上做什么动作呢？在圆上还需要一起做个造型，和小伙伴商量一下，可以做什么造型？

3. 跟着音乐，完整舞蹈。

【评析】　在行进中跟着音乐旋律变换队形是本节活动的难点，通过PPT图谱动态地将队形的变换演示出来，并与音乐相匹配。让幼儿直观地、简便地了解音乐与队形变换的规律，降低了活动的难度，帮助幼儿更好地参与活动，体验游戏成功的快乐。

四、音乐伴随，师幼共舞

1. 回忆动作，完整随乐舞蹈。

指导语：看，我们小朋友设计的荡裙舞已经完成了。这是彝族经典舞蹈——荡裙舞。

2. 幼儿完整舞蹈。

指导语：今天我们学跳了彝族舞蹈，一起站到大舞台上，把自己最美的舞姿展示给老师和小朋友们看一看吧！（若是展示活动也可以邀请客人老师跟幼儿一起舞蹈）

【评析】 幼儿通过回忆活动的过程，对整个舞蹈的动作及队形进行再现。幼儿通过多次练习、挑战发现问题、解决问题，有效地调动参与舞蹈的热情。

【活动反思】

一、民族文化的传承

彝族是中国第六大少数民族，彝族民歌、彝族服饰、彝族舞蹈具有非常浓郁的民族气息。本节活动借助彝族服饰，听彝族歌曲，跳彝族舞蹈，去感受彝族文化。

二、民族音乐的欣赏

《赶圩归来阿哩哩》带有浓厚的彝族民歌特色，是一首具有浓郁民族风格的歌曲。歌曲情绪明快活跃，旋律生动流畅，像流动的河水充满着活力，表现了彝家儿女迎着西山的落日，伴着绚烂的晚霞，踏着轻快的步伐，赶圩满载归来的喜悦之情，抒发了彝族儿女对家乡、对生活的热爱和赞美。歌曲情绪的表达过程是：由开始的优美、舒展，发展到轻快、活泼，再到热烈、欢畅，并在最高潮中结束全曲，展现了彝族人民赶圩归来的高兴心情。欢快的节奏、轻巧的舞步淋漓尽致地体现出彝族人民面对新生活的精神态度与奔放、朴实、爽朗的民族性格。

三、民族舞蹈的创编

整个作品以彝族传统舞蹈之一荡裙舞为主导，幼儿自主创造的踏步、踢腿、小碎步等步伐以及在小甩手的基础上发展的体前双晃手、双摆手、胸前划圆等动作，进行动作的重复、延续、变化。舞蹈以摆动裙摆、跺脚踏地为主要舞蹈语言，展现了赶圩归来热情的欢歌热舞的喜悦场面，表现出彝族人民热爱艺术，能歌善舞的民族风情。

（案例提供：江苏省如东县县级机关幼儿园　贾敏敏）

大班集体舞：火把节

【设计意图】

集体舞作为幼儿园音乐教育的重要组成部分，能够让幼儿自主探索，自主合作，学会用动作表达音乐，提高幼儿对音乐特征、队形变化的敏感性。本节活动选用了彝族歌曲《七月火把节》，通过创设"火把节"的情境，让幼儿在音乐中了解少数民族节日习俗、感知歌曲特点、探索队形变化、创编表演动作，层层递进，不断丰富幼儿的已有经验，发展幼儿在活动中的社会交往能力，积极参与，大胆表现，体验火把节热闹愉悦的氛围。

【活动目标】

1. 感知乐曲节奏特点，根据音乐变化合拍表现音乐情境。
2. 创编火把节舞蹈动作，尝试队形变化。
3. 愿意与同伴共同舞蹈，体验火把节热闹愉悦的氛围。

【活动准备】

物质准备：音乐《七月火把节》、活动相关PPT。

经验准备：幼儿有双圈舞蹈的游戏经验。

【活动过程】

一、随乐入场，初步感知动作

指导语：今天老师要带你们参加一个盛大的节日，让我们跟着音乐一起出发吧！

播放音乐前半段，幼儿随教师边做动作边进场。

【评析】 参加节日的情境创设和音乐导入的活动方式，能激发幼儿的活动兴趣，同时能够帮助幼儿熟悉歌曲旋律，掌握舞蹈基本动作。队形上，从竖列进场边走边做动作到活动场地中间围圆定点做动作，幼儿能够明白变成圆形的动态路线，为后面动作、队形的学习积累舞蹈经验。

二、视频观看，回忆节日动作

1. 观看视频，了解火把节。

指导语1：刚才老师说要带你们参加一个盛大的节日，是什么节日呢？我们一起来看一看。（播放火把节视频）（如图一）

图一

指导语2：你看到了什么？视频里的人在干什么？做了什么动作？

小结：这是彝族的火把节，人们除了会围着火把一起跳舞外，还会开展一些斗牛、射箭、赛马（教师边说边用动作演示）等各种各样的比赛，体现人们对火的崇拜。

2. 模仿提炼舞蹈动作。

指导语：那你还记得刚才我们来参加火把节的路上做了哪些动作吗？
请幼儿个别示范，师幼共同随乐回忆，巩固动作顺序。
师幼共同完成表演一遍。

【评析】 通过观看视频，揭秘活动的主题，孩子们初步了解到：什么是火把节？火把节要干什么？比赛的动作是什么样的？在了解了火把节的习俗后，师幼共同回顾舞蹈动作，为幼儿提供展示的机会，请想到动作的幼儿上前示范并强调动作特点。对没有回忆到的动作，让幼儿再次倾听音乐，幼儿熟悉歌曲结构的同时，观察教师动作示范，以此完成基本动作的完整学习，合拍表现音乐情境。

三、合作表演，探索队形变化

指导语1：刚才我们是围了一个大圆跳舞，接下来我们要变成两个圆跳舞，一边走一边跳。（观看课件演示）（如图二、图三）

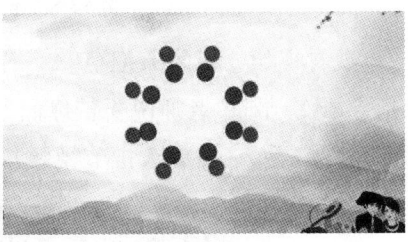

图二　　　　　　　　　　图三

提问：你看到了什么？蓝色代表什么？红色代表什么？

指导语2：接下来请你仔细看，我们需要变哪些队形？什么时候变？播放队形视频，边看边有意识地提醒幼儿队形的变化。

提问：你看到了什么队形？先男生做还是女生做？什么时候变？（如图四）

再次播放队形视频，教师在旁做动作，帮助幼儿发现动作与队形、歌曲结构的联系。

指导语3：现在我邀请××老师和我们一起参加火把节，请你们猜猜谁跳的是男生动作，谁跳的是女生动作？

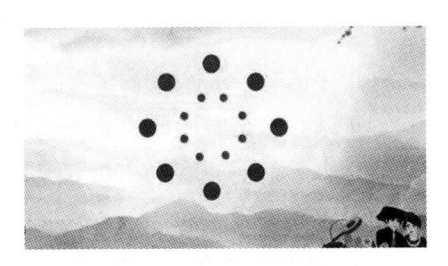

图四

提问：男生动作和女生动作有什么不一样？

提问：你还发现了什么？蹲下的时候都做了哪些动作呢？男生蹲下还是女生蹲下，分别做了什么动作？（请不同的幼儿搭档上前示范）

师幼随乐合作表演2次。

【评析】在掌握基本动作的基础上，通过多媒体课件的辅助，幼儿在视频观看和教师示范中，发现集体舞队形的变化和双人动作的配合，感受音乐结构与队形之间的变化。过程中，教师注重幼儿在活动中的参与度和主体性，鼓励幼儿大胆表达观点，愿意在同伴面前表现自己。

四、情境创编，丰富表演形式

图五

指导语1：歌曲的最后你听到了什么？（呐喊的声音）到了火把节最激动人心的比赛的时候了，你想和你的好朋友在火把节干什么呢？

幼儿自由讨论，双人合作示范动作。

指导语2：你们想到的游戏可真不少，在欢呼声后就和你的好朋友一起比赛吧！（师幼随乐表演）

指导语3：刚才的比赛我们的小朋友还有点意犹未尽呢！这一次，我们要比赛2次，请你和你的好伙伴商量一下，先比什么，后比什么？（师幼随乐完整表演）

【评析】利用歌曲中说唱的无节奏结构特点，引出"双人比赛"的舞蹈情境，增加集体舞活动的趣味性和合作性。比赛前，教师充分调动幼儿在活动中获得的节日比赛经验以及平时双人游戏的规则，让幼儿间进行自由商议并得出舞蹈时的比赛项目，在说一说、议一议、演一演中发展大班幼儿的社会交往能力。

其他音乐类

【活动准备】

物质准备："跳蚤"指偶、"小猴"胸饰和自制跳蚤拍；乐曲（由《拨弦》和《小老鼠和泡泡糖》剪辑而成的 A、B 乐段）。

经验准备：幼儿对"跳蚤"有一定的了解。

【活动过程】

一、教师神秘出示"跳蚤"指偶，引起幼儿游戏的兴趣

1. 师幼随 A 段音乐边跳边做拍手、跺脚等动作入场，初步感知 A 段音乐。

2. 教师夸张表演，神秘引出"跳蚤宝宝"。

指导语 1：呀，我的手臂有点痒；不好，我的肚子好痒啊。这是怎么回事？

教师边说边表演痒得难受的样子，最后神秘地从衣服中"抽"出跳蚤指偶。

指导语 2：哦，原来是你在搞鬼。这是调皮的跳蚤宝宝，最喜欢跳着挠人痒痒了。

3. 幼儿学"跳蚤宝宝"跳一跳。

【评析】 本环节以邀请幼儿做游戏导入活动，幼儿在拍手等简单的动作中初步感受 A 段音乐的活泼欢快。而"小跳蚤"则在老师夸张、有趣的表演中神秘出现，这充分调动了幼儿对"小跳蚤"的好奇和继续游戏的兴趣，为下一环节做好铺垫。

二、在"挠痒痒"游戏中,幼儿学习创编身体动作

1. 幼儿创编身体各部位"痒"的动作。

指导语1:看着小朋友跳,跳蚤宝宝就想挠痒痒了。(师边说边跳动指偶)瞧,它跳、跳,跳到肩膀上,好痒,肩膀动一动;跳、跳,跳到头顶上,哎哟,痒死我了,怎么办呢?

教师引导幼儿有节奏地动一动头。

指导语2:原来跳蚤宝宝跳到哪里,哪里就痒,就得动一动。那它还可以跳到哪儿挠痒?身体该怎样动一动呢?

教师鼓励幼儿说一说,并有节奏地动一动身体。

指导语3:听,音乐响起来了,跳蚤宝宝跳到哪里,哪里就跟着音乐动一动吧!

"跳蚤宝宝"随A段音乐依次在幼儿身上不同部位跳,教师可用语言适当提示幼儿跟着音乐节奏动一动。

2. 幼儿变出"小跳蚤",玩"挠痒痒"游戏。

指导语1:变、变、变,变出两只小跳蚤。现在,它想跳到你的头上挠痒痒,请注意听好音乐,哪里是小跳蚤在跳,哪里是身体在动一动。

师幼起立,"小跳蚤"随A段音乐在头上跳一跳后,头跟着音乐节奏动一动。游戏时,教师可适当变换跳的部位如肩膀、膝盖、小脚等。

指导语2:除了刚才跳的地方,小跳蚤还可以跳到身上的哪里呢?

幼儿再次游戏,教师鼓励幼儿变换身体不同部位跳。

【评析】 此环节是本次活动的难点，教师特意将 A 段音乐中小跳蚤的"跳"和身上痒的"动"分成两部分，逐层深入地呈现给孩子。幼儿从观看教师做"痒"的动作到自己想象跳的部位、创编身体动作，从教师语言提示"动一动"到跟着音乐有节奏地动，再到"变出小跳蚤"又跳又动，这是逐渐加深幼儿对音乐的理解，巩固动作的过程，而正是在这样层层递进的过程中，顺利地解决了本节活动的重点和难点。

三、区分 A、B 两乐段的不同特点，幼儿玩"捉迷藏"游戏

1. 幼儿完整欣赏 A、B 两个乐段，教师在 B 段做"拍跳蚤"的动作。

指导语：小跳蚤的游戏好玩吗？可是有只小猴子却不怎么喜欢，石老师这儿有段音乐讲的就是小跳蚤和小猴子的故事，请你听听，哪一段音乐是小跳蚤跳着在挠痒，哪一段音乐是小猴子出来了。

2. 幼儿创编 B 段动作，提醒幼儿控制自己的动作，不发出声音。

指导语 1：音乐里小猴子在干嘛？原来这是一只特别爱睡懒觉的小猴子，小跳蚤喜欢在它身上挠挠这儿挠挠那儿，痒得它实在睡不着觉，所以它在使劲拍跳蚤呢！那小跳蚤该怎么办？怎样才不被小猴子拍到呢？

幼儿讨论，教师引导其说出"躲"的方法。

指导语 2：在我们身上，小跳蚤可以躲在哪儿呢？

幼儿听 B 段音乐"躲一躲"，教师注意引导幼儿躲在不同的地方。

3. 师幼听 A、B 乐段按规则进行游戏，即小跳蚤跳着挠痒痒，当小猴子出来找它时，小跳蚤立即躲在身上，一动不动。第一遍游戏时，教师可用语言提示幼儿"躲"或"跳"。

【评析】 幼儿在小猴子和小跳蚤的故事情境中，创编"躲"的方位，感受 AB 两个乐段的不同特点，由易到难地玩"捉迷藏"游戏，这样既避免了重复游戏的单调，又给幼儿创造了想象和自由发挥的空间。

四、结束

指导语：哎呀，小猴子一只跳蚤也没抓到，气呼呼地回家了，那我们也赶紧回家吧！（A 段）

【活动反思】

《小跳蚤历险记》是一节原创的小班音乐游戏，设计此活动时教师力求做到以下几点：

首先，音乐和内容上注意适宜性和趣味性。对小班幼儿来说，音乐是否能让幼儿快乐、喜欢是最重要的。本次游戏中的A段乐曲欢快活泼、节奏明显，表现的是小跳蚤快乐挠痒痒；B段乐曲比较连贯、流畅，讲了小跳蚤与小猴子捉迷藏的故事，符合小班幼儿年龄特点，他们全身心地投入到游戏的角色中，自由自在、无拘无束地欣赏音乐，理解音乐，创编动作。"小跳蚤们"开心地笑着，快乐地跳着，自然轻松的游戏氛围让每个幼儿都感受到了音乐游戏的无穷乐趣。

其次，把握教学环节的层次性。幼儿游戏的过程实质就是玩的过程，发挥想象和创造的过程，那怎样才能让幼儿在音乐中玩得尽兴又学得轻松，实现根据音乐节奏创编身体动作的目标呢？设计本次活动时，教师注意了由浅入深，由易到难，环环相扣，层层推进，依据循序渐进的原则，逐步突破重难点。

再次，注重材料准备的简约化。孩子年龄小，对新鲜事物充满好奇，因此为了避免分散幼儿注意力，教师在情境创设、材料准备上力求做到简约化。虽然游戏中只有一个"跳蚤指偶""小猴胸饰"和一把跳蚤拍，但这丝毫没有减弱孩子们强烈的游戏欲望，每次活动中都能吸引住幼儿，他们尽情地跳着、动着，完全融入游戏之中，尽情享受着音乐带来的快乐与满足。

快乐游戏是幼儿学习、探索、尝试的原动力，在整个游戏活动中，教师一直是幼儿快乐游戏的伙伴、支持者，引导着他们感受音乐，体验快乐。幼儿玩中乐、玩中学，可以说，每位幼儿都是快乐的体验者。

（案例提供：江苏省如东县鑫城幼儿园　石玲玲）

小班韵律活动：蝴蝶找花

【设计意图】

《杜鹃圆舞曲》是挪威作曲家约翰·埃曼努埃尔·约纳森的作品。乐曲以模仿鸟鸣声为音调和轻松的三拍子，为听众描绘了一幅生机盎然的景象。乐曲的第一段，节奏感强，以断顿的鸟鸣声起始，不断重复，结构规整；而第二段旋律优美，似行云流水般轻盈流畅，前后两段音乐对比明显，节奏简单明快，适合小班幼儿欣赏。

但乐曲从弱拍开始的特点，又无形中对幼儿掌握节奏提出了新的挑战。根据小班幼儿与同伴共玩意识加强的特点，我巧妙地将幼儿和同伴游戏时的日常用语，创编成了一首朗朗上口的儿歌"你好，你好，伸出小手××"和乐曲第一段完美契合；创设了花园场景，用边念儿歌边玩游戏的方法，帮助幼儿准确有效地掌握节奏和旋律，丰富了幼儿的音乐经验。

【活动目标】

1. 在游戏情境中感知音乐，能用"你好，你好，伸出小手××"的韵律儿歌及动作与乐曲节奏相匹配。
2. 听音乐，尝试找同伴面对面游戏并创编各种身体动作。
3. 愿意遵守简单的游戏规则，喜欢和同伴玩律动游戏。

【活动准备】

物质准备：

（1）乐曲：《杜鹃圆舞曲》前两段，音乐播放器一个。

（2）场地布置：花若干，蝴蝶玩偶一个。

经验准备：幼儿玩过"找朋友"的游戏，并能听口令快速找到伙伴。

【活动过程】

一、布置鲜花，设置花园场景，初步感知音乐

指导语：今天老师带你们到花园玩一玩好吗？看小猫、小狗在欢迎我们呢！（播放音乐，在音乐 A 段每个乐句的最后一拍学叫"喵喵"和"汪汪"声）花园到了，这么多漂亮的花，我们轻轻地走过去，闻一闻花香。

【评析】 幼儿对游戏充满了热情，到花园玩一玩导入活动激发了幼儿的好奇心和参与活动的欲望。教师带幼儿有节奏地学小动物叫，不仅增添了活动的趣味性，更为下一环节按节奏地做动作作铺垫。

二、听 A 段音乐，玩"蝴蝶找伙伴"的游戏

1. 尝试在"你好，你好，伸出小手××"的儿歌提示下，合拍地做动作。

（1）教师示范并提问。

指导语1：这么多漂亮的花，把蝴蝶吸引过来了。看它在跟我们打招呼呢。（教师边做动作边随乐曲轻声说出"你好，你好，伸出小手拍拍"）

指导语2：刚才蝴蝶是怎么跟我们玩的？（教师说儿歌提示动作顺序）

（2）巧用蝴蝶玩偶创编动作。

指导语：蝴蝶又飞到哪里？（蝴蝶任意停在 1 名幼儿的肩、腿、脚等身体上）

（3）幼儿边说儿歌边做身体动作 2 遍。（如：你好，你好，伸出小脚跺跺）

【评析】 蝴蝶玩偶的出现极大地调动了幼儿的积极性，他们兴致盎然地和蝴蝶打招呼，当蝴蝶玩偶飞到幼儿身上时，更增加了活动的趣味性，他们饶有兴致地玩着拍击身体的游戏，一点都不觉得枯燥乏味，从而巩固了动作和节奏相匹配的熟练度；教师在游戏时随乐轻声地说出韵律儿歌，不仅让游戏的情境性更强，还起到了提示幼儿动作顺序的作用。

二、以韵律儿歌表现音乐

本次活动的重点是"感知 A 段音乐节奏,在每小节的第四拍快速地做两次动作",对小班幼儿来说这是有难度的,为了破解难点,教师创编了一首朗朗上口的韵律儿歌"你好,你好,伸出小手××"来表现音乐,帮助幼儿迅速有效地准确感知节奏,使幼儿更加投入和享受活动的过程。儿歌的内容也并非一成不变的,可以随着幼儿动作的改变而变化,给幼儿带来了极大的乐趣,如:幼儿将"伸出小手拍拍"创编成"伸出小脚跺跺""睁大眼睛眨眨"等。

三、以精巧教具激发兴趣

《幼儿园教育指导纲要(试行)》艺术领域指出:引导幼儿接触周围环境和生活中美好的事物,激发他们表现美、创造美的情趣。小小的蝴蝶教具制作精巧逼真,在幼儿的期盼声中悄然出现,吸引了他们的眼球,他们都争着和小蝴蝶交朋友,"你好,你好"的问候声发自肺腑。小蝴蝶还有神奇的魔力,会在不经意间飞落在某个幼儿身上,和大家玩拍击身体某个部位的游戏,结果的不确定性,动作富于变化,极大地调动了幼儿的积极性。随着流畅优美的 B 段音乐响起,蝴蝶优雅地在花丛中飞舞,造访每一朵花的情境,激发了幼儿活泼好动、好模仿的天性,他们迫不及待地变成小蝴蝶在花丛中跳起了快乐的舞。小蝴蝶玩偶既是玩伴,又是活动的发起者和推动者,在活动中起到了至关重要的作用。

在活动中,幼儿始终保持高涨的积极性,轻松愉快地边听音乐边准确合拍地做动作,部分能力强的幼儿还能尝试和伙伴商量,共同创编出独特的动作,收到了良好的效果。

(案例提供:江苏省如东县实验幼儿园　吴燕)

小班韵律活动：怎样叫醒胖小猪

【设计意图】

《纲要》中指出：在支持、鼓励幼儿积极参加各种艺术活动并大胆表现的同时，帮助他们提高表现的技能和能力。本节活动根据小班幼儿好玩、好动、好模仿、好游戏的年龄特点，从小班幼儿兴趣出发，以《怎样叫醒胖小猪》绘本为载体，创设游戏情境，让幼儿在《开车舞》音乐中感知理解小动物叫醒胖小猪的不同方式：小狗摇铃铛，小猫摇沙锤，大象敲铃鼓等。旨在培养小班幼儿的音乐感知、表现和创造力，体验小动物们之间友好游戏的乐趣。

【活动目标】

1. 熟悉乐曲旋律和节奏，能在每个乐句的最后一小节用身体动作或乐器打节奏。
2. 借助故事情境，自主创编和表现音乐。
3. 喜欢玩音乐游戏，体会小动物们之间浓浓的友谊。

【活动准备】

物质准备：绘本PPT，《开车舞》剪辑后的音乐，摇铃、沙锤、铃鼓若干。

经验准备：了解小猪的习性，玩过各种打击乐器并知道其演奏方法。

【活动过程】

一、音乐导入，激发兴趣

1. 听音乐做动作。

指导语：宝宝们，森林里的胖小猪邀请我们去玩，我们听着好听的音乐出发吧！路上如果遇到小动物，记得和它们打招呼哦！

2. 播放小猪睡觉的音乐，引导幼儿自己想办法叫醒小猪。

指导语：客人都来啦，可小猪还在睡大觉，该怎么办呢？你想用什么办法叫醒小猪？

3. 讨论、选取同伴的办法，听着音乐的节奏一起试试叫醒小猪。

图一

【评析】森林情境创设和音乐导入的方式，帮助幼儿熟悉乐曲的旋律和节奏，培养幼儿的倾听、模仿和想象能力。同时，教师与幼儿讨论，引导幼儿自己尝试叫醒小猪的办法，并选取幼儿创编的身体动作让大家共同练习，激发了幼儿参与活动的兴趣。

二、听音乐，完整游戏

1. 跟着小动物用乐器尝试叫醒小猪。

指导语：森林里的小动物也来帮忙了。你们看，谁来了？

（1）（出示戴着摇铃的小狗）提问：小狗用摇铃能不能叫醒小猪呢？

师幼一起听着好听的音乐敲击摇铃试一试。

图二

（2）（出示带着沙锤的小兔子）小兔子（师扮演）一蹦一跳地说："你吹牛了吧，小猪没有醒。还是让我来，我有新武器。"

提问：小兔子的新武器是什么？沙锤会发出什么样的声音？

师幼一起试试用好听的沙锤声能不能叫醒小猪。

图三

（3）（出示带着铃鼓的大象）大象（师扮演）说："你们都不行，瞧我的。我的乐器声音可好听了，你们听听是什么？"

师幼一起试试用好听的铃鼓声能不能叫醒小猪。

图四

（4）小结：小狗、小兔、大象等小动物是怎样叫醒小猪的？用的什么乐器？小猪醒了吗？（小猪还是没有醒）小狗、小兔、大象你看看我，我看看你，怎么办呢？

2. 鼓励幼儿想办法，每个幼儿选一样自己最喜欢的乐器一起敲。

【评析】 直观的图片、有趣的情节、不同的乐器带给幼儿多元的感受，他们在看一看、想一想、敲一敲中理解了音乐的结构，对音乐的节奏感、力度感、音色感、结构感等获得提升。同时幼儿在尝试不同小动物用不同的乐器叫醒小猪的过程中，体验到小动物们之间友好相处的乐趣。

三、创编动作，大胆造型

指导语：看来再大的声音也叫不醒小猪。告诉你们一个秘密，其实要想小猪醒来，只要轻轻地对它说一句话，它就会醒来。你们猜猜这是一句什么神奇的话呢？

幼儿尝试对着小猪说"开饭了"，小猪马上就醒来。

讨论：你们想给小猪吃什么好吃的？能用身体把它变出来吗？

【评析】"轻轻一句'开饭了'"是叫醒小猪最有趣的环节，幼儿乐在其中。"好吃的食物在哪里""用身体把它变出来"的游戏情节，引导幼儿大胆、合理想象，创编各种食物的造型动作，助推活动进入高潮，同时为下一环节作铺垫。

图五

四、贪吃游戏，结束活动

指导语：你们变出了这么多好吃的，小猪看得直流口水，你们瞧，它来了。

小猪（师扮演）：嗯哼，这么多好吃的，太棒了！我要一个一个把你们装进我的大肚子里，被我吃掉的"食物"赶快在我的身后开火车哦。啊呜啊呜啊呜，吃饱肚子睡觉去。

【评析】 本环节教师变身为憨厚可爱的"胖小猪"，带给幼儿新鲜、有趣的刺激，大大调动了幼儿参与活动的积极性；"贪食蛇"游戏让幼儿变成各种各样的"食物"，增加了音乐活动的趣味性，幼儿在听一听、玩一玩、变一变、躲一躲的游戏情境中获得了丰富的经验。

【活动反思】

本节活动紧扣小班幼儿的兴趣，以绘本故事、角色体验为主线，贯穿活动始终，幼儿在活动中兴趣浓厚、投入积极，获得了音乐素养、动作协调、有序游戏的多维度发展。

一、从需要出发，重音乐表现

鲜明、生动的音乐形象与游戏情节有利于激发幼儿参与的热情和表现欲望，通过模仿动作、角色游戏来表现音乐的旋律和情绪感。《怎样叫醒胖小猪》是一个充满友爱的故事，符合小班幼儿的年龄特点，神奇的绘本线索将幼儿带入一个生动、有趣的故事情境，吸引着幼儿的注意力，幼儿在轻松、活泼的氛围中大胆想象与表达，开放性地提问："你想用什么方法叫醒胖小猪？"不同的肢体动作表现叫醒胖小猪的不同方法，跟着音乐的节奏敲打着自己喜欢的乐器，为幼儿感受、理解和自由表现音乐提供了可能。

二、从体验入手，促经验提升

《开车舞》音乐结构工整，有着固定的音型和小型的回旋曲形式的节奏特点，幼儿选取自己熟悉的乐器：摇铃、沙锤、铃鼓在每个乐句的最后一小节乐器打节奏，将对音乐的感知、理解巧妙地融入故事情节，听一听：这是什么乐器的声音；想一想：一种乐器的声音叫不醒小猪，怎样让乐器的声音变得更响来叫醒小猪（合奏）；敲一敲：小猫轻轻走过来、大象踩着重重的步子，怎样敲让声音变得整齐又好听……让幼儿在互动体验中学习演奏乐器，还为每个幼儿提供了演奏不同乐器的机会，促进了幼儿经验提升。

三、从游戏切入，融创编挑战

整节活动中，游戏贯穿始终，"想办法叫醒小猪""用身体动作表现不同食物造型""贪吃小猪"等游戏难度不断增大，还要伴随音乐的节奏加以表现，对小班幼儿具有一定的挑战性。活动中，教师关注幼儿音乐与动作的有机融合、关注幼儿音乐游戏规则的遵循、关注幼儿合作意识的培养，活动过程层层递进、环环相扣，让幼儿感受、体验音乐的奇妙之处，也促进了幼儿身体动作的协调发展。

附儿歌：

走，走，啊呜啊呜啊呜，走，走，真好吃；拍拍肚子，还想吃。拍拍肚子，还没饱。

走，走，啊呜啊呜啊呜，走，走，真好吃；吃饱了，我都不能动了，吃饱了，去睡觉。

（案例提供：江苏省如东经济开发区中心幼儿园　曹海琴）

中班韵律活动：跳跳糖

【设计意图】

跳跳糖既满足了幼儿的食欲又给他们带来了无穷的乐趣。跳跳糖在口中噼里啪啦地跃动，奇妙的听觉感知觉的体验，让幼儿也想化身为跳跳糖精灵痛痛快快地跳一跳、玩一玩。发出声音越响的跳跳糖是不是跳得越高，它会怎么跳，又会跳去哪里呢？问题接踵而来，好奇心被不断激发。

本次活动意在通过"跳跳糖出门—山洞遇险—回家"的情境，让幼儿随乐自由创编跳跳糖跳的动作，帮助幼儿感知音乐的节奏、结构，用自己的方式表现和创造，学会发现问题、解决问题。

【活动目标】

1. 理解音乐的结构，能用各种跳的动作有节奏地模仿跳跳糖。
2. 尝试集体玩"钻山洞"游戏变换队形。
3. 乐意玩集体游戏，体验合作的乐趣。

【活动准备】

物质准备：《我是一颗跳跳糖》的音乐剪辑、跳跳糖PPT、15个绿色跳跳糖的标记和1个黄色跳跳糖标记在地上贴成一个大的圆圈。

经验准备：有绕圈行进游戏经验，玩过网小鱼的游戏。

【活动过程】
一、变成跳跳糖，跳一跳，玩一玩，激发兴趣

指导语1：刚才我请你们吃的是什么糖？跳跳糖吃在嘴里有什么感觉？它是怎么跳的，你能学一学吗？

指导语2：我们听着音乐来跳一跳，看谁学跳跳跳的方法和别人不一样。

【评析】 在活动之前，老师让幼儿品尝跳跳糖，充分体验跳跳糖在嘴里跳的感觉，鼓励他们和同伴互动分享，激发幼儿变身跳跳糖的愿望。活动中，幼儿脑洞大开，想出开合跳、单脚跳、双脚跳、转圈跳等跳的方法，同时手臂也挥舞着摆出兔耳朵、握拳头、手掌打开等各种姿势，俨然一颗颗活力四射的跳跳糖精灵，为接下来的随乐表演作铺垫。

二、随乐玩"跳来跳去"的游戏，感知节奏

教师随音乐表演。

指导语1：我这儿也有一颗跳跳糖，看见你们跳得那么开心，它也想学你们跳一跳，玩一玩，请你们仔细看它是怎么跳的。

指导语2：我的这颗跳跳糖是什么样子的？（手握拳状）

指导语3：它是怎么跳的？从哪里跳到哪里？（从肚皮跳到膝盖，又从膝盖跳回肚皮）

指导语4：跳跳糖是在音乐的什么时候从膝盖跳回肚皮的呢？（如果幼儿的印象比较模糊，教师可以让幼儿再看一次随乐表演）

【评析】 教师捕捉之前幼儿摆出的跳跳糖的造型中简单易学的动作，进行随音乐表演，不仅给幼儿以惊喜，无形中增强了幼儿的自信心。A段音乐有四个乐句，其中有三处"跳跳糖"的念白，分别在第一句的句始、第二句的句末、第四句的句末，而第二句句末的念白正是跳跳糖准备从膝盖跳回肚皮的信号，是活动的重点，需要幼儿仔细听辨作出反应。因此，教师提出"在音乐的什么时候，跳跳糖从膝盖跳回肚皮"的问题，引发幼儿关注动作和音乐的匹配，帮助幼儿感知音乐的节奏和结构。创编方位的游戏不仅可以激发幼儿的兴趣，还能在一次次变化的随音乐表演中巩固熟悉音乐的结构，动

作和音乐的匹配更流畅、协调、有节律，自主性自觉性也被唤醒。

三、玩跳跳糖出门遇险的游戏，变换队形

1. 跳跳糖去游乐场。

指导语1：跳跳糖可调皮了，它想出去玩一玩。看，这是跳跳糖的家，站上去我就是一颗跳跳糖了，这一次我会从家里跳到哪里呢？（介绍跳跳糖的标记是跳跳糖的家，并随乐扮演跳跳糖从家里跳去游乐场，再从游乐场跳回来）

指导语2：刚才我是怎么跳的？手臂是什么动作？我从哪里跳到哪里？

指导语3：圆圈的中间可是个大游乐场，游乐场可好玩了，你们想不想变成跳跳糖从家里跳到游乐场玩一玩？快站到跳跳糖标记上来，你们也是跳跳糖了，我们听着音乐跳去游乐场玩一玩吧！

指导语4：你们还想怎么跳着去游乐场？

【评析】 上一环节，幼儿坐在座位上玩跳跳糖在自己身体上跳来跳去的游戏，这一环节，幼儿在圆圈队形上玩跳跳糖跳来跳去的游戏，从比较稳定体位状态逐步进入不太稳定体位状态。在了解了游戏规则后，幼儿可以创编各种跳的动作从家里去游乐场，再从游乐场跳回家里，幼儿的状态也更放松和兴奋。在活动中，教师发现，由于幼儿的热情高涨，跳的声音盖过了音乐的声音，于是适时地提出"怎样才能既玩得开心，又能听清楚音乐"的问题，让幼儿学会控制身体，注意听音乐。

2. 跳跳糖山洞遇险。

（1）玩钻山洞的游戏。

指导语：告诉你们一个秘密，刚才在从游乐场回家的路上，我发现了一个山洞，你们想不想去看一看？（从家里出发，排好队钻一钻山洞）

（2）狗熊来袭。

指导语1：钻山洞好玩吗？还想不想再玩一次？这一次和刚才可有一些不一样哦，仔细听着音乐钻一钻山洞吧。（教师在幼儿围圆圈钻山洞的时候，邀请一名幼儿面对面手拉手搭起一个拱形，在B段音乐四个乐句的每一句末尾"叮"的声音处，顺势蹲下截住正在钻山洞的幼儿）

指导语2：你发现了什么？山洞里有一只大狗熊，它可喜欢吃糖了，它闻

到糖的味道就会走过来想要吃掉跳跳糖。

指导语3：大狗熊什么时候会抓跳跳糖？跳跳糖应该怎么办？（听清音乐，"叮"的时候就不能走了）

指导语4：钻过山洞，跳跳糖去哪里？（回到家里，狗熊就抓不到了）

【评析】 音乐的B段，教师创设了山洞的情境，邀请幼儿一个跟着一个围着圆圈小跑，为后面有序躲过狗熊作铺垫。这一环节是本次活动的高潮，狗熊来袭的桥段既让幼儿感到惊喜又有一丝的紧张感，想要顺利摆脱狗熊的拦截安全到家的愿望，让幼儿会集中注意力听音乐，在"叮"的声音还未响起时，幼儿按照顺序快步前进，在预估到"叮"的声音快要临近时，幼儿早早就停下脚步等待，真是又惊险又刺激。

3. 完整玩游戏。

（1）看PPT，回忆故事情节。

指导语：跳跳糖这一天都做了哪些事情？

（2）完整随乐游戏2—3次。

指导语：现在我们听着音乐完整地玩一玩跳跳糖的游戏吧。

【评析】 音乐分为A、B两段，对应的故事情境和队形是，A段：跳跳糖从家里出发（圆圈型）—去游乐场（散点）—回家（圆圈型），B段：钻山洞（圆圈型＋队列型）—遇到狗熊（圆圈型＋队列型）—安全到家（圆圈型）。随着活动的开展，情节不断累加，游戏规则也在慢慢渗透，对中班的幼儿来说可能会有遗忘，教师需要通过图片回忆来帮助幼儿梳理故事流程，以便更好地和音乐相匹配。

指导语1：你们中间有一个超级跳跳糖，你们知道他是谁吗？

小结：对，谁站在黄色跳跳糖标记的家里，谁就是超级跳跳糖。超级跳跳糖每次都要想一个不一样的跳跳的方法带我们去游乐场，其他跳跳糖要学它跳的动作。

指导语2：那这次的超级跳跳糖是谁？除了游乐场，你还想带我们跳去哪里玩？怎么跳着去？那我们跟着超级跳跳糖出发吧！

【评析】 老师在绿色的跳跳糖标记中藏了一个黄色的标记，超级跳跳糖的产生又让幼儿再次感到了惊喜，谁是超级跳跳糖谁就想出不一样的跳的动

大班韵律活动：丛林舞会

【设计意图】

《爱的喜悦》是奥地利著名小提琴家及作曲家弗里兹·克莱斯勒于1905年根据一首古老的维也纳乡村民歌曲调创作的幻想小品。作品为四三拍，复三部曲式结构。曲调轻盈欢快，流畅华丽，充满喜悦和浪漫的情调。根据大班幼儿的年龄特点，他们能在音乐中感受爱，表现爱的喜悦之情。幼儿将音乐与自己想象的场景对接去感受欣赏音乐，更易听懂音乐。和着音乐的旋律，让幼儿联想起动画片中丛林动物欢聚在一起舞蹈狂欢的场面。我想通过本次活动，给孩子们搭建一个模仿学习和创造表现的舞台，让他们伴随着美妙的经典音乐和同伴愉快合作，大胆表现，尽情舞蹈。

【活动目标】

1. 初步熟悉乐曲ABA结构，根据音乐节拍做动作，初步学会男女间隔排列成圆圈，并学会顺时针行进。

2. 借助左手贴画辨认方向，根据音乐变换动作与队形，创设角色情境掌握交替的规律。

3. 在舞蹈表演中感知乐曲的热情与奔放，体验同伴集体合作的乐趣。

【活动准备】

物质准备：乐曲《爱的喜悦》适当剪辑成整齐的ABA段；场地准备、左手贴画标志、奖牌；一位男教师配合（扮演大熊及神秘嘉宾）。

经验准备：幼儿有过圆圈集体舞的初步经验。

【活动过程】

一、初步感知音乐旋律

（幼儿圆圈围坐，面向圆心，椅子间保持一人间距）

指导语：今天，丛林里要举行一次盛大的舞会。神气的大熊今天邀请的舞伴是活泼可爱的小兔，男孩们，你们愿意表演的是？（大熊）那女孩呢？准备好了吗？大熊和小兔手拉手，我们就要出发了！

【评析】 在优美的音乐中男孩（大熊）和女孩（兔）自愿组合，进入舞池，每个孩子眼里充满着期待和喜悦。

二、随音乐模仿动作，寻找动作规律

1. 男女间隔成圆圈围坐，跟随老师做动作。

指导语1：美丽的圆形舞池就在眼前，请一只大熊和一只兔间隔着坐下。

【评析】 要让男孩和女孩自己选择间隔坐并不是大家想象的那么容易，孩子们往往不会挨顺序坐下，而是自己任选位置，出现规则排列错误的概率比较高，此时，老师不用操之过急，孩子们当中一定会出现一个"领袖人物"主动帮助调整，只要给他们足够的时间，问题一定能解决。

指导语2：当音乐响起时，请跟随我一起舞蹈。（完整播放音乐一遍，教师示范动作，幼儿初步了解音乐与动作的基本结构）

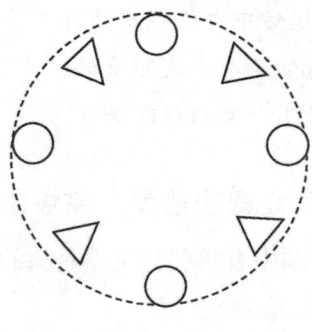

场记一　○为男，△为女

【第一环节舞蹈说明】

A段：共8个乐句。音乐粗犷奔放，体现不同动物欢快活泼的情趣。

307

动作要领：每个乐句变换一个动作，起立——左臂顺时针旋转向左侧平举——坐下——同时按节奏拍腿。动作重复一次。

B段：共12个乐句。音乐明快自由，中间部分为每个乐句6拍，节奏的多变充分表现两种动物的不同性格特征。

动作要领：每乐句一换。女提裙向圆心跨一步——转圈行礼、退回——男叉腰向圆心跨一步——转圈行礼、退回——女向圆心跨一步提裙拉手——蹲一下、举手——男向圆心跨一步平举拉手——举手、蹲一下。绕手腕动作共四个乐句。

A段动作同上。

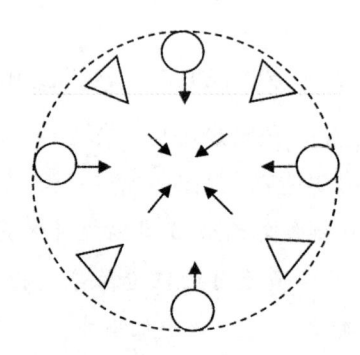

场记二　女先男后

2. （播放第二遍音乐）说说做做其中的动作。

指导语：你学会了哪些动作呢？还有哪些不明白的？（辨别左手和左侧）

【评析】孩子在观察模仿中自己找出动作，并学会边做动作边讲解，锻炼他们的语言表达能力；对幼儿有一定难度的"左手"和"左边"，则使用手背标记来帮助辨别，减少了不必要的教师讲解。

二、学习B段合作变圆圈造型，并快速按规则变换位置

指导语1：在刚才的舞蹈中有哪些你觉得是兔的动作，哪些是大熊的动作呢？（听音乐看老师做，幼儿辨别）

指导语2：我们听音乐一起来跳舞，小兔、大熊轮流来行礼。

指导语3：现在兔和大熊要变出一个奇特的圆圈，我要邀请一位（男）老师来和我配合。小兔跟我做一样的动作，大熊请男老师做。（完整音乐2遍）

【第二环节舞蹈说明】

B段：女向圆心跨一步相互拉手——男向圆心跨一步双臂穿插于两女之间双臂在女生面前打开与男生拉手——男举起手臂越过女生头顶在背后拉手——女举起手臂越过男生头顶在背后拉手（形成交织的形状）

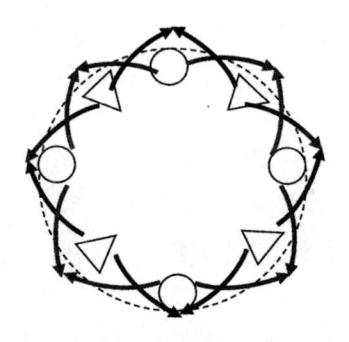

场记三　黑色箭头女先拉手，红色男后手交织

【评析】 B段是本次活动的难点部分，师幼共同尝试，让幼儿发现并找出其中的规律，男女生必须间隔拉手后轮流举过头顶放于背后，教师用语言适当提示。

指导语4：当我们放开手，音乐响起时，还必须一只大熊一只兔间隔坐，错了赶快调整，比比谁又对又快。

【评析】 绕手腕换成幼儿重新调整位置，男女间隔坐，此时，幼儿有了一定经验，调整速度明显变快。

三、学习A段听音乐按序向左移动座位，并在前面同伴背上轻轻拍打节奏

指导语1：刚才有一个动作（老师示范左手臂向左边绕至平举），你们猜猜是什么意思呢？（请一起向你的左边移动一把椅子）

指导语2：起立——向左移动——坐下拍腿。（完整听A段音乐做动作）

【指导重点】

根据手势方向顺时针移动一个位置。

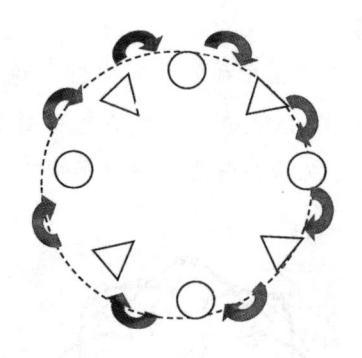

场记四　顺时针换位置

指导语3：一直在自己的腿上拍多没意思啊，这一次，我们和你左边的大熊或兔来合作，轻轻拍打节奏。（练习后听音乐做动作）

【指导重点】

顺时针在下一个伙伴背后轻拍节奏，从单独到集体合作。

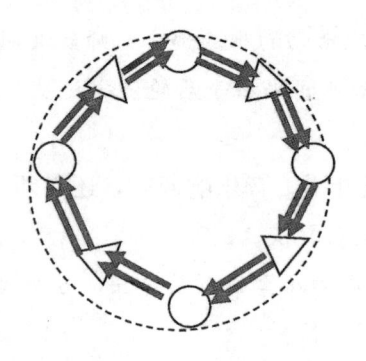

场记五　箭头表示双手

四、在"谁是舞会冠军"和"猜想神秘来客"的游戏中，完整表演圆圈舞

指导语1：丛林舞会上，谁会成为今天的冠军呢？男女生配合都有完美表现，音乐停止时，两人合作还能留下一个最优美的造型，冠军就非你莫属了！大家拭目以待！表演开始！（播放音乐，完整舞蹈）

【指导重点】

音乐结束时，两两合作造型，鼓励幼儿做出与众不同的造型。

指导语2：这一次，如果你们能自己合作表演，没有别人的提醒与帮助，丛林之王将请出一个特别的颁奖嘉宾。（播放音乐，再次舞蹈）

指导语3：请你们猜一猜：这位嘉宾就是既能在天上飞，又能在地上走，还能在水里游的动物，会是谁呢？

【指导重点】

带着期待巩固学习的舞蹈，关注幼儿的表现；提出开放性的问题，让幼儿积极思考，寻求答案。

五、颁奖结束庆祝舞会

指导语：请嘉宾给冠军颁奖，并邀请它和我们一起跳起来吧！（在音乐声中和男老师扮演的孩子们猜想的动物自由舞蹈，随音乐拉手离场）

【活动反思】

本次活动在美妙的童话故事中展开。故事是韵律活动的"色彩"，有了色彩，音乐就是"看得见，摸得着"的，是五彩缤纷的，同时又是充满无限遐想的美丽情境。

活动中，我将两种教学模式有机结合。即从整体—分段—整体的结构模式和基础动作—替换动作—累加动作—合作动作的操作模式。每个环节解决一个问题或变换一个动作，将动作重点逐步分解，降低幼儿学习的难度，增加了趣味性。下一个环节的出现不是简单重复地练习，其目的是让孩子积累一个新经验，带来新惊喜。结束环节的一个开放性问题，让故事、舞蹈和幼儿的情绪达到高潮。这样的学习方式再难的舞蹈孩子也可以慢慢学会。幼儿学习没有压力，老师教学轻松自然。

总之，一个韵律活动，我们要给予孩子的不单单是学会舞蹈本身，其中有关合作交流、有关规则排序，更有孩子对美好音乐感受、欣赏与表现。要让我们的孩子舒适地唱歌、跳舞，有理解力地欣赏音乐，前提是理解幼儿、支持幼儿。

（案例提供：江苏省如东县实验幼儿园　王桂云）

大班韵律活动：智斗妖怪

【设计意图】

　　猜拳游戏是大班幼儿喜闻乐见的应变游戏之一，随着年龄的增长、逻辑思考能力的增强，传统猜拳游戏已经不能满足幼儿日益增长的需求，受民间游戏"人枪虎"的启发，我将幼儿熟悉的动画片《西游记》中的经典桥段"真假孙悟空"改编成"智斗妖怪"的故事，幼儿在流行音乐《C哩C哩》的幽默风趣节奏中演绎故事，通过剪石布猜拳—角色动作猜拳—团体合作猜拳的方法定胜负辨别妖怪，游戏的难度逐层递增不断升级，不仅要求幼儿听音乐合拍动作，还提出用角色动作替换剪石布和团体统一动作猜拳的要求，对幼儿的快速反应能力、逻辑思维能力、合作能力都是不小的考验。

　　一提起比赛就能迅速燃爆大班幼儿的激情，因此我用故事贯穿活动始末，赋予幼儿角色。幼儿在游戏情境中斗智斗勇，不仅增强趣味性，还大大发挥了主观能动性，他们在游戏中发现问题，完善规则，在团体猜拳中总结经验，体味合作的乐趣，建构合作经验，各方面的能力都得到了提升。

【活动目标】

1. 感知音乐的结构，能随音乐合拍地表演故事。
2. 尝试变换动作猜拳，学会合作玩团体猜拳游戏。
3. 感受输赢游戏带来的挑战和乐趣。

【活动准备】

物质准备：PPT；音乐《C哩C哩》；唐僧、妖怪、孙悟空的图片各两份，分别贴在两个小黑板上；红、黄即时贴划分比赛场地。

经验准备：会玩石头剪刀布的游戏。

【活动过程】

一、看图表演，进入情境

指导语：你们看过《西游记》吗？待会儿我会出示西游记里的人物图片，请你跟着音乐用动作把他们表演出来好吗？（教师逐一出示人物图片并提示：唐僧在干什么？孙悟空有什么本领？猪八戒最喜欢干什么？妖怪是什么样子，他会怎么施展妖法？）

【评析】 教师用图片唤醒幼儿的记忆，激发他们跟着音乐用身体动作、表情表演角色，不仅让幼儿提前感知了音乐的节奏和旋律，还让他们在看看、演演的轻松氛围中进入游戏情境。教师通过语言提示帮助幼儿拓展思维，创编动作并互相模仿，这些有趣的动作还会运用到接下来的随乐表演中，体现了以幼儿为主体的原则。

二、听音乐，完整表演

1. 了解故事内容。

指导语：有一天，徒弟们都出门了，留下唐僧一个人，狡猾的妖怪变成了孙悟空的模样想骗走唐僧，还好孙悟空及时赶到，可是两个孙悟空到底谁是真谁是假，连唐僧也分不清楚，这可把孙悟空给急坏了，于是孙悟空开始动脑筋想办法！

2. 听音乐，学做动作。

（1）教师随乐示范表演。

【评析】 乐曲Ａ段：唐僧念经—妖怪来袭—悟空归来，乐曲Ｂ段：悟空想办法，乐曲Ｃ段：摩拳擦掌准备出招（结尾不出示猜拳动作），Ａ段动作来源于幼儿，且乐曲节奏明显，旋律动人，幼儿易掌握。

（2）幼儿随音乐表演故事。

指导语１：孙悟空没有想出好办法？

指导语２：哎呀不好，唐僧快要上当受骗了，大家赶快帮孙悟空一起想好吗?

【评析】 在这一环节中,教师充分尊重幼儿学习的规律,遵循循序渐进的原则,暂不玩猜拳的游戏,而是让幼儿充分地听音乐跟随老师完整做动作,为后面的游戏升级建立基础。

3. 听音乐,玩猜拳游戏。

(1) 听音乐,了解规则。

指导语1:你们想出了什么主意?你们真会动脑筋,可是孙悟空想的办法和你们都不一样,是什么呢,我们一起来看一看。(教师再次随音乐完整表演,在C段音乐结尾的第三次鼓声处出拳)

指导语2:孙悟空想出了什么好办法?他是在敲第几次鼓声的时候出拳的?赢的人是谁?输的呢?要是平手呢?

【评析】 随乐玩猜拳游戏是本次活动的重点,是否明确在音乐的什么时候出拳是游戏成功的关键,因此教师在乐曲的末尾另增添了三个鼓声,并通过有针对性的提问引导幼儿仔细听音乐,明确要求,做好出拳前的准备。

(2) 教师和一名幼儿互动,随乐玩游戏。

指导语1:其实妖怪就藏在你们中间,谁敢跟我比一比?(教师和幼儿随乐玩游戏)

指导语2:原来××(或老师)就是妖怪,想知道××是什么妖怪吗?我们一起说一句话:"妖怪,现出原形。"(输的小朋友摆出妖怪的造型)

【评析】 教师和一名幼儿互动示范玩猜拳游戏,意在让幼儿听音乐熟悉游戏规则。赢的人是孙悟空要发出指令,输的人是妖怪要现出原形,这样的安排不仅增加了游戏的趣味性,还鼓励幼儿对妖怪造型进行创编,教师将提升幼儿的能力渗透在活动的各个细节中。

(3) 幼儿两两结伴,随乐玩游戏。

指导语:你们还想知道谁是妖怪吗,请你找个伙伴比一比就能见分晓了。

三、动作猜拳,游戏升级

1. 讨论规则,明确动作。

指导语1:果然输的人就是妖怪,妖怪现出原形后就逃回了妖洞,他在洞里苦练猜拳的本领，不久他就又扮成孙悟空的样子来捣乱了。

指导语2：这一次孙悟空又想出了一个新办法，我们一起来看一看。（教师出示PPT）

指导语3：用唐僧、妖怪、孙悟空怎么比输赢？唐僧怕什么？妖怪怕什么？孙悟空怕什么？

指导语4：那这次我们出拳的时候用什么动作分别表示唐僧、妖怪、孙悟空？

【评析】 教师运用PPT动画，巧妙地将剪刀、石头、布替换成唐僧、妖怪、孙悟空，既直观形象便于幼儿理解又免于老师说教。

2. 师幼互动，熟悉玩法。

指导语：这一次有点难了，要先想好出什么动作，并且在敲第三次鼓的时候就要亮出来，你们有信心用动作和我比一比吗？

3. 幼儿两两结伴，随乐玩游戏。

【评析】 动作猜拳的游戏既刺激又有趣，需要幼儿动手动脑快速反应，为了让游戏顺利开展需要：1. 用来表示唐僧、妖怪、孙悟空的动作每个幼儿都要会做，并且要统一；2. 幼儿对三个角色之间的大小关系要清楚，并且能快速辨别。因此，教师用图谱帮助幼儿厘清角色的大小关系，引导幼儿创编并统一角色动作，通过师幼猜拳检查幼儿游戏规则的掌握情况，及时给予纠正和引导。

五、团体猜拳，合作游戏

1. 看图讨论规则。

指导语1：妖怪见一个人对付不了孙悟空就喊来了他的小妖们帮忙，这时

孙悟空拔出毫毛变出许多孙悟空来应战，我们来看看这一次孙悟空又会出什么新招。（教师出示PPT）

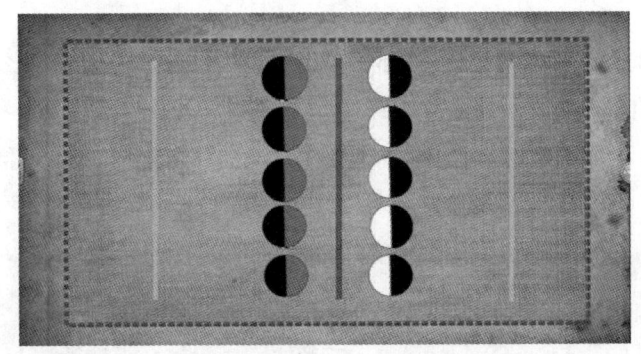

指导语2：你们瞧，孙悟空和妖怪们分成两队进行比赛，他们是怎么比的？（教师演示PPT）

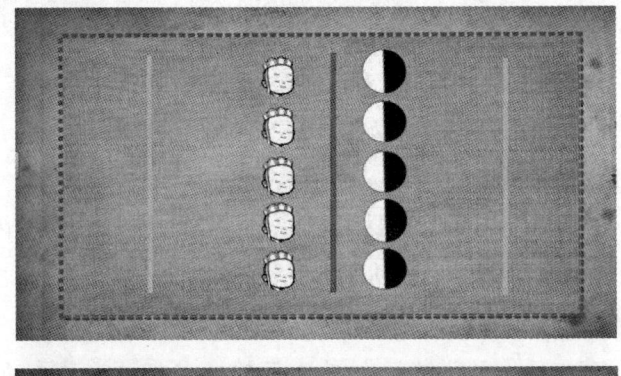

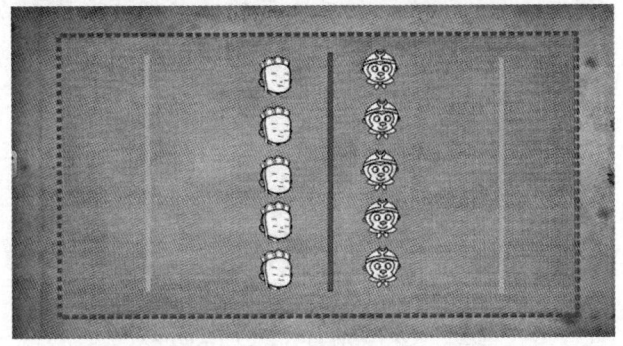

指导语3：原来，这次比赛，每一组的每个人要出同样的动作。怎样才能让一组里的每一个人出一样的动作呢？商量的时候要注意什么？（注意保密）

其他音乐类

指导语4：好，待会儿你们每一组要统一意见，将你们选出的一个动作贴在各自的黑板背面。

【评析】 教师为每一组幼儿提供一块磁性黑板，唐僧、妖怪、孙悟空的图片各一份，游戏时，幼儿小组商量出什么动作，就将一张代表动作的角色图片贴在黑板背面，不仅便于幼儿集体讨论并记忆动作，还有利于老师进行监督。

指导语5：哪一组赢了？（出唐僧动作的这一组赢了，出孙悟空动作的这一组输了）赢的人干什么？输的人呢？（教师演示PPT：赢的一组抓输的一组，输的一组逃回家，被抓住的人就被淘汰）

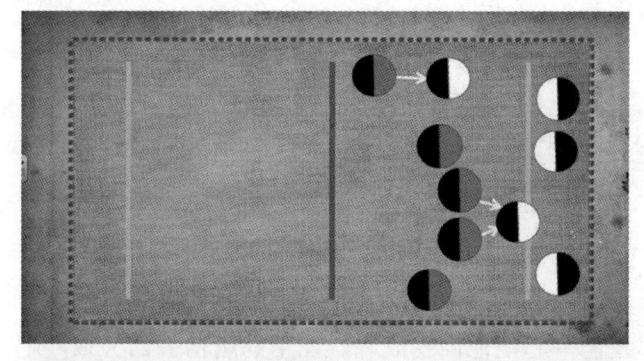

小结：最后，哪一组剩下的人多就获胜是孙悟空，输的人就是妖怪。

【评析】 幼儿通过观察PPT图片了解游戏规则，并思考每一组如何统一动作。大班幼儿有一定的合作经验，因此他们提出要事前商量。可是当意见不统一的时候该怎么办呢？幼儿想出可以选小组长或用少数服从多数的方法。他们还提出商量的时候要保密。教师始终以幼儿为主体，不急于将答案

317

告诉幼儿，而是让他们自己想办法解决问题。

2. 玩团体猜拳的游戏。

（1）幼儿分组，尝试游戏。

（2）发现问题，再次讨论规则。

指导语1：你们发现了什么问题？为什么会不知道谁输谁赢呢？

小结：原来动作不一致就不好比，所以每一组一开始商量好出什么动作，比的时候就要出什么动作，动作要保持一致不能换。

指导语2：如果有人违反规则怎么办？赢的人什么时候抓输的人？

小结：对，看清楚对方出什么拳，想一想谁赢谁输就立刻做出反应。

（3）团体比赛。（游戏2次）

【评析】 团体猜拳游戏需要幼儿遵守规则，教师没有一下子将游戏规则全部抛给幼儿，而是让他们在游戏中发现问题、解决问题、完善规则，逐渐地建构并将经验内化。

五、结束活动

指导语：原来××组都是妖怪，我们要怎么处置这些妖怪？

小结：那我们一起把他们变成好妖怪帮助唐僧去西天取经吧。

【活动延伸】

1. 在表演区，提供音乐、打击乐器及丰富的图片，鼓励幼儿听音乐创编动作。

2. 鼓励幼儿根据自己喜欢的故事情节，角色关系，创编出各种不同的动作猜拳游戏。

【活动反思】

一、趣玩游戏，层层递进

猜拳游戏有输赢竞争，一直是大班幼儿喜闻乐见的游戏，它极大满足了幼儿好胜的心理，而故事"真假孙悟空"的情境，赋予了幼儿一定的角色，他们通过猜拳决定谁是真的孙悟空，让游戏增添了趣味性。

在幼儿用动作熟练匹配音乐的基础上，教师对幼儿提出更换猜拳动作的要求，唐僧怕妖怪，妖怪怕悟空，悟空怕唐僧，动作和人物关系都是全新的，幼儿不仅要考虑出什么动作，还要思考自己和对手动作的大小，对幼儿来说具有挑战性。

在幼儿动作猜拳熟练的基础上，教师又进一步增加游戏的难度——团体统一动作猜拳，通过游戏，幼儿知道共同商量，团结一心，遵守规则的重要性。游戏层层递进，趣味不断升级，幼儿的积极性被调动起来，斗智又斗勇，各方面的能力都得到了提升。

二、体现主体，建构经验

活动中，教师始终秉承以幼儿为主体的理念，遵循皮亚杰的个体建构主义理论。一开始"看图片做动作"环节，通过让幼儿回忆西游记人物，为A段音乐自主创编动作，体现了儿童是有能力的儿童观。

在团体猜拳游戏中，教师不急于将经验传授给幼儿，而是让幼儿通过直接感知、亲身经历，发现游戏中的合作和规则问题，幼儿体验越多感触越深，因此教师又适时安排幼儿讨论，梳理总结，习得合作经验，感受遵守规则的重要性，并自发为游戏制定规则，大调动了幼儿的积极性和主观能动性，活动收到了良好的效果。

（案例提供：江苏省如东县实验幼儿园　吴燕）

大班韵律活动：燃烧我的卡路里

【设计意图】

乐曲《卡路里》是一首活力四射、节奏感很强的乐曲，幼儿听到后就会情不自禁地舞动起来。根据乐曲的这一特点，我设计了运动的情境，引导幼儿自由创编动作并随音乐表现。并根据《胖国王减肥》绘本的故事情节，渗透了少吃垃圾食品的健康理念。

【活动目标】

1. 感知音乐动感明快的特点，知道根据音乐的结构变化做相应的动作。
2. 尝试创编各种运动减肥以及表示拒绝的动作，并能大胆表现。
3. 愿意接受创编动作的挑战，体验挑战成功的快乐。

【活动准备】

物质准备：剪辑音乐火箭少女《卡路里》，绘本PPT图片。
经验准备：玩过抢椅子的游戏。

【活动过程】

一、导入激趣，初步感知音乐的风格

指导语：有个国王生活在美丽的皇宫里，可是依然很不快乐，怎么回事呢？让我们跟着音乐一边做动作一边去看一看！

【评析】 教师问题情境导入活动，引发幼儿的好奇心。幼儿一边跟随A段音乐做拍手、摆POSE、绕手腕、燃烧卡路里等简单动作，一边进入活动室，让幼儿对音乐的整体风格及结构有了初步的感知。

二、故事入境，尝试跟随音乐匹配动作

1. 观察课件图片 2—5 页讲述故事，思考减肥的方法。

指导语：国王太胖啦！想弯下腰来绑鞋带，根本做不到；走路快一点，就会累得满头大汗。所以国王很不快乐，他想让自己瘦下来。你们能帮帮他吗？

小结：原来适当控制饮食和多运动都可以帮助国王减肥。

2. 幼儿创编运动的动作，并跟随音乐做动作，感知动作顺序。

指导语：你们想做什么运动？可以怎么做？让我们跟着音乐试一试！

3. 累加站位、位移，熟练把握动作与音乐的匹配。

指导语：老师还想变一变！仔细看，比较一下老师这次的动作跟前两次有什么不一样？

小结：原来我是一边绕手腕一边围着椅子跑，当听到"燃烧我的卡路里"时赶紧找到椅子坐下来。

【评析】 围绕帮国王减肥的故事情境，幼儿思考各种运动减肥的动作，并充分感知 A 段音乐，探索根据音乐的节奏来匹配相应的动作，逐步把握音乐的结构以及动作的先后顺序：运动—摆 POSE—绕手腕—燃烧卡路里，并从上肢动作过渡到站立、位移，进而听到相应的乐句找到椅子坐下来，为后面累加的抢椅子游戏打好基础。

三、尝试创编各种运动减肥的动作，玩挑战游戏

1. 自由探索，创编各种运动的动作。

指导语：你们还想做什么运动来帮国王减肥？请每个人选一种自己喜欢的运动项目，跟随音乐试一试！

幼儿自由选择运动项目尝试随乐而动，并选择 1—2 名幼儿带领国王做运动，检验国王减肥的效果。

2. 尝试玩抢椅子游戏，初步了解游戏规则。

指导语：你们都想带国王减肥，那我们来玩一个游戏，用游戏的方法来

决定请谁。(听音乐玩抢椅子游戏)

小结：原来没有成功抢到椅子的人，需要想一个新的运动项目继续带国王减肥。

一起玩抢椅子游戏轮流创编不同的运动项目，并再次检验国王减肥的效果。

【评析】 以检验国王有没有成功减肥的情境贯穿始终，激励幼儿创编更多的运动项目来减肥，并引出玩抢椅子选领头人的游戏，先由教师当领头人，并逐步过渡到幼儿自己当领头人，在此过程中幼儿通过观察学习、亲身体验，逐步掌握游戏规则。此环节，教师从当幼儿的拐杖到完全放手，激励幼儿接受一个个挑战并不断体验到挑战成功的快乐。

四、根据故事情境，创编 B 段"不要""拿走"等表示拒绝的动作

指导语1：国王刚减肥成功，他的吃货朋友就来找他了，看！给他带来了什么？可以怎么做动作？

指导语2：我们小朋友把对待垃圾食品的态度用动作做出来了，要是加上音乐肯定特带劲儿，试一试！

【评析】 根据B段音乐的风格以及歌词的简要内容，顺理成章地创设出运动减肥成功后经历垃圾食品诱惑的故事情境，引导幼儿创编不同方向"拒绝"垃圾食品以及"拿走"的动作。

五、完整游戏，介绍音乐并总结经常运动的益处

1. 完整听音乐，回忆国王健康减肥的整个过程。

指导语：瞧！国王听了我们的建议，身材保持得多好呀！让我们安静地来听一遍完整音乐，回忆一下国王减肥经历了怎样的过程？在这段音乐里，国王运动了几次？

2. 创编不同的"POSE"造型，并尝试在结束句摆"健康食品"造型，完整游戏。

3. 介绍音乐，邀请更多的人加入运动的行列。

结束语：今天我们帮助国王成功减了肥。其实不仅肥胖的人需要运动，

我们大家都要经常运动，运动能让我们的身体更健康、更强壮！今天跟我们做游戏的这段音乐叫《卡路里》，我们可以把它放到音乐角，想想用这段欢快活动的音乐还可以玩哪些有趣的游戏。

【评析】 完整听音乐，一来幼儿对整首音乐的结构有整体的把握，二来调整幼儿运动量，做到动静结合；引导幼儿在整首乐曲末"我要变成万人迷"摆一个健康食品的造型，并谈谈生活中常见的垃圾食品，做到艺术与健康领域之间的相互渗透和整合，关注幼儿学习与发展的整体性，从而主题得到升华。

【活动反思】
一、音乐的感受：有始有终无痕渗透

这节活动从始至终都用音乐贯穿：导入环节，幼儿听着音乐做简单动作进入活动室，初步感知音乐的风格；幼儿创编运动项目后，即刻能用动作匹配音乐，感知音乐的结构以及变化；玩抢椅子选领头人游戏时，音乐进行了编辑重组，也就是重复 A 段三次，便于幼儿循环游戏；最后，累加故事情境，完整倾听与表现。整个过程实现了音乐潜移默化的渗透与链接。

二、情境的创设：课件对接入情入境

将《胖国王减肥》的绘本制作成 PPT，胖国王有待减肥的身材跃然眼前，直观、形象；小朋友创编了运动减肥的项目，是否帮到国王呢？利用拖拉功能，直接检验胖国王减肥的效果，幼儿在情境的体验中不断创编出新的运动项目，更是推动了游戏的升级——抢椅子，幼儿轮流当领头人带领国王做运动减肥，最终达到成功减肥的效果。

三、台阶的搭建：小步引导适宜挑战

通过玩抢椅子游戏决出一名幼儿当领头人进行创编动作的挑战是这节活动的技能终极目标，也是一个难点。为此，教师搭建小步递进的台阶：取坐姿跟随音乐做动作——位移做动作乐句末找椅子——创编不同的运动项目随乐而动——玩抢椅子完成创编动作的挑战……如此小步引导、层层递进，幼儿体验成功的快乐，获得自我效能感。

（案例提供：江苏省如东县青少年宫附属幼儿园　徐朗煜）

大班韵律活动：红舞帽恰恰恰

【设计意图】

帽子作为一种道具，常常应用在魔术、杂技表演中，精彩的表演，能给人美观、整齐、幽默风趣的视觉享受。音乐《塞琳恰恰恰》节奏欢快、诙谐，非常适合用来表现帽子舞动的情景。因此，我根据帽子舞的情节，在反复听音乐的基础上对音乐进行了适当的剪接，使音乐的旋律与帽子舞的动作水乳交融，大班的孩子们非常喜爱。

【活动目标】

1. 学习随乐曲节奏整齐、合拍地传递帽子。
2. 能在舞谱的提示下变换舞蹈动作，完整地表演集体舞。
3. 体验与同伴合作表演的乐趣。

【活动准备】

物质准备：自制帽子每人一顶、自制舞谱、音乐《赛琳恰恰恰》（ABCAB结构）。

经验准备：幼儿具有初步的听音乐传递物品的经验及看过杂技演员表演帽子戏法的录像。

【活动过程】

一、感知音乐活泼欢快的情趣

1. 幼儿戴上帽子随音乐自由表演，熟悉音乐的节奏、旋律。

指导语：看，戴上红礼帽，我们就成了风度翩翩的小绅士，让我们随着音乐的节奏跳起来吧！

【评析】 活动开始时，教师随音乐大胆夸张的表演一下子感染了幼儿，孩子们陶醉其中，就像一个个演员闪亮登场了。

2. 在老师的带领下，围着椅子走圆圈，一个乐句移动一把椅子。

3. 每人找一把椅子坐下，背向圆心。

【评析】 一般集体舞幼儿都是面向圆心，这样便于老师示范讲解。但因帽子舞的需要，我打破常规，设计让幼儿的椅子背向圆心，这样能充分利用周围更大的空间，使幼儿舞蹈动作更为舒展，也便于传递帽子，幼儿觉得特别新鲜，积极性很高。

二、学会随音乐传递帽子

1. 幼儿自由探索帽子有趣的玩法。

指导语：（出示帽子）这顶漂亮的红帽子可以怎么玩？（幼儿讨论）

2. 学习传帽子游戏。

（1）练习听音乐在椅子上传帽子。（可练习2—3次）

【评析】 传递游戏对从未玩过的幼儿来说有一定的难度，在活动过程中我允许孩子出现差错，如果有帽子堆积，教师要及时拿掉，这样能保证幼儿的传递不中断。传递中教师要多用话语鼓励他们，让幼儿对自己有信心。

（2）练习听音乐在头上传帽子。（可练习2—3次）

【评析】 通过椅子上传帽子幼儿已经积累了一定的传递经验，这时头上传递对幼儿来说又是一个新的挑战。我鼓励幼儿只要听清音乐，动作一致，传递起来会更有意思，并及时提醒幼儿，如果传递过程中帽子掉了暂且别管它，听音乐继续传就行。

三、看舞谱学跳集体舞

指导语：传帽子的游戏真有意思，让我们来编个帽子舞吧！瞧，老师为你们准备了五张图谱，它能帮助我们学会这个集体舞。

【评析】 五张图谱按序悬挂在黑板上，一张一张分别出示，这样幼儿能集中注意观察同一张图谱，将音乐和动作一一匹配。如果全部出示，势必会影响孩子，分散了其注意力。

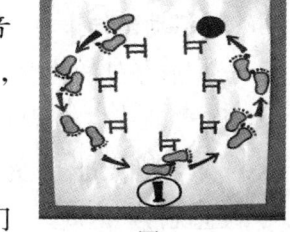

1. 分段练习。

（1）（翻开图一）提问：图上画的是什么？让我们怎么做呢？

师幼共同讨论后听 A 段音乐练习。

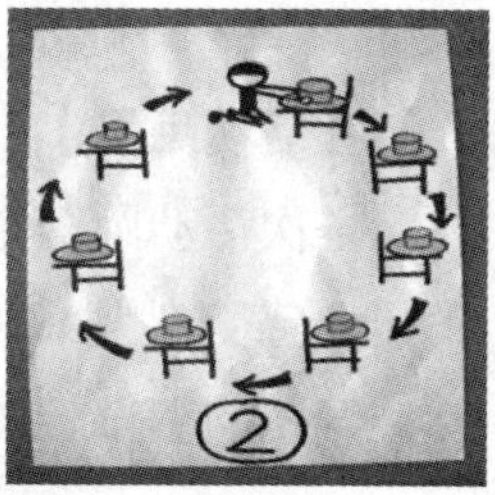

（2）（翻开图二）提问：第二张图谱上是什么动作呢？

幼儿听 B 段音乐练习一遍。

（3）（翻开图三）提问：第三张图可有些奇怪，这么多箭头是什么意思呢？

（幼儿讨论后回答）听 C 段音乐一起面向圆心做动作。

（4）（翻开图四）提问：第四张图和哪个是一样的？该怎么做呢？

幼儿听 A 段音乐练习一遍。

（5）（翻开图五）提示语：最后一张我们小朋友一看就知道要怎样做。

幼儿听 B 段音乐练习。（因为这一段动作是最难的，因此看情况可多练习两遍）

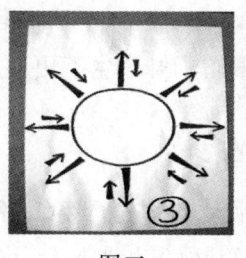

图一

图二

图三 　　图四　　图五

2. 完整学跳帽子舞。

（1）在舞谱和老师语言的提示下完整地跳帽子舞两遍。

（2）让幼儿在舞蹈结束时摆出自己最喜欢的造型。幼儿练习。

（3）完整跳舞蹈，鼓励孩子跳出自己的热情，把最美的动作展现给大家。

【活动延伸】

1. 有条件的情况下，可把幼儿的表演拍成录像或照片，让孩子欣赏自己整齐优美的表演。也可作为资料用于下次教学示范。

2. 给幼儿准备一些乐器、玩具等物品，加上明快的音乐，让孩子在区角尽情地玩传递游戏。

3. 可用于"六一"节表演，也可编排成广场集体舞。

【活动反思】

本次活动圆满结束，从孩子们爽朗的笑声、老师们惊奇的表情中，教师深深地感受到大家对帽子舞的喜爱。开展本次活动，使教师在音乐教材的选择、舞蹈的编排、图谱的设计等方面有了更多的思考：

一、选教材，独具匠心

帽子——一个生活中用来保暖、遮阳、装饰的普通用品，因它的轻便、美观而能在舞台上展现它的独特魅力。能否作为教材来用呢？教师在多个大班观察发现，孩子们完全有这个能力来玩帽子。因此，教师选用艳丽的大红泡沫纸做舞蹈用的帽子，并在帽子上装饰黑色花边，使帽子看上去就比较滑稽；然后根据帽子表演的动作，教师选择了颇具诙谐性质的恰恰舞音乐与之相匹配，幼儿的注意力一下子就被吸引过来了，自然进入了教师创设的情境之中，幼儿行如流水的传递游戏，让教师对创编帽子舞产生了更多的灵感。

二、看舞谱，有效学习

"授人以鱼不如授人以渔"。巧用舞谱作为活动的"先行组织者"，能有效帮助幼儿学习舞蹈。教师设计的这套舞谱，将简洁的动感小人、动感线条及结构鲜明的图案相结合，幼儿只要仔细观察，就能探索出帽子舞的动作、队列，免去了教师冗长的讲解、繁琐的示范，老师和幼儿一起读懂每一幅舞谱的含义，通过分解练习，幼儿很容易学会一个完整的舞蹈，而且知道了学习的方法。

三、传帽子，一举多得

传递帽子是本次活动的难点，幼儿在不断传送帽子的游戏活动中，不仅培养了节奏感、对音乐的感受能力、表现力及初步的审美能力，还锻炼了与同伴合作的能力，可谓是一举多得。

首先，在极富动感的音乐节奏下，幼儿围成圆圈，整齐划一地传递帽子，那帽子宛若一个个跳动的红色小精灵在幼儿的头上、手上不停地穿梭着，充满了乐趣，给人以美的享受。

其次，听音乐传递帽子是一个集体活动，必须每个人都要认真听音乐，手眼协调，而且注意力高度集中，无一人掉队，才能顺利地完成。对幼儿来说是个极大的挑战，他们要在一次次的失败中，不断地总结经验，与他人密切配合，才能取得成功。

这一活动还有一个收获就是教师积极地指导、鼓励，让幼儿用健康的心态面对自己遇到的困难，允许幼儿失败，相信依靠自己、同伴及教师的智慧一定能解决困难，一种乐观向上的生活态度自然渗透在这一极具美感的教学活动中。

（案例提供：江苏省如东县实验幼儿园　王桂云）

大班韵律活动：欢乐总动员

【设计意图】

音乐"Panama"是一首 4/4 拍的罗马尼亚语歌曲，因其鲜明的节奏、热烈的氛围深受孩子们喜欢。每次听到这个音乐，孩子们都忍不住随着节奏扭动身体舞蹈起来。教师及时抓住幼儿的兴趣点，深入挖掘该音乐在幼儿韵律活动中的多重价值。

教师将幼儿数学核心经验中的"图形模式"与音乐的节奏相融合，在倾听和操作排列活动中，把音乐的节奏规律与图形的规则排序之间建立关联。教师灵活运用信息化技术，营造舞会情境，通过层层递进的游戏活动，激发了幼儿学习的热情，通过身体动作感知音乐节奏，培养幼儿的创造力、观察力、注意力以及合作能力。

【活动目标】

1. 创设情境，倾听音乐，感知四四拍音乐节奏。
2. 能将四种图形匹配相对固定的身体动作，通过自主操作形成动态图谱并随乐进行表演。
3. 享受与同伴合作挑战的快乐和满足。

【活动准备】

物质准备：音乐"Panama"，排序方格底板 4 块，长方形、正方形、圆形、三角形胸饰各四个，四种图形图片各八个，白板课件。

经验准备：幼儿对数学中的各种模式比较熟悉，并能自主用图形进行操作。

【活动过程】
一、创设音乐狂欢节的情境，唤醒幼儿情绪

1. 音乐、动画导入，激发幼儿兴趣。

指导语：听，动感的音乐响起了，一起嗨起来吧！（教师带着孩子自由表演进场）

2. 创设狂欢节情境，引发幼儿参与欲望。

指导语：（出示动画形象大象）音乐狂欢节要开始了，你们想参加吗？有邀请函吗？

【评析】 活动刚开始，教师让幼儿随着动感的音乐节奏进场，提前让幼儿感受节拍，为接下来的律动游戏作好铺垫。当看到熟悉的动画角色跟大家介绍接下来的活动时，幼儿就很自然地将自己代入游戏情境中，对接下来的律动游戏充满期待。

二、图形卫士出现，讲解规则，将图片匹配动作

1. 根据提示，幼儿取图形。

指导语1：邀请函就在这些图形卫士的身上。

录音：嗨，大家好，我们是图形卫士，认识我们吗？想加入我们的队伍吗？那就从椅子后面找出图形标记贴在胸口。

指导语2：找标记贴胸口。

【评析】 出示四个动态的图形小人，搭配脚步声，巧妙地引出接下来活动的主要元素——图形。

2. 互动操作，选取图形对应的动作。

录音：每个队伍都要选择一个代表性动作，这个动作很特别，必须能发出声音，你想选什么？

指导语：有很多的动作就藏在气球里，你会选到什么动作呢？每一队只能选一个代表到前面来戳一戳。

【评析】 运用动作动画，直观形象地展现动作方法，利于幼儿模仿。将

幼儿分为四个图形小组，不同小组选择不同动作，让图形和动作相匹配。尝试根据不同的图形表现不同的动作，在这个过程中，教师用语言和图形提示幼儿做出本小组的图形动作，帮助幼儿形成动作记忆。

3. 根据音乐节奏，根据自己的图形做对应的动作。

指导语：把你们队的代表动作表演出来就更酷了！

【评析】 幼儿看图自己做动作。在这个过程中，教师动作提示，引导幼儿自己看图，随音乐节奏律动。孩子从依靠教师语言提示形成记忆，逐步转为自己看图像形成记忆。

（4）通过游戏转盘，幼儿学习巩固四种图形的动作。

指导语：光会表演自己的动作，有没有记住伙伴儿的呢？让我考考你们，大转盘转起来！

【评析】 用转盘游戏的形式，考验幼儿对动作的记忆。幼儿在与转盘的互动中，不仅表现了自己小组的图形动作，其他图形小组的动作也自然熟悉，为接下来的不同图形组合表现不同动作作好铺垫。

三、根据图形不同的排列规律，随乐表演

1. 看图谱，四个四个排列的顺序，随乐做动作。

录音：这也太简单了，要不要来点儿新挑战呢？图形拍拍乐。祝你们好运。

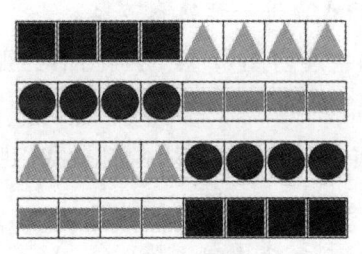

拍拍乐图形

指导语：还记得这些图形的动作吗？挑战开始，你们准备好了吗？音乐响起！

录音：太棒了，你们拍的声音可真好听，下一关，图形摆摆乐，加油，我看好你们哦！

【评析】 通过遮幕和切换效果，营造变魔法的效果，让幼儿对图形游戏随时保持专注。将不同的图形进行四个四个的排列，降低了完整表演不同动作的难度，既是从单个动作到组合动作的过渡，也能让幼儿体验完整表演音乐的成就感。

2. 幼儿合作进行图形规律排序，并尝试听音乐做动作。

指导语1：这次我们仔细看看，都是几个几个有规律地排的？还可以几个几个有规律地排？

指导语2：都可以去试一试，我只给你八个图形，要排出规律。挑战开始。排好了，我们跟着音乐做一做动作吧！（摆好后，教师播放音乐，让幼儿随着节奏做出自己小组设计的动作；教师将摆好的拍摄投屏到前面电视上）

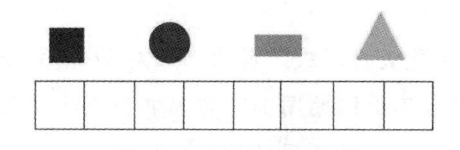

规律排序图形

指导语3：大家都排好了吗？回到小椅子上，我们一起来看看大家是怎么排的，你们能跟着音乐表演出来吗？

【评析】 引导幼儿仔细观察图形排列方式，发现其规律性，从而了解节奏也是有规律的。通过个人示范排列、小组合作排列的方法，挑战同一段节奏的不同动作组合表现形式，进一步熟悉节奏。

3. 出示图谱二（蜗牛迷宫图），在动画图谱的提示下，幼儿逐步学会从完成本队动作到表演全部动作。

指导语1：大家表演得太棒啦，连大象都被我们吸引过来啦。

录音：终极挑战开始啦，通过蜗牛迷宫，过了这一关，就能拿到邀请函啦，嘿嘿，别高兴得太早，你们看！

指导语2：看明白了吗？从蜗牛哪里开始做动作？拍的节奏也变得更快了。

指导语3：到了你们一队的时候，你

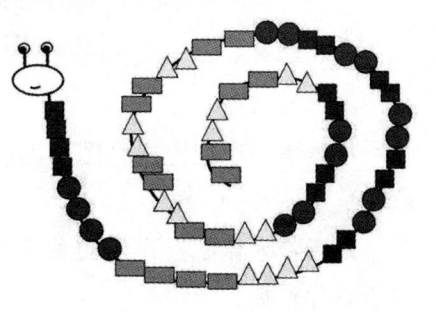

蜗牛迷宫图

才做动作。前面如果是四个正方形，就是正方形队，做几下？第一次挑战开始。

指导语4：这一次要加大难度，不光要自己的动作，还要做朋友的动作，要全部完成才能拿到邀请函啊。

【评析】 将音乐节奏和图片闪烁进行匹配，将完整音乐进行视觉化呈现。考虑到完整表演一长串节奏的难度较大，因此第一次挑战时，只随音乐做自己小组的动作，熟悉整个图片排列的规律，增强幼儿信心。第二次做全部动作，完整表演整段音乐。

4. 出示信封，获得邀请函。

指导语：挑战成功，出示邀请函。

四、参加音乐狂欢节，挑战"舞极限"

1. 幼儿根据随机落下的图形，有节奏地，准确地表现出来。

指导语：今年的狂欢节可有意思啦，天上会不停地有图形掉下来，谁掉下来，就赶紧做出它的动作哦！

【评析】 经过前面的一系列图形游戏，幼儿已经能熟练地将图形和动作匹配起来并跟随音乐节奏进行完整表演。教师运用信息技术，制作出类似跳舞毯的动画，各种图片随着节奏掉落，幼儿要做出相应的动作，每段节奏掉落四个图片，对应四个动作，营造出狂欢节的游戏氛围。这样的设计一方面让孩子产生挑战的强烈意愿，另一方面图片渐渐落下，也让孩子们对于不同图片不同动作有了反应的时间。掉落的图片从一开始的四个一样（AAAA），到两两相同（AABB），到最后的（ABAB），游戏过程由易到难充满挑战。

2. 狂欢结束。

指导语：今年的狂欢节你们喜欢吗？那我们明年再见吧！

【活动反思】
一、巧用信息技术，让孩子"看见"音乐节奏

本次活动，教师巧妙利用信息技术作为支持幼儿学习的工具和手段，创设丰富有趣的挑战情境，让孩子们在操作中自然而然达成教育目标。节奏本

是看不见摸不着的，只能通过听觉和身体动作来感受，而本次活动中，教师将图片与节奏进行匹配，制作出动画节奏图谱；同时，孩子们可以自己在每个节奏中摆放不同图形，做出相应的动作。在这样的互动中，节奏变得可听、可看、可触摸、可表演，让幼儿在轻松愉悦的氛围中全感官体验节奏之趣。

二、环节层层递进，为孩子搭建学习台阶

本次活动选用"Panama"这首音乐，以熟悉音乐节奏作为基础，尝试根据不同图形分组创编不同动作，再随着音乐节奏表现自己小组动作，在掌握自己小组动作的同时，运用转盘游戏学习其他图形动作，进一步让幼儿在图形和动作之间建立联系和记忆。最后运用多行排列、螺旋排列、小组排列等不同的图形组合形式，让幼儿随着音乐进行表演。整个活动层层递进，用能看的图形，创设出一个个小的挑战关卡，为幼儿搭建了学习的台阶。孩子们潜移默化地学会了运用多种方式表现节奏。同时，活动设计充分尊重了幼儿参与、交往、创造的需要，小组合作，共同商量设计动作图示，使幼儿获得更多主动学习的机会。

（案例提供：江苏省如东县苴镇街道新光幼儿园　韩以楠）

后记

因韵而动　向美而行
—— 经典音乐在幼儿园韵律活动中运用的实践反思

如东自 2015 年启动了运用经典音乐于幼儿园韵律活动的研究，2019 年顺应国家弘扬民族优秀传统文化的要求，我们的研究内容作了调整——从经典音乐变为中华民族经典音乐的运用，研究范畴从集体教学活动拓展到幼儿园一日生活。通过近 10 年的研究，广大一线教师的音乐教学领域 PCK（学科教学知识）有所提升，对经典音乐资源尤其是民族经典音乐资源运用的意识、音乐教育活动设计能力、课程创生水平逐步提高，在区域范围内呈现出了学经典、用经典的良好氛围。为更直观、更具体地呈现课题研究过程中教师态度、教学方式以及课程建设方面的转变，为梳理经验、深化认识，给喜欢韵律活动的老师们带来更多启发与帮助，现从以下几方面进行总结：

一、教师态度转变：从不喜欢韵律活动到积极踊跃尝试

在各级教育教学比赛或各级教研活动中，很少看到有幼儿教师主动选择韵律活动，尤其是农村幼儿园教师。通过问卷和访谈发现，教师不选择组织韵律活动的原因有：一是教师自身对韵律活动认知不足，对韵律活动的类型、呈现方式等缺乏了解；二是县域或园本研修内容不全面，聚焦韵律活动的专题研讨不多等。针对以上问题，我们一方面采用多元教学方式，让课题组成员之间、课题组成员与农村园教师进行同题异构、同音异构、同音同构，不断增进教师对韵律活动的认识；另一方面组织专题分享，请课题组成员结合自身研究实践，对全县教师进行体验式培训，现场带领教师分析民族经典音乐的结构、性质以及如何运用经典音乐设计适宜孩子的韵律活动，同时也多

次邀请省内音乐领域方面的专家来如东指导等。

通过研究，全县教师不仅在幼儿园共同体活动、省市优质园创建评估、各类教学竞赛中积极踊跃尝试韵律活动研究，还能主动收集民族经典音乐、故事和游戏，并能追随幼儿兴趣和需要，把各种资源创生转化为促进幼儿发展的适宜性课程，从而丰富了课程样态，弥补了幼儿园课程内容不全面、不平衡的不足。

二、教学方式改变：从纯模仿傻瓜流程到思维导图运用

研究之初，由于课题组成员自身对韵律活动研究也不是很到位，缺乏韵律活动执教经验，因此我们从学习模仿南京师范大学许卓娅教授团队的"傻瓜流程"起步。根据"故事导入—相应动作—音乐感知＋其他（合作、竞争、队形、乐器等）"等流程，不断累加相关元素，以简单公式化方式，促使课题组成员不断积累韵律活动研究经验，努力提升组织团队开展韵律活动的能力。

2019年，根据3—6岁幼儿以具体形象思维为主的特点，如东把思维导图引入幼儿园班级环境与课程建设之中，开启幼儿园视觉化学习环境建设的研究之旅。在此背景之下，音乐课题组成员努力创新，大胆实践，在学习借鉴"傻瓜流程"的基础上，尝试把思维导图引入韵律活动中，用各种图式助力儿童对抽象音乐的理解与感知。如在班韵律活动"猴子学样"活动中，教师边讲述边跟随音乐的旋律和节奏，用流畅的线条画出音乐与故事的线索，让幼儿了解乐曲的整体框架，初步感知音乐的结构与风格，并对活动充满好奇，产生参与韵律活动的强烈欲望。"今天，老师带来一支会讲故事的音乐，你们一边听，我一边把故事画出来，猜猜发生了什么事？"

整个过程中，儿童学习主动、体验深刻。如今，思维导图这一可视化思维技术已成为如东韵律活动研究的重要载体，不仅教师能较为熟练地根据民族经典音乐的性质选择合适的思维导图，儿童也深深受益其中，他们能用直观形象的图示画出自己对经典音乐的理解，同时思维导图在韵律活动中运用的成功经验，也为语言、科学、艺术等其他领域的研究提供了可资借鉴的经验和范例。

三、课程研究突破：从无音乐班本课程到创生音乐课程

2014年，如东借鉴全国新教育实验卓越课程建设的做法，在全县范围内推进园本课程叙事研究，至今已开展了17届。通过近10年的研究，如东各园能充分挖掘各类资源的教育价值创生出丰富多彩的课程。通过梳理如东多年的课程叙事研究成果，发现关于艺术领域的课程严重不足，尤其是音乐方面的课程更少。

近几年，随着韵律活动研究的不断深入，音乐课题组的教师们从韵律活动教学转向音乐课程研究，他们以一首经典音乐或一个乐器、一个音乐活动等为中心，创生出内容丰富的班本课程，让儿童在充分体验感受音乐的基础上，用身体动作、图形符号以及语言等进行创造性表达。如新苗幼儿园李老师班级以《黄河大合唱》乐曲贯穿班级一日活动始终，引导幼儿从用图画表征对《黄河大合唱》的理解入手，如儿童用马儿奔跑表示乐曲节奏欢快部分，用宝宝在摇篮睡觉表示音乐舒缓部分等等，并赋予每段音乐一个好听的名称，如"马儿跑""小花园""森林里"等，在充分欣赏的基础上，让儿童将不同乐段与一日生活中不同环节相匹配，如玩游戏时匹配"森林里"、收拾整理玩具时匹配"马儿跑"、午餐时匹配"小花园"、午睡时匹配"摇篮"等，用经典音乐渗入幼儿的一日生活，为幼儿营造了一场精彩绝伦的音乐盛宴。碧桂园幼儿园吴老师以中国传统乐器"鼓"为主题，带领幼儿从亲子调查鼓的历史、亲身体验鼓的节奏、不同演奏风格以及不同敲击方式，同时引导幼儿猜想表征不同鼓声代表的不同故事与情境，并带领幼儿用鼓给歌曲、儿歌、乐曲伴奏，让儿童在全方位立体式的鼓乐情境中，感受鼓韵魅力，体会中国传统文化的源远流长。爱民路幼儿园张老师开展的"草坪音乐会"课程，从组

织幼儿选择音乐会表演的节目入手，让儿童自主排练节目、亲手制作道具、合作绘制海报、共同布置环境、大胆展示表演等，在丰富多元的活动中促进儿童各方面能力的提升。

每个幼儿心中都有一颗美的种子。将民族经典音乐运用于幼儿园韵律活动及一日生活中的研究，旨在用中华民族的经典音乐，滋养、丰润每一个师幼的身体、心灵和精神，让幼儿在美的音乐、美的故事以及快乐游戏中获得美的感受与体验，产生丰富想象和创造，并养成积极主动、乐于表达等良好的学习品质，真正实现从学科教学走向学科育人的目的。为了更好地总结推广韵律活动课题研究经验，为广大喜爱韵律活动的老师们提供可以参考的资源，我们将课题组成员的优秀韵律活动案例结集成册，以不同性质的经典音乐使用为划分依据，如民族经典童谣类、器乐曲类、歌舞音乐类以及其他类等，当然这样的分类不一定精准，直观的案例、动人的音乐，一定能激发您弘扬传承经典的热情，一定能让您和您班级的儿童徜徉在音乐的世界中。

江苏省如东县教师发展中心
唐海燕
2024 年 3 月